LA GUERRE
HORS LIMITES

Collection dirigée par Lidia Breda

QIAO LIANG et WANG XIANGSUI

LA GUERRE HORS LIMITES

Traduit du chinois et annoté par
Hervé Denès

Préface de Michel Jan

Rivages poche
Petite Bibliothèque

Retrouvez l'ensemble des parutions
des Éditions Payot & Rivages sur

www.payot-rivages.fr

Titre original : 超限战

106, boulevard Saint-Germain – 75006 Paris

ISBN : 978-2-7481-1517-8

PRÉFACE

La Guerre hors limites est un document exceptionnel sur la réflexion stratégique chinoise actuelle. Les auteurs nous éclairent à la fois sur la perception chinoise des nouveaux conflits et tensions dans le monde et sur le mode de pensée qui conduit à une telle perception. Ils puisent l'essentiel de leurs déductions des opérations menées pendant la guerre du Golfe (1991), comme celles de Sunzi s'inspirèrent des guerres de l'époque des Printemps et des Automnes (VIIIe-Ve siècle avant J.-C.), ou encore comme John F. C. Fuller déduisit ses principes stratégiques à vocation universelle des campagnes napoléoniennes et de la guerre de 1914-1918. Mais ils englobent aussi dans leur analyse – parfois prémonitoire – les actes hostiles menés depuis la fin de la guerre froide sous toutes les formes, dans tous les domaines, économiques, financiers, religieux, écologiques, etc. Une telle combinaison de plus en plus complexe d'actes de guerre dépasse les limites habituelles des conflits menés jusqu'à une période récente uniquement par les militaires.

Le changement de guerre et le changement du mode de guerre, leurs causes, leurs conséquences, sont le sujet du livre. Mais son contenu nous mène également au cœur d'une réflexion plus large sur les ambitions chinoises.

*

En tirant les leçons des opérations conduites pendant la guerre du Golfe, les analystes de l'armée chinoise, dont les auteurs de cet essai sont parmi les plus représentatifs, ont été convaincus que les États-Unis étaient parvenus à une supériorité militaire écrasante. Il devenait urgent de réduire, sous une forme ou sous une autre, le retard chinois et l'écart du rapport stratégique. Postérieures à la publication de cet ouvrage (1999), les interventions qui ont suivi en Afghanistan (2001) et en Irak (2003) ont confirmé que nous avions assisté en à peine plus d'une décennie à une véritable révolution stratégique et que le temps des grandes batailles était révolu. Le domaine de la défense s'est soudain singulièrement élargi. Ceux qui entendent s'opposer à la volonté de puissance américaine – et la Chine joue sur sa réputation de grande puissance potentielle et de rivale des États-Unis – doivent désormais étendre hors du champ militaire habituel leur stratégie et leurs moyens d'intervention.

Pour la Chine, les États-Unis sont exemplaires. Ils apparaissent comme le modèle de référence dans l'échelle de la puissance économique, financière, technologique et militaire [1]. Ce n'est là qu'un des aspects du phénomène de fascination et de rejet qui marque fortement les relations sino-américaines. À cet égard, *La Guerre hors limites* offre une opportunité de comparaison entre les deux « cultures stratégiques », américaine et chinoise, typiques l'une comme l'autre, résultats de deux cultures politiques que tout oppose.

Ainsi, la politique des États-Unis utilise l'instrument militaire comme moyen et comme moteur, la supériorité technologique militaire produisant des stratégies qui modèlent sa diplomatie [2]. La culture de guerre américaine peut se caractériser par une approche directe de la guerre complétée quasi systématiquement par une stratégie d'anéantissement ; une armée de nature offensive ; un aboutissement nécessaire de la victoire militaire à la victoire politique ; une mise en action politique lente, eu égard au système des contre-pouvoirs et à la culture démocratique ; une préparation logistique minutieuse ; une tendance à la surenchère une fois les hostilités commencées ; la supériorité matérielle et technologique étant perçue comme la clé du succès, une tendance à exagérer la stratégie des moyens ; une vision stratégique trop souvent déterminée par les conditions budgétaires.

À l'inverse, la culture stratégique chinoise favorise la stratégie ou la guerre indirecte – notion ancienne mais souvent négligée, notamment en Occident –, la soumission de l'ennemi et la victoire sans combat, la primauté accordée au travail politique, etc. Modèle exemplaire et rival incontournable, les États-Unis sont « à respecter tactiquement et à mépriser stratégiquement » selon la formule de Mao Zedong, lequel, soit dit en passant, n'apparaît plus comme une référence unique pour nos stratèges chinois actuels. Plus globalement, les Chinois accordent traditionnellement la suprématie à la pensée humaine. Par sa prééminence, l'esprit est censé pouvoir compenser l'adversité, ou la faiblesse physique, par la ruse, la duperie, les stratagèmes, le rayonnement intellectuel, au point de mépriser la force. La puissance du raisonnement doit l'emporter dès lors qu'une certaine conception de la vérité, jamais prouvée mais simplement suggérée, s'appuie sur le bon sens, ce qui ne correspond pas toujours à la logique ou à un esprit scientifique – de ce point de vue, la référence au nombre d'or (chapitre V) est édifiante.

Les auteurs de *La Guerre hors limites* se situent dans la pensée stratégique traditionnelle chinoise. Qu'importe, par exemple, si « la guerre asymétrique » est une appellation nouvelle. C'est en réalité une affaire ancienne, la réponse du faible au fort. De l'analyse de la situation internationale, des tensions et des formes nouvelles qu'elles peuvent revêtir, on retiendra notamment le précaire et même le rudimentaire, avec la dose de scepticisme et de réalisme qui permet de compter sur le temps et sur des combinaisons de domaines – militaires et non militaires. Le recours à la ruse et au stratagème est la marque d'une culture qui revendique maturité et intelligence. Matérialiste plutôt qu'idéaliste, sa tendance naturelle est au pacifisme, mais l'histoire chinoise contient des tactiques défensives souvent plus redoutables que des agressions. Dès lors, les auteurs se sentent plus proches de Machiavel que de Sunzi ou de Clausewitz, car il sut le premier aller au-delà de la sphère militaire et approcher un espace d'actions politiques ou militaires plus global.

*

L'originalité de la pensée des auteurs de *La Guerre hors limites* ne peut s'apprécier si elle n'est replacée dans le contexte, national et international, des années 1990.

Trois traumatismes déterminèrent la réflexion des intellectuels chinois de cette période : la répression des manifestants de la place Tian'anmen en juin 1989 et l'isolement de la Chine qui en a découlé, tout d'abord ; l'effondrement du système communiste en Union soviétique et en Europe de l'Est, l'année suivante ; la guerre du Golfe enfin, commencée en janvier 1991 et menée avec succès en quelques jours. Tandis que le monde communiste vacillait, les États-Unis devenaient la seule superpuissance, sans rivale dans de multiples domaines, militaire notamment. De tels événements et ceux qui suivirent firent de la décennie quatre-vingt-dix une période tumultueuse des relations entre la Chine et l'Occident, avec les États-Unis tout particulièrement [3].

Sous-jacent jusque-là, un courant nationaliste apparut alors en plein jour en Chine, encouragé mais contrôlé par le parti communiste chinois, reposant sur quelques arguments classiques : « la supériorité spirituelle de la tradition chinoise, le mérite d'un pays non reconnu, le complot international contre la patrie, le besoin de ressourcement de la nation, la nécessité d'élargir la base idéologique, etc.[4] ». Simultanément, les bons résultats de l'économie chinoise confortèrent de nombreux esprits dans leur croyance à la supériorité de la tradition et des vertus chinoises. En mai 1995 parut un livre intitulé *La Chine peut dire non* (*Zhongguo keyi shuo bu)*, écrit par de jeunes intellectuels qui s'insurgaient contre l'hégémonie américaine, affirmaient que les États-Unis ne pouvaient diriger personne et que la Chine ne voulait diriger personne. Quant à la publication de *La Guerre hors limites*, au début de 1999, certains observateurs estimèrent que, dans le courant nationaliste, elle faisait partie des indices inquiétants d'une éventuelle métamorphose du nationalisme chinois en fascisme[5].

Dès sa parution, *La Guerre hors limites* a également été perçue en Chine et dans certains milieux occidentaux[6] comme un essai préconisant l'utilisation de tous les moyens, militaires et surtout non militaires, par les pays en voie de développement et notamment par la Chine, en cas de conflit avec les États-Unis, contre des armes de haute technologie.

Pour les intellectuels chinois nationalistes et nostalgiques de la grande culture chinoise, vieille de quatre ou – pourquoi pas – cinq mille ans, l'histoire d'une puissance occidentale, les États-Unis, devenue en à peine plus de deux cents ans la première du monde, est un défi. Pendant de nombreuses années, durant l'ère maoïste, l'ennemi principal fut bien américain. Mais l'opposition de l'Union soviétique relativisa la puissance américaine – qualifiée par Mao Zedong de « tigre de papier ». À l'inverse, les années 1980, marquées par un fort antagonisme sino-soviétique et par un rapprochement avec les États-Unis, donnèrent naissance à un courant favorable à l'Occident. Les années 1990, commencées par les événements déjà mentionnés – l'incident de Tian'anmen, la disparition de l'Union soviétique, la guerre du Golfe –, renversèrent cette tendance.

En juin 1995, la visite « à titre privé » aux États-Unis du président de Taïwan, Lee Teng-hui, déclencha des protestations en Chine. En juillet, Pékin lança une démonstration de force contre Taïwan sous la forme de manœuvres d'envergure aux abords de l'île nationaliste ; en juillet et en septembre, des missiles balistiques à tête inerte furent tirés. En mars 1996, des démonstrations d'intimidation identiques reprirent lors de la campagne précédant les premières élections présidentielles au suffrage direct organisées à Taïwan. Les États-Unis envoyèrent à cette occasion deux groupes aéronavals comprenant les porte-avions *Nimitz* et *Independance*.

« À ce moment-là, écrivent les auteurs de *La Guerre hors limites*, l'orage grondait dans la montagne et la situation militaire était si tendue que nous fûmes soudainement poussés à réfléchir à des stratégies adaptées à la situation et à écrire un livre sur ce sujet... »

C'est pourtant à cette époque, pendant l'été 1996, et sous l'impulsion des deux présidents, Clinton et Jiang Zemin, qu'une politique « d'engagement constructif » (*constructive engagement*) réduisit la tension entre Washington et Pékin. Le dialogue reprit sur plusieurs dossiers (Taïwan, prolifération, excédent commercial, droits de l'homme, etc.), tandis qu'un programme de visites fut établi. De tels développements confortèrent les deux camps, leur permettant de prendre la mesure de leurs intérêts comme de leurs divergences stratégiques.

Dans le domaine militaire, une délégation menée par le vice-président de la Commission militaire centrale (CMC) et ministre de la Défense chinois, Chi Haotian, accompagné des principaux responsables militaires concernés par la menace américaine, effectua une visite aux États-Unis en décembre 1996 [7]. Le programme comprit des rencontres avec les plus hauts responsables américains de la défense, civils et militaires, et avec le président Clinton. Il permit de faire une démonstration aux visiteurs chinois et de leur passer deux messages. La communauté du renseignement des États-Unis estimait en effet que la crise de mars 1996 dans le détroit de Taïwan, qui avait conduit à l'envoi de deux porte-avions, signifiait qu'une partie des dirigeants politiques et militaires chinois sous-estimait gravement la puissance américaine et la volonté au sommet de s'en servir. En cas de nouvel affrontement dans l'avenir, une telle erreur d'appréciation à Pékin pouvait être dangereuse. D'où, lors d'une étape, le survol en hélicoptères sur dix kilomètres d'un alignement de chars, d'hélicoptères et d'autres armements modernes, ou, à d'autres moments, un étalage de moyens techniques de renseignement, de commandement et d'information, ou de vérification des accords stratégiques. Quant aux messages, le premier consista à donner aux responsables chinois une « meilleure appréciation de ce qui est réellement la plus forte puissance militaire du monde ». Et le second, que les forces américaines prépositionnées en Extrême-Orient (environ cent mille hommes) ne constituaient pas une menace pour la Chine, et que le renforcement du traité nippo-américain annoncé en avril 1996 n'était pas dirigé contre un pays en particulier et qu'il n'avait pas été transformé en une alliance offensive. Ces visites ont vraisemblablement inspiré aux chefs militaires chinois une grande prudence en cas d'affrontement sino-américain au cours des années à venir. Mais elles ont également stimulé une volonté déjà affirmée de rattrapage dans le long terme. Quant au présent ouvrage, s'inscrivant dans la même démarche, il est une contribution à l'analyse de la puissance militaire américaine, de sa capacité d'adaptation aux nouvelles menaces, ainsi que de ses failles. Mais il apporte aussi d'éventuelles réponses chinoises dans l'incessante lutte entre le bouclier et l'épée que mènent les stratèges de tous les pays depuis des siècles.

Au cours des deux années qui suivirent, la politique de *constructive engagement* apporta des satisfactions aux deux gouvernements sans réduire pour autant leurs différends. La Chine entière communia dans le même sentiment de fierté nationale quand, le 1er juillet 1997, Hong Kong revint sous souveraineté chinoise. En octobre et novembre, le président Jiang Zemin effectua une visite officielle aux États-Unis et la Chine apparut comme un partenaire privilégié des États-Unis dirigés par Clinton. Entre-temps, l'Asie orientale fut touchée par une sévère crise économique. Dans la région, certains milieux, financiers notamment, expliquèrent la crise comme le résultat d'offensives délibérées contre les économies locales.

La Guerre hors limites fut rédigée pendant l'année 1998 et publiée à Pékin en février 1999. Moins de trois mois plus tard, le 8 mai, l'ambassade de Chine à Belgrade était atteinte par plusieurs missiles américains. L'incident – « erreur » pour Washington – fut ressenti comme une agression par Pékin.

Au cours des années qui ont suivi, les relations sino-américaines continuèrent d'être marquées par une profonde ambiguïté, leur caractéristique principale. De part et d'autre, les opinions publiques demeurent méfiantes. Sur bien des points, les deux gouvernements sont intransigeants. Les décisions conduisant à des apaisements, à des accommodements de circonstance ou à des accords relèvent directement d'une intervention des présidents.

Plusieurs événements ont confirmé la nature chaotique de l'évolution des relations bilatérales. L'année 2001 a été exemplaire à cet égard. Le président Bush, nouvellement élu, désigna la Chine comme « compétiteur stratégique » et confirma que les États-Unis feraient « tout ce qu'il faut » pour protéger Taïwan. Au printemps, « l'incident de Hainan [8] » donna lieu à des protestations officielles et à des manifestations de rue en Chine. Pourtant, dès l'été, Pékin usa d'un ton diplomatique modéré, manifestant un souci d'apaisement, tandis qu'était adoptée une réglementation sur les exportations des technologies relatives aux missiles. Profitant du choc provoqué aux États-Unis par les attaques du 11 septembre, les dirigeants chinois confirmèrent leur volonté d'améliorer les relations bilatérales et tentèrent de tirer de la nouvelle situation internationale le meilleur parti : soutien à la lutte contre le terrorisme et acceptation – bon gré, mal gré – de la présence militaire américaine en Asie centrale en échange de la condamnation de certains groupes liés à des activités terroristes au Xinjiang ; tentative de sauvetage de l'Organisation de coopération de Shanghai, menacée d'être dépassée après l'alignement du président Poutine sur la lutte antiterroriste de Washington. L'année 2002 allait se poursuivre dans le même climat de détente : visite du président Bush en Chine en février pour commémorer le trentième anniversaire du « communiqué de Shanghai », confirmation de la lutte commune contre le terrorisme, etc.

Pourtant, rien de décisif n'est venu atténuer les sentiments de défiance qui prévalent de part et d'autre. Les stratèges chinois s'inquiètent d'un « encerclement » de leur pays par un renforcement du système d'alliance ou de la présence militaire des États-Unis. Le débat interne sur les objectifs américains et sur la sécurité de la Chine se poursuit. Les analystes américains de leur côté considèrent, à moyen ou à long terme, la Chine comme une puissance rivale montante. Des voix ne manquent pas de s'élever pour critiquer la coopération entre les deux pays, notamment dans le camp républicain. La question de Taïwan apparaît insoluble, tandis que les échanges entre l'île et le continent ne font qu'augmenter, de même que la course aux armements sur les deux rives du détroit.

Bien que ne disposant pas actuellement des capacités économiques, financières, militaires à la hauteur des ambitions d'une vieille civilisation, les dirigeants chinois anticipent et se hissent virtuellement à la place d'interlocuteurs privilégiés des États-Unis. Situant ceux-ci dans une nouvelle phase d'expansion, « la phase de domination mondiale », ils comptent pour s'y opposer sur le multilatéralisme et sur les Nations unies. En cas d'échec, expliquent les plus déterminés, il leur faudra s'attendre à un affontement[9]. En réalité, on en est loin.

*

Il existe à bien des égards un parallèle, voire une convergence de vues, entre l'analyse des auteurs de *La Guerre hors limites* et celle des néoconservateurs américains qui préconisent des actions militaires préemptives. « N'importe quelle direction, n'importe quel moyen, n'importe quel individu peuvent représenter une menace potentielle pour la défense nationale »... « Cette "vision élargie" est une des conditions de la survie et du développement des États souverains modernes ainsi que de leur influence dans le monde. » Et comme la Chine est « une grande puissance émergente », il lui est sans doute permis de partager avec les États-Unis « une nouvelle notion de sécurité omnidirectionnelle incluant les intérêts de l'État ». Jusqu'à admettre avec cynisme et réalisme que « la reconnaissance ou le refus des règles internationales par chaque pays dépend souvent de son intérêt propre. Les petits pays espèrent utiliser ces règles pour se protéger tandis que les grands pays cherchent à les utiliser pour en contrôler les plus petits. Lorsque les règles ne coïncident pas avec leur intérêt, tous les pays, petits ou grands, n'hésitent pas à les enfreindre pour atteindre leurs objectifs ».

Audacieux – au moins au niveau de la rhétorique –, les principes d'action énoncés par les auteurs rejoignent par exemple ceux d'un Robert Kagan, qui croit que la difficulté de prévoir toutes les conséquences d'une décision juste ne doit pas dissuader de l'entreprendre. Formulé autrement, le nouvel art de *La Guerre hors limites* n'exige-t-il pas de recourir plus à l'intuition – une spécialité chinoise – qu'à la déduction mathématique pour maîtriser les changements spectaculaires de situation du champ de bataille ? En prévoyant que le processus complet d'une guerre allait devenir peut-être très court et, en même temps, augmenter la difficulté d'opérer ajustements et contrôles, n'y avait-il pas là une anticipation pertinente de la manière dont allait être conduite la prochaine guerre à venir, celle menée en Irak en 2003 ?

Les néoconservateurs américains veulent dissuader des concurrents de poursuivre une politique d'armement visant à égaler ou surpasser les États-Unis. Pour éviter une course aux armements épuisante et sans espoir, la réponse de *La Guerre hors limites* est un élargissement des actions de guerre à tous les domaines autres que le domaine militaire, à tous les moyens autres que les moyens militaires.

Un tel recours pour mener une « guerre hors limites » ne s'inspire pas seulement de la tradition stratégique chinoise. Il correspond à une nécessité et à des réalités lourdes comme le sous-développement de la Chine et la subordination de la modernisation des armées à la réussite du développement économique.

Dans *La Guerre hors limites* apparaissent des commentaires déguisés sur la politique chinoise de défense, un exercice délicat s'il n'était pas appuyé ou couvert par une partie de la haute hiérarchie militaire chinoise. Les jugements exprimés sans aménité sur la stratégie, les tactiques, globalement sur le niveau de réflexion des militaires américains, ressemblent parfois à des critiques adressées indirectement aux responsables (militaires et civils) chinois de la politique de défense. La similitude est parfois évidente : « Il n'y a pas qu'en Orient que les réformes sont abandonnées dès le départ des individus qui les avaient engagées. » Ailleurs, il s'agit de relever « l'écart entre la pensée militaire américaine et les menaces réelles ». Pour le moins, le cas américain mériterait d'être suivi. Ainsi lorsqu'il s'agit de réforme structurelle : la loi sur la réorganisation et les effets positifs qu'elle a eus sur l'armée américaine « offrent matière à réflexion » et « tout pays qui espère gagner une guerre au XXIe siècle devra inévitablement affronter ce choix : réorganiser ou être battu ». Ou quand sont pris en compte les résultats des examens officiels de la guerre du Golfe, « extrêmement précieux pour les armées et les soldats du monde entier ». Ou encore lorsqu'il s'agit d'utiliser d'autres moyens que les moyens militaires pour compléter, enrichir, voire remplacer les moyens militaires. Or l'armée chinoise ne s'oriente pas dans cette direction.

Jusqu'à la fin des années 1970, le rôle de l'armée chinoise fut limité à celui de soutien et de gardien du régime. Mao Zedong en a fait une « armée du peuple » rustique, à l'aise dans les campagnes chinoises, mais incapable de confrontation avec des forces modernes, encore moins de projection hors des frontières. En ce sens, toutes les aventures ou tous les incidents intérieurs qui ont requis une participation massive des unités de l'Armée populaire de libération (APL), comme la révolution culturelle ou la répression de juin 1989, ont été ressentis par les militaires chinois comme autant de causes de retard de la professionnalisation des forces et d'obstacles à la modernisation de la doctrine et des moyens. Fallait-il être « rouges » ou « experts » ? La question fut longtemps au cœur des débats entre responsables politiques et militaires chinois, marqués par leurs expériences révolutionnaires de la prise du pouvoir.

La transformation la plus remarquable dans le domaine de la défense en Chine au cours des années 1990 a été la séparation entre les directions politique et militaire, précédemment étroitement liées, parfois confondues[10]. Un tel changement a été rendu inéluctable avec la disparition de dirigeants aussi politiques que militaires et incontestés par l'armée, Mao Zedong et Deng Xiaoping. Leur successeur Jiang Zemin, sans compétence particulière pour en imposer aux militaires, sut habilement se faire admettre en adoptant une attitude positive à leur égard. Le changement de génération est apparu dans les nominations au haut commandement d'officiers plus concernés par la professionnalisation et la modernisation des forces que par les luttes politiques. Dès lors, les plus hauts dirigeants, le président[11] en tête, étaient tenus de mieux répondre aux besoins des militaires. Jiang Zemin leur a laissé plus de latitude pour s'occuper de leur domaine. En retour, ils ont été associés à certaines décisions, la question de Taïwan notamment, laquelle est liée à la stratégie américaine dans la région.

Pratiquement, la modernisation des forces armées chinoises a bénéficié d'un autre élan à partir de 1999 pour deux raisons. D'une part, la déclaration du président de Taïwan, Lee Teng-hui, selon lequel la Chine et Taïwan étaient deux pays distincts et souverains, réduisant l'espoir de parvenir à un accord de réunification par voie de négociation. D'autre part, le bombardement de l'ambassade de Chine à Belgrade, interprété à Pékin comme un signal fort, notamment en cas d'intervention militaire chinoise à Taïwan.

En analysant attentivement les doctrines d'emploi et les capacités des moyens militaires américains, les

Chinois ne doutent pas qu'ils devraient relativiser l'importance de la « guerre populaire », préconisée et employée par Mao Zedong en d'autres circonstances, et adapter encore un peu plus leur concept de « guerre moderne dans des conditions de haute technologie ». Néanmoins, le processus de modernisation de l'armée chinoise restera marqué par plusieurs facteurs. L'un d'entre eux est l'héritage maoïste, de même que la nature de certains conflits dans le monde, qui encouragera des stratèges chinois à maintenir des structures politiques au sein de l'armée et à s'appuyer sur des forces paramilitaires. À l'opposé, l'effort de modernisation sera soutenu par l'ambition des dirigeants chinois à faire reconnaître leur pays comme une grande puissance. Quelle que soit cette volonté, l'absence de moyens financiers, technologiques, industriels empêchera les militaires de posséder avant longtemps les capacités d'intervention correspondantes. Il leur faudra tenir compte de l'indispensable priorité au développement économique et à son corollaire, le maintien de la stabilité sociale interne.

Les objectifs régionaux – prédominance politique et militaire sur les périphéries, à Taïwan et en mer de Chine du Sud – sont-ils plus accessibles ? Les stratèges chinois devront tenir compte de la présence américaine – forte, durable, soutenue par la plupart des pays de la région – dans la région Asie-Pacifique, étendue depuis 2002 en Asie centrale à la suite de l'intervention des États-Unis en Afghanistan. Compte tenu des risques, du rapport des forces et des conséquences régionales, Pékin continuera de favoriser la diplomatie pour tenter de modifier la situation à son avantage. Hypothèse d'état-major ou motivation durable, la préparation à une intervention armée à Taïwan devrait rester le premier objectif des forces chinoises. Car une crise est toujours possible avec les États-Unis ou avec le régime nationaliste. Une telle préparation – concernant l'armée de l'air, la marine, des unités de débarquement – est tributaire du budget de la défense.

Le manque de clarté du budget de la défense chinois suscite des commentaires multiples et des interprétations diverses. Un tel facteur permet d'entretenir les thèses les plus variées – des plus optimistes aux plus sceptiques – sur la capacité chinoise à moderniser ses forces. L'accroissement du budget de la défense a été sensible entre 1990 et 2002, passant pendant cette période de 3,5 à 20 milliards de dollars, avec des augmentations annuelles importantes (28,8 % en 1994, 12,6 % en 2000). L'année 2003 a dérogé à la tendance : 22,4 milliards de dollars, avec « seulement » une augmentation de 9,6 %. Mais la plupart des observateurs étrangers s'accordent aussi pour estimer qu'à de tels montants il faut ajouter ceux de nombreux autres postes budgétaires qui, participant directement ou indirectement à la défense (certains secteurs de l'industrie, de la recherche, des entreprises), bénéficient d'allocations exceptionnelles de devises pour des importations d'équipements militaires, etc. D'où un financement de la défense autrement plus élevé, à tel point que, par exemple, au budget déclaré de 20 milliards de dollars de 2002 correspondrait un budget « réel » de 80 milliards de dollars. Une telle augmentation suit dans une certaine mesure la croissance et le développement économiques. Il convient encore d'en relativiser l'importance, car, pendant plusieurs années, l'augmentation a simplement compensé l'inflation. Et s'il nous importe de tenter de mesurer l'effort chinois pour rattraper le retard par rapport aux États-Unis, il suffit de rappeler que le budget américain de la défense, pour 2002 par exemple, s'est élevé à 340 milliards de dollars, ce chiffre ne tenant pas compte lui-même des apports des autres secteurs de l'industrie, de la recherche, etc.

À défaut de déboucher sur des productions industrielles, les recherches chinoises sont significatives :

sur un chasseur furtif, sur l'amélioration des capacités de missiles balistiques de courte portée, sur des missiles de croisière, sur des sous-marins d'attaque nucléaires (projet 093) ou stratégiques (projet 094), ICBM DF-31, sur les armements modernes pour les troupes au sol, etc. Par ailleurs, la Chine a dépensé 1,5 milliard de dollars au cours de chacune des deux dernières années pour l'achat à la Russie d'équipements modernes (chasseurs SU 27 et 37, sous-marins de la classe Kilo, frégates Sovremenny, systèmes de défense aérienne S-300 et TOR-M1, etc.). La mise en service de chars amphibies et de transports de troupe ont accru la capacité d'intervention des forces terrestres en cas de débarquement à Taïwan.

En septembre 1997, lors du XVe congrès du PCC, fut annoncée l'accélération de la modernisation de l'armée chinoise. C'est sans doute la même année que furent lancées des discussions sur la « Révolution des affaires militaires » (RAM), que les États-Unis ont achevée pendant les années 1990. En 1999, l'APL s'engagea réellement dans la RAM, dont l'efficacité venait d'être mesurée lors des opérations menées en Yougoslavie. L'observation et l'analyse des opérations conduites par les États-Unis et par leurs alliés sont devenues des exercices familiers des stratèges chinois. Leurs connaissances théoriques des tactiques mises au point par les États-Unis au fur et à mesure que progresse l'arsenal militaire américain s'améliorent sans cesse. Mais rien ne semble pouvoir combler l'écart qualitatif et quantitatif qui sépare l'armée chinoise de son modèle américain, aux capacités aussi enviables qu'insupportables.

*

Dans l'immédiat, et pour longtemps encore, la Chine joue de sa capacité supposée et revendiquée à devenir une grande puissance. Elle en bénéficie tant que rien ne vient l'éprouver. De ce seul point de vue, la souplesse et l'adaptation de sa diplomatie offrent déjà une meilleure protection à sa réputation que ne le ferait une épreuve de force.

La réponse à toutes les formes d'attaque apparaît donc, estiment les auteurs de *La Guerre hors limites*, dans la combinaison souple, synchronisée, de tous les moyens dont dispose, dans tous les domaines, un État. À cet égard les terroristes ou prédateurs en tout genre ont été les premiers à prendre de telles initiatives. S'en tenir au seul domaine militaire est une conception trop étroite pour couvrir la sécurité nationale ou internationale. Le nouveau désordre international demande, en particulier de la part des responsables des questions de sécurité, de renforcer les connaissances des cultures pour mieux apprécier les menaces. Le changement est tel que la guerre déborde désormais hors des limites habituelles.

Michel JAN

NOTES

1. Général Henri Eyraud, *Les Rapports sino-américains. Passé, présent, futur.* Hérodote, 1er trimestre 2003.

2. Gérard Chaliand, Arnaud Blin, *America is back*, Bayard, 2003.

3. Chen Yan, *L'Éveil de la Chine : les bouleversements intellectuels après Mao, 1976-2002*, Éditions de l'Aube, 2002.

4. *Ibid.*

5. Cheng Mo, cité par Chen Yan dans *L'Éveil de la Chine, op. cit.*

6. Foreign Broadcast Information Service (FBIS Editor's Note) dans une présentation de la traduction (non officielle) en anglais (sans date).

7. Pour les détails et commentaires sur cette visite, cf. Henri Eyraud, *op. cit.*

8. Un avion de surveillance maritime américain de type EP-3E, heurté en vol par un intercepteur chinois, hors des eaux territoriales,

se pose en catastrophe sur l'île de Hainan. L'avion est saisi et l'équipage bloqué pendant plusieurs jours.

9. Par exemple, *Renmin Ribao* (« Quotidien du peuple ») du 11 mars 2002.

10. Ellis Joffe, *International Herald Tribune* (11 et 16 juin 2002).

11. Également secrétaire général du PCC et président de la Commission militaire centrale.

Notice sur les auteurs

Qiao Liang est né en 1955 dans le district de Xin, province du Shanxi, dans une famille de militaires d'origine hunanaise. Il est membre de l'Union des écrivains de Chine. Il exerce actuellement la fonction de directeur adjoint du bureau de la création au département politique de l'armée de l'air, avec le grade de colonel supérieur de l'armée de l'air. Il est l'auteur de nombreux ouvrages.

Parmi les principaux, citons : *Mori zhi men* [La Porte de la fin des jours], *Lingqi* [La Bannière de l'âme] et *Dabinghe* [La Grande Rivière de glace]. Il a remporté divers prix nationaux civils et militaires. Outre ses créations littéraires, il se livre depuis longtemps à des recherches sur la théorie militaire et est l'auteur, en collaboration avec d'autres, de *Junguan suzhilun* [De la qualité d'officier], *Shijie junshi liqiang bolan* [Panorama des grandes puissances militaires mondiales] et *Quanqiu junli paihang bang* [Liste des grades des forces militaires mondiales].

Wang Xiangsui est né en 1954 à Canton dans une famille de militaires. Il est entré dans l'armée en 1970. Il a assuré successivement les fonctions d'instructeur politique, commissaire politique d'escadron, directeur adjoint de service, commissaire politique de régiment et commissaire politique adjoint de division. Il travaille actuellement au bureau politique de la région militaire aérienne de Canton. Il a le grade de colonel supérieur de l'armée de l'air.

Il a collaboré à la rédaction de *Junguan suzhilun* [De la qualité d'officier] et *Shijie lici dazhan lu* [Répertoire des grandes guerres mondiales de l'histoire].

INTRODUCTION

Quiconque a vécu la dernière décennie du XXe siècle aura ressenti les profonds changements survenus dans le monde. Nul ne pourrait affirmer que l'histoire en a déjà connu d'aussi grands. Les causes de ces énormes changements sont trop nombreuses pour que nous les citions toutes mais certaines sont fréquemment évoquées, parmi lesquelles la guerre du Golfe.

La face du monde a été changée par une guerre. Lui imputer pareil bouleversement alors qu'elle s'est déroulée dans une zone limitée et n'a duré que quarante-deux jours paraît quelque peu exagéré. Pourtant, tels sont les faits, et nul n'est besoin d'énumérer tous les vocables qui ont commencé à apparaître après le 17 janvier 1991. Il suffira de citer « ex-Union soviétique », « Bosnie-Herzégovine », « Kosovo », « clonage », « Microsoft », « hacker », « Internet », « crise financière de l'Asie du Sud-Est », « euro », sans parler des États-Unis comme « unique et ultime superpuissance mondiale ». Ils constituent à peu de chose près les principaux sujets de préoccupation de la planète au cours de ces dix dernières années.

Nous voudrions ajouter qu'ils sont tous liés à ce conflit, directement ou indirectement.

Nous n'avons toutefois aucunement l'intention d'en faire un mythe – bien au contraire –, d'autant moins que ce fut une guerre particulièrement déséquilibrée (asymétrique) quant à la puissance respective des deux parties. En ayant fait une étude approfondie, nous avons aussi noté que la nature même de la guerre avait changé.

Nous avons constaté qu'une telle guerre de domination, qui a été glorifiée et qui a atteint le sommet de ce qu'il a été possible d'accomplir à ce jour dans l'histoire, s'est brusquement retrouvée reléguée à la place d'un acteur de série B.

Une guerre qui transforme le monde et qui finit par transformer la guerre elle-même est un phénomène difficilement pensable, et qui pourtant donne beaucoup à réfléchir. Toutefois, il ne s'agit pas des changements intervenus dans les outils, les techniques, les méthodes ou les formes de guerre. Ce dont nous parlons, c'est de son rôle. Qui aurait pu imaginer qu'un acteur hors pair, dont l'apparition a modifié toute l'intrigue, découvrirait lui-même soudain qu'il est en fait le dernier personnage à jouer ce rôle exceptionnel ? En outre, en apprenant, avant même d'avoir quitté la scène, qu'il n'était guère probable qu'on rejoue jamais un rôle de premier plan, du moins qu'on occupe seul un jour encore le centre de la scène, quel sentiment doit-on éprouver ?

Les Américains connaissent peut-être ce sentiment mieux que quiconque, car ils comptent parmi ceux qui veulent jouer tous les rôles : sauveurs de la planète, pompiers, gendarmes du monde, émissaires de la paix, etc. Depuis la « Tempête du désert », l'Oncle Sam n'a plus réussi à remporter une seule victoire digne de ce nom. Que ce soit en Somalie ou en Bosnie-Herzégovine, cela a été chaque fois la même chose. En particulier, dans la récente action où les États-Unis et la Grande-Bretagne se sont alliés pour mener des attaques aériennes contre l'Irak, sur la même scène, avec les mêmes moyens et avec les mêmes acteurs, ils n'ont pas réussi à interpréter le drame magnifique qui avait fait si forte impression huit ans plus tôt. Face à des questions politiques, économiques, culturelles, diplomatiques, ethniques et religieuses plus complexes qu'elles ne le sont dans l'esprit de la plupart des militaires du monde, les limites des moyens militaires, qui avaient jusque-là si bien réussi, sont brusquement apparues comme jamais auparavant. Par ailleurs, dans une période où « la puissance fait droit » – et la plus grande partie de l'histoire de ce siècle appartient à cette période –, de telles questions ne posaient pas problème. Le problème, c'est que les forces multinationales conduites par les États-Unis ont mis un terme à cette période dans le désert du Koweït, marquant ainsi le début d'une ère nouvelle.

À l'heure actuelle, il reste difficile de dire si cette période va déboucher sur la mise au chômage d'un grand nombre de militaires ou si elle fera disparaître la guerre de la surface du globe. Tout cela demeure indéterminé. La seule chose certaine, c'est que désormais les conflits ne seront plus ce qu'ils étaient. Ce qui revient à dire que si, dans les jours à venir, l'humanité n'a pas d'autre choix que faire la guerre, elle ne pourra plus la faire de la manière qui lui était familière.

Si on ne peut plus nier l'impact sur la société et l'âme humaine des nouvelles valeurs déterminantes que sont l'économie libérale, la notion de droits de l'homme et la conscience écologique, il est certain que la métamorphose de la guerre s'opérera dans un contexte plus compliqué. Sinon, le phénix de la guerre qui est sur le point de disparaître ne renaîtra jamais de ses cendres. Quand se fera jour la tendance en faveur du recul, consenti avec joie, face à l'emploi de la force armée pour résoudre les conflits, la guerre aura ressuscité sous une autre forme et dans une autre arène, en devenant un instrument d'une énorme puissance entre les mains de tous ceux qui entretiennent le désir de dominer d'autres pays ou d'autres régions. En ce sens, c'est une raison pour nous d'affirmer que l'attaque financière de George Soros contre l'Asie orientale, l'attaque terroriste contre les États-Unis par Oussama Ben Laden*, l'attentat au gaz dans le métro de Tokyo par les disciples de la secte Aum et le chaos créé par Morris Jr et ses pareils sur Internet, où le degré de destruction n'est en rien inférieur à celui d'une guerre, représentent une demi-guerre, une quasi-guerre, une sous-guerre, bref la forme embryonnaire d'un nouveau type de guerre.

Quel que soit le nom que l'on donne à ces nouvelles formes d'affrontement, elles ne peuvent pas nous rendre plus optimistes que par le passé, car nous n'avons aucune raison d'être optimistes. Cela tient au fait que la diminution des fonctions de la guerre au sens strict ne signifie absolument pas que la guerre n'existe plus, car elle ne sera pas totalement abolie, même à l'époque soi-disant postmoderne, postindustrielle. Elle aura seulement réinvesti la société humaine d'une manière plus complexe, plus étendue, plus cachée et plus subtile. Comme disait lord Byron dans le poème où il pleure la mort de Shelley : « Il ne s'est rien passé, une fois l'eau de la mer a changé et c'est tout. » La guerre, qui a subi la transformation de la technologie moderne et du système du marché, sera faite sous des formes encore plus atypiques. Autrement dit, alors que nous observons une diminution relative de la violence militaire, nous observons en même temps un accroissement de la violence politique, économique et technique. En outre, quelle que soit la forme que revêt la violence, la guerre c'est la guerre, et quand bien même son apparence se serait modifiée, elle obéira toujours aux mêmes principes. Si nous reconnaissons que les nouveaux principes de la guerre ne consistent plus à « faire usage de la force armée pour obliger un ennemi à se plier à sa propre volonté » mais plutôt à « utiliser tous les moyens, dont la force

* Il ne s'agissait pas encore des attentats du 11 septembre 2001.

armée ou la force non armée, militaire ou non militaire et des moyens létaux ou non létaux pour obliger l'ennemi à se soumettre à ses propres intérêts ».

Les changements de la guerre et de sa pratique sont là. Or qu'est-ce qui les a provoqués ? De quelle manière ? Où nous conduisent-ils ? Comment allons-nous y faire face ? Tels sont les sujets que ce livre tente d'aborder et d'éclairer, et tel est le motif qui nous a conduit à l'écrire.

QIAO Liang et WANG Xiangsui

Dix-sept janvier 1999, 8e anniversaire de l'éclatement de la guerre du Golfe.

Les notes des auteurs, appelées par des numéros, sont regroupées en fin de chapitre ; les notes de bas de page, appelées par des astérisques, sont du traducteur.

PREMIÈRE PARTIE

De la nouvelle forme de guerre

« Aussi puissants fussent-ils, les royaumes anciens qui aimaient la guerre ont péri ; l'empire a beau connaître la paix, s'il oublie la guerre, il sera en danger. »

SIMA Rangju*

La technique est le totem de l'homme moderne[1].

Il n'est guère étonnant que, agitée par la chaude brise de l'utilitarisme, la technique soit plus en faveur que la science. L'ère des grandes découvertes scientifiques était déjà achevée avant l'époque d'Einstein. L'homme moderne a donc de plus en plus tendance à penser que ses rêves se réaliseront de son vivant. Cela l'amène, en pariant sur son propre avenir, à se prosterner devant la technique vue à travers une loupe grossissant mille fois et à tout attendre d'elle. C'est ainsi qu'en très peu de temps, la technique a connu des développements étonnants et explosifs, d'où résultent d'innombrables avantages pour l'humanité, avide de réussites rapides et de récompenses instantanées – développements que nous avons baptisés fièrement

---

* Général de l'époque des Printemps et des Automnes (722-481 avant J.-C.) ; auteur d'un *Art de la guerre*.

progrès technique, sans nous apercevoir que nous nous étions installés dans une époque technologique bornée où nous avions perdu notre âme[2].

La technique devient chaque jour plus affolante et plus incontrôlable. Les laboratoires Bell et la société Sony ne cessent de produire de nouveaux gadgets. Bill Gates ouvre chaque année de nouvelles fenêtres [« Windows »] et « Dolly », la brebis clonée, prouve que l'homme envisage désormais de remplacer le Créateur. Le redoutable chasseur russe SU-27 n'est encore intervenu sur aucun champ de bataille alors que le SU-35 monte sur la scène pour prendre la pose[3], mais la question de savoir si, ayant fait son temps sous les feux de la rampe, le SU-35 pourra prendre sa retraite après avoir rendu des services méritoires reste plutôt sujet à conjecture. La technique est comparable à des « chaussures magiques » aux pieds de l'humanité ; une fois que le ressort a été remonté à fond par les intérêts commerciaux, elle n'a plus qu'à danser et tourbillonner au rythme imposé.

Les noms de Watt et d'Edison sont presque synonymes de grandes inventions techniques, et se servir de ces grands maîtres pour désigner leur époque pourrait sembler raisonnable. Toutefois, la situation a changé, et les innombrables découvertes techniques des cent dernières années rendent difficile l'apparition d'une technique nouvelle quelconque qui occuperait une place d'importance dans la vie de l'humanité. Si les formules comme « l'ère de la machine à vapeur » ou « l'ère de l'électrification » pouvaient refléter la réalité de leur temps, aujourd'hui, avec les nouvelles techniques de toutes sortes qui ne cessent de déferler sur la grève, au point que les hommes qui ont à peine eu le temps d'applaudir leur avènement sont débordés par une vague de techniques encore plus haute, plus novatrice, ce temps-là, illustré par une seule technique ou par un seul inventeur, appartient désormais au passé. C'est la raison pour laquelle, si l'on appelle l'époque actuelle « l'ère du nucléaire » ou « l'ère de l'information », on aura encore l'impression qu'on utilise un seul aspect de la réalité pour en désigner la totalité.

Il ne fait aucun doute que l'apparition de l'informatique a été une innovation bénéfique pour la civilisation humaine. C'est à ce jour la seule chose qui puisse insuffler à la « plaie » technique qui s'est échappée de la boîte de Pandore une plus grande énergie, avec en même temps le pouvoir magique permettant de la contrôler. Il se trouve qu'à l'heure actuelle se pose la question de savoir qui disposera du pouvoir avec lequel contrôler l'informatique. Le point de vue pessimiste est que, si cette technique se développe dans une direction qui ne peut être contrôlée par l'homme, elle finira par faire de l'humanité sa victime[4]. Cette conclusion effrayante est cependant totalement incapable de diminuer l'ardeur de l'homme à son égard. La perspective optimiste qu'elle ouvre elle-même est extrêmement séduisante pour l'humanité, laquelle a soif de progrès technique. Après tout, ses traits exceptionnels d'échange et de partage représentent la lumière de l'intelligence dont on souhaite qu'elle permette à l'humanité de sortir de la *barbarie technique**. Mais cela ne suffira pas à nous faire ressembler à ces futurologues à qui l'arbre cache la forêt, et qui utilisent son nom pour désigner l'époque tout entière. Ses caractéristiques sont précisément ce qui nous empêche de remplacer les différentes techniques dont nous disposons en grande quantité. Elles viennent juste d'émerger ou sont sur le point de voir le jour, en particulier les techniques biologiques, les techniques des matériaux et les nanotechnologies. Elles

* Sauf indication contraire, les expressions en italique sont des néologismes créés par les auteurs, dont la liste figure à la fin du livre.

entretiennent toutes un lien symbiotique avec l'informatique, sur laquelle elles s'appuient et à laquelle elles contribuent.

Depuis trois siècles, les hommes se sont habitués à adorer aveuglément la nouveauté et à écarter l'ancien. La quête incessante de nouvelles techniques est devenue la panacée pour résoudre toutes les difficultés de l'existence. Livré à cette chimère, l'homme s'est peu à peu égaré. De même qu'il commet souvent dix nouvelles erreurs pour en dissimuler une, pour résoudre une seule difficulté, il n'hésite pas à en créer dix nouvelles[5]. Par exemple, pour disposer d'un moyen de transport commode, les hommes ont inventé l'automobile, mais un long chapelet de problèmes est arrivé dans le sillage des voitures – l'extraction minière et la métallurgie, la transformation mécanique, le forage pétrolier, la transformation du caoutchouc, la construction routière, etc., qui ont demandé à leur tour toute une série de moyens techniques pour les résoudre, conduisant pour finir à la pollution de l'environnement, la destruction des ressources, l'occupation de terres arables, les accidents de la circulation et autres problèmes encore plus épineux. À la longue, si l'on compare le but initial – utiliser les voitures pour le transport – à ces problèmes dérivés, il semble presque insignifiant. Ainsi, l'expansion irrationnelle de la technique amène l'humanité à abandonner continuellement ses buts dans les ramifications compliquées de l'arbre de la technique, à se perdre et à oublier le moyen de faire machine arrière. On pourrait baptiser ce phénomène *l'effet de ramification*. Heureusement, au même moment, l'informatique moderne a fait son apparition. On peut affirmer avec certitude que c'est la révolution la plus importante de toute l'histoire de la technique. Sa portée révolutionnaire ne réside pas seulement dans le fait qu'il s'agit d'une technique toute nouvelle mais plus encore dans le rôle de liant permettant de franchir en douceur les nombreuses barrières séparant les techniques et d'associer celles qui semblent n'avoir aucun lien entre elles. Ce lien permet non seulement de faire naître de nouvelles techniques qui ne sont ni une chose ni une autre tout en représentant celle-ci et celle-là. Qui plus est, il fournit une approche entièrement nouvelle de la relation qui unit l'homme et la technique. C'est seulement de son propre point de vue que l'humanité perçoit clairement l'essence de la technique comme outil. C'est seulement alors qu'elle peut éviter d'en devenir l'esclave dans le processus de résolution des difficultés qu'elle doit affronter pour exister. L'humanité est tout à fait capable de développer pleinement les pouvoirs de son imagination. Cela afin que, dans l'utilisation de chaque technique, elle épuise toutes ses possibilités, et ne fasse pas comme « l'ours aveugle cueillant des épis de maïs* », seulement capable de remplacer systématiquement une technique ancienne par une nouvelle. De nos jours, l'emploi indépendant de techniques individuelles est devenu de plus en plus inimaginable. L'apparition de l'informatique nous a offert d'incalculables possibilités de combinaison de différentes techniques anciennes, nouvelles et de pointe. Des faits innombrables prouvent que l'emploi intégré des techniques permet de promouvoir le progrès social mieux encore qu'en en inventant de nouvelles[6].

Les solos chantés avec force cèdent la place aux voix de choristes. La *fusion générale de la technique* guide irréversiblement la tendance croissante à la mondialisation, tandis que cette dernière accélère à son tour le processus de fusion générale de la technique, et c'est la particularité fondamentale de notre époque.

Cette particularité va inévitablement projeter ses

---

* Histoire enfantine célèbre de l'ours aveugle qui marche dans un champ de maïs et abandonne l'épi qu'il vient de cueillir chaque fois qu'il en trouve un plus parfumé et qui, à la fin, se retrouve les mains vides.

caractéristiques dans toutes les directions, et le domaine de la guerre ne fera naturellement pas exception. Aucune force militaire désireuse de se moderniser ne pourra se dispenser d'alimenter les techniques nouvelles, de même qu'elles ont toujours été le fruit des exigences de la guerre. La guerre du Golfe a mis en scène plus de 500 types de techniques nouvelles et avancées des années 1980, à tel point que la guerre a semblé servir de lieu de démonstration pour les nouveaux armements. En outre, plus impressionnant pour le public, ce ne sont pas les nouvelles armes en soi mais plutôt la tendance à la systématisation dans le développement et l'emploi des armes. Ainsi, l'interception de *Scuds* par les *Patriots* a paru aussi simple que de tirer des oiseaux avec un fusil de chasse. En réalité, cela faisait appel à de nombreux équipements déployés sur plus de la moitié du globe : après qu'un satellite DSP eut identifié la cible, une alerte était envoyée à une station au sol en Australie, puis acheminée au poste de commandement central à Riyad par l'intermédiaire du poste de commandement du mont Cheyenne aux États-Unis. Puis les opérateurs des *Patriots* recevaient l'ordre de se mettre en position de combat, le tout s'opérant dans la phase d'alerte de 90 secondes seulement, à l'aide des nombreux relais et systèmes de coordination au sol et systèmes C3I, qu'on peut véritablement désigner par la formule du « coup de feu qui ébranle toute la planète ». La coordination en temps réel de nombreuses armes sur une grande distance a fourni une capacité de combat sans précédent, et c'est un phénomène qui était véritablement inimaginable avant l'apparition de l'informatique. Si l'on a pu dire qu'avant la Seconde Guerre mondiale l'apparition d'armes individuelles pouvait encore déclencher une révolution dans le domaine militaire, aujourd'hui aucune n'est plus en mesure de s'imposer à toutes les autres.

À l'époque de la synthèse des techniques et de la mondialisation, une guerre ne peut plus être désignée du nom des armes utilisées. La relation entre armes et guerre a été réordonnée, tandis que l'apparition d'armes de nouvelle conception et surtout les nouvelles conceptions d'armes ont progressivement brouillé le visage de la guerre. Une seule attaque de *hacker* compte-t-elle pour un acte hostile ? L'emploi d'instruments financiers pour détruire l'économie d'un pays peut-il être considéré comme une bataille ? La diffusion par CNN du cadavre d'un soldat américain exposé dans les rues de Mogadiscio a-t-elle ébranlé la détermination des Américains de se comporter comme le gendarme du monde, et modifié du même coup la situation stratégique mondiale ? Et l'évaluation d'actions en temps de guerre doit-elle tenir compte des moyens ou des résultats ? À l'évidence, si l'on garde à l'esprit la définition traditionnelle de la guerre, il n'y a plus moyen de donner une réponse satisfaisante à ces questions. Quand on comprend brusquement que toutes ces actions non guerrières pourraient être les nouveaux facteurs constitutifs des guerres futures, on doit trouver un nouveau nom pour ce nouveau type de conflit – une guerre qui dépasse toutes les frontières et toutes les limites : en bref, la *guerre hors limites*, qui est l'objet du présent ouvrage.

Si ce nom est établi, il indiquera que tous les moyens seront disponibles, que l'information sera générale et que le champ de bataille sera partout. Cela signifie que toutes les armes et toutes les techniques pourront être imposées à loisir ; que toutes les frontières qui séparent les mondes de la guerre et de la non-guerre seront totalement abolies ; également que les principes actuels du combat devront être modifiés et, même, que les lois de la guerre devront être réécrites.

Il est difficile cependant de prendre le pouls du dieu de la guerre. Si l'on veut parler de la guerre, en particulier de celle qui éclatera demain soir ou après-demain matin, il n'y a qu'un moyen : déterminer sa nature en retenant son souffle, et tâter soigneusement le pouls du dieu de la guerre aujourd'hui.

NOTES

1. Dans *L'Homme et la technique* (trad. de l'allemand par Anatole A. Petrowsky, Gallimard, 1958), Oswald Spengler écrit que « comme Dieu le père, la technique est éternelle et immuable, comme le fils de Dieu, elle sauvera l'humanité et, comme le Saint-Esprit, elle répand sa lumière sur nous ». Le culte de la technique du philosophe Spengler, qui était le même que celui d'un théologien pour Dieu, n'était autre, au moment où l'homme entrait dans l'ère de l'industrialisation, que la manifestation d'une nouvelle forme d'ignorance, qui s'est de plus en plus répandue à l'époque postindustrielle.

2. Sur cette question, le philosophe et savant français Jean Ladrière a un point de vue original. Il pense que la science et la technique ont un effet à la fois destructeur et conducteur sur la culture. Soumise à ce double effet, l'humanité a le plus grand mal à porter un jugement clair sur la technique et oscille constamment entre les deux extrêmes du fanatisme scientiste et des mouvements « antiscience ». La lecture de *Le Défi de la science et de la technologie aux cultures**, écrit dans un style abscons mais dont la pensée ne manque pas de profondeur, nous permet de mesurer avec un certain recul l'impact de la technique sur de nombreux aspects de la société humaine.

3. Même si l'évolution des armes BVR [*beyond vision range*] a provoqué d'énormes transformations des notions de base du combat aérien, en dernière analyse, celles-ci n'ont pas complètement éliminé le combat rapproché. Le SU-27, capable de mouvements de « cobra », et les SU-35, capables de « crochets », sont les deux avions de combat actuels les plus remarquables.

4. F. G. Jong est le plus virulent des techno-pessimistes. Dès 1939, il avait identifié une série de problèmes créés par la technique

---

* Ladrière, Jean, *Les Enjeux de la rationalité : le défi de la science et de la technologie aux cultures*, Aubier-Montaigne, UNESCO, 1977 ; Liber, 2001.

moderne, dont la montée du contrôle social et la menace pour l'environnement. À son avis, la technique était devenue une force diabolique qui s'était non seulement emparée de la nature mais qui avait aussi privé l'homme de sa liberté. Dans *L'Être et le Temps*, Martin Heidegger a qualifié la technique de « remarquable absurdité », invitant l'homme à revenir à la nature afin d'éviter la technique en tant que danger maximal. Les plus célèbres optimistes à l'égard de la technique furent Norbert Wiener et Karl Steinbuch. Dans divers ouvrages comme *Cybernetics, God and Robots* et *The Human Use of Human Beings* de Wiener et *The Information Society** et *Philosophy and Cybernetics* de Steinbuch, on trouve une description de l'avenir radieux que la technique réserve à la société humaine.

5. Dans son livre, *The Arrogance of Humanism* (Oxford University Press, 1981), David Ehrenfeld en donne de nombreux exemples. Dans *Too Clever*, Schwartz déclare que « la résolution d'un problème fait naître une série de nouveaux problèmes, lesquels finissent par empêcher la solution du premier problème ». Dans *Rational Consciousness*, Jenny Dibb parle d'un phénomène analogue.

6. Dans *The Age of Science and the Future of Mankind*, E. Shulman note que « pendant le développement dynamique de la culture contemporaine, fondée sur le développement explosif de la technique moderne, nous sommes confrontés au fait de la coopération pluridisciplinaire (...) Une science particulière ne peut guider notre pratique d'une manière suffisamment scientifique ».

---

* Steinbuch, Karl, *Die informierte Gesellschaft*, Deutsche Verlag-Anstalt, 1966.

CHAPITRE 1

Tout commence par la révolution des armes

« Dès que des progrès techniques peuvent s'appliquer à des objectifs militaires et, plus encore, lorsqu'ils sont déjà utilisés à des fins militaires, ils semblent presque immédiatement obligatoires, et s'opposent souvent à la volonté des chefs de provoquer des changements, voire des révolutions, dans les modes de combat. »

F. ENGELS

La révolution des armes précède invariablement d'un pas la révolution des affaires militaires. Quand apparaît une arme révolutionnaire, l'avènement d'une révolution dans les affaires militaires n'est qu'une question de temps. L'histoire de la guerre en fournit continuellement la preuve : les lances de bronze ou de fer ont produit les phalanges de fantassins, et les arcs, les flèches et les étriers ont fait naître une nouvelle tactique de cavalerie[1]. La poudre noire a favorisé l'apparition de l'ensemble des modes de combat modernes... À partir du moment où les fusils et les balles coniques[2] sont apparus sur les champs de bataille comme avant-garde de l'ère de la technique, les armes ont aussitôt imprimé leur nom sur le torse de la guerre. Tout d'abord, ce fut l'énorme vaisseau bardé d'acier qui régna sur les mers, marquant le début de l'*ère des cuirassés*, puis son frère le *char de combat* devint le maître de la guerre terrestre, puis l'avion domina le ciel, jusqu'à ce que naisse la bombe atomique, annonçant l'arrivée de l'*ère nucléaire*. Aujourd'hui, une multitude d'armes nouvelles utilisant des techniques de pointe continue de déferler, tant et si bien que les armes sont devenues solennellement le héraut de la guerre. Pour désigner la guerre du futur, on utilise déjà couramment le nom de certaines armes et de certaines techniques, en parlant de « guerre électronique », de « guerre des armes de précision » et de « guerre de l'information ». Prisonniers de leur orbite mentale, beaucoup de gens ne se sont pas encore rendu compte du changement discret et pourtant de taille qui s'opère furtivement.

Plus personne n'a le droit de donner un nom à la guerre

La révolution des armes est le prélude d'une révolution des affaires militaires. Ce qui diffère par rapport au passé, c'est que la révolution des affaires militaires qui s'annonce ne sera plus conduite par une ou deux armes. Tout en continuant à inciter les hommes à désirer et à succomber au charme de nouvelles armes, les nombreuses inventions techniques ont aussi éliminé rapidement les mystères de chaque type d'arme. Autrefois, il suffisait d'en inventer quelques-unes ou quelques équipements, tels l'étrier ou le fusil Maxim*[3], pour que la guerre en soit modifiée. De nos jours, il faut jusqu'à cent types d'armes constituant un certain

* Premier fusil automatique inventé par l'industriel anglais Hiram Stevens Maxim en 1884.

système d'armes pour que cela ait un effet global sur la guerre. En outre, plus on en invente, plus le rôle d'une arme particulière dans la guerre diminue, et il s'agit là d'un paradoxe inhérent au lien qui existe entre les armes et la guerre. En ce sens, à part l'emploi tous azimuts des armes nucléaires, situation qui est de plus en plus improbable et qu'on pourrait appeler une guerre nucléaire, aucune des autres armes, même celles qui sont de nature extrêmement révolutionnaire, n'ont le pouvoir de nommer la guerre future. C'est peut-être précisément parce que cette idée est admise, qu'il existe des formulations telles que « guerre high-tech » et « guerre de l'information[4] », dont l'objet est d'utiliser un large concept technique pour remplacer un concept d'arme précis. On adopte ainsi une méthode confuse pour résoudre ce problème épineux. Or il semble que ce ne soit toujours pas le moyen de le résoudre.

Si l'on approfondit cette question, le terme de « haute technologie[5] », apparu dans le domaine de l'architecture aux États-Unis, est en fait assez vague. Qu'est-ce que la haute technologie ? Qu'entend-on par là ? Sur le plan logique, haut et bas ne sont que des notions relatives. Et employer une notion extrêmement variable de cette manière irrationnelle pour désigner la guerre, qui évolue en permanence, pose en soi un problème considérable. Quand la haute technologie d'une génération devient de la basse technologie au fil du temps, sommes-nous encore prêts à qualifier de high-tech les nouveaux gadgets qui continuent d'apparaître ? Face à l'explosion technique actuelle, ne risque-t-on pas au contraire de susciter le trouble en utilisant et en nommant chaque nouvelle technique qui apparaît ? Sans parler de la question de savoir quelle devrait être la norme pour déterminer ce qui est haut et ce qui ne l'est pas. En ce qui concerne les techniques elles-mêmes, chacune d'entre elles présente des aspects spécifiques, ce qui implique par conséquent qu'elle est limitée dans le temps. Le « haut » d'hier est très vraisemblablement le « bas » d'aujourd'hui, tandis que le « nouveau » d'aujourd'hui deviendra lui-même l'« ancien » de demain. Comparés au char M-60, à l'hélicoptère *Cobra* et au B-52, principales armes de combat des années 1960-1970, le char *Abrams*, l'hélicoptère *Apache*, le F-117, les missiles *Patriot* et les missiles de croisière *Tomahawk* sont de la haute technologie. Cependant, face au B-2, au F-22, à l'hélicoptère *Comanche* et au système mixte [de radar] d'observation et d'attaque *J-Stars*, ils paraissent eux-mêmes démodés. Dans ces conditions, cette notion d'arme high-tech, qui est toujours une variable, ne serait-elle pas le titre dont on pare systématiquement la « jeune mariée » ? Aussi, de même que « les fleurs s'épanouissent chaque année tandis que les gens changent », il n'est qu'un nom creux comme une coquille vide dont on affuble à chaque fois la « jeune mariée » du moment. Ainsi, dans la chaîne de la guerre à laquelle on ne cesse de rajouter des maillons, chaque arme peut toujours passer du haut au bas et du nouveau à l'ancien, la flèche du temps refusant de s'arrêter où que ce soit ; il n'y a donc pas d'arme qui puisse rester longtemps sur le trône de la haute technologie. Dans ces conditions, de quelle haute technologie parle-t-on à propos de la guerre dite high-tech ?

La haute technologie dont on parle en général ne peut devenir le synonyme de la guerre du futur. De même, l'informatique – qui est une des hautes technologies de l'époque actuelle et qui semble occuper une place importante dans la conception de toutes les armes modernes – ne suffit pas à désigner la guerre. Même si désormais toutes les armes comportent des éléments d'information et sont entièrement informatisées, on ne pourra toujours pas l'appeler « guerre de l'information » mais seulement, à l'extrême rigueur, « guerre par ordinateurs [6] ». Cela tient au fait que, quelle que soit l'importance de l'informatique, elle ne peut entièrement supplanter les fonctions et les rôles de chaque technique en soi. Par exemple, le chasseur F-22, qui est déjà totalement informatisé, reste un chasseur, et le missile *Tomahawk* un missile, et l'on ne peut les mettre dans le même sac sous le nom d'armes informatiques, pas plus que la guerre qui est menée en utilisant ces armes ne peut être qualifiée de « guerre de l'information [7] ». La guerre « par ordinateurs » au sens large et la guerre « de l'information » au sens étroit sont deux choses totalement différentes. La première désigne les différentes formes de guerre qui sont rehaussées et accompagnées par l'informatique, alors que la seconde désigne principalement une guerre où l'informatique est utilisée pour obtenir ou détruire des renseignements. En outre, le mythe contemporain créé par le culte de l'information accrédite faussement l'idée que c'est la seule technique montante, tandis que les autres seraient déjà sur le déclin. Ce genre de mythe permet peut-être à Bill Gates de se remplir les poches, mais il ne peut modifier le fait que le développement de l'informatique s'appuie sur le développement d'autres techniques : le développement de la technique des matériaux qui y est lié exerce une contrainte directe sur les percées de l'informatique ; et, par exemple, le développement des biotechniques est en train de déterminer le sort de l'informatique [8]. À propos des biotechniques, revenons à un sujet abordé plus haut et faisons à nouveau une petite hypothèse : si l'on utilise des bioarmes guidées par informatique pour attaquer un bio-ordinateur, doit-on parler de bioguerre ou de guerre informatique ? Je crains que nul ne soit en mesure de répondre à cette question en une phrase. Or c'est un cas de figure qui pourrait très bien se produire. Au fond, il est inutile de se torturer la cervelle pour savoir si l'informatique va aujourd'hui déployer des efforts considérables ou non, car elle est en soi une synthèse des autres techniques. Son apparition et chaque pas accompli depuis procèdent d'un mélange avec les autres techniques, tant et si bien qu'elle en fait partie et qu'elles font partie d'elle ; et c'est précisément la caractéristique fondamentale de l'ère de l'intégration et de la mondialisation technologique. Naturellement, cette caractéristique laisse peut-être son empreinte sur chaque arme moderne, comme les chiffres d'un poinçon d'acier. Nous ne nions absolument pas que, dans la guerre future, certaines armes avancées joueront un rôle dominant. En outre, pour ce qui est de déterminer le devenir de la guerre, il est actuellement très difficile à quiconque d'avoir une position incontestable. Elle sera peut-être dominante, mais elle ne sera pas seule à l'être, pas plus qu'elle sera immuable. Ce qui revient à dire aussi que personne ne peut sans rougir graver son nom sur une arme moderne donnée.

« Faire la guerre qui corresponde à ses armes » et « fabriquer les armes qui correspondent à la guerre »

Ces deux phrases montrent la démarcation claire qui existe entre la guerre traditionnelle et la guerre future, et soulignent le lien entre armes et tactique dans les deux types de guerre. La première phrase reflète l'adaptation involontaire ou passive du lien entre l'homme, d'une part, et les armes et la tactique, d'autre part, dans une guerre qui se déroule dans des conditions naturelles, tandis que la seconde traduit le choix conscient ou actif qu'on fait, face à la même proposition quand on a la liberté de le faire. Dans l'histoire de la guerre, la règle générale non écrite a toujours été de « faire la guerre qui corresponde à ses armes ». Il arrive très souvent que ce soit seulement après l'acquisition d'une arme qu'on commence à formuler la tactique qui lui correspond. Quand les armes viennent en premier et la tactique en second, l'évolution des armes exerce une contrainte décisive sur l'évolution de la tactique. Il y a certes des facteurs limitatifs qui tiennent à l'époque et à la technique, mais on ne peut pas dire non plus qu'il n'existe aucun lien entre cette situation et la pensée linéaire où chaque génération de spécialistes de la fabrication d'armes se préoccupe seulement de savoir si la performance de l'arme elle-même est avancée ou non sans considérer d'autres aspects. C'est peut-être l'un des facteurs qui explique pourquoi une révolution dans les armes précède invariablement une révolution des affaires militaires.

Bien que la formule « faire la guerre qui corresponde à ses armes » soit par nature essentiellement négative parce que les sous-entendus auxquels elle renvoie sont une sorte d'impuissance, nous n'avons absolument pas l'intention de minimiser la signification positive qu'elle a aujourd'hui : rechercher la tactique optimale pour les armes dont on dispose – autrement dit rechercher le mode de combat qui correspond le mieux aux armes en question et veiller du même coup à ce qu'elles donnent les meilleurs résultats possibles. De nos jours, ceux qui s'occupent de la guerre ont désormais, consciemment ou inconsciemment, opéré la transition du négatif au positif de cette règle. Il se trouve seulement que l'on continue de croire à tort que c'est la seule initiative laissée aux pays arriérés dans leur situation d'impuissance. Ils ont du mal à voir que les États-Unis, la première grande puissance mondiale, doivent aussi faire face à cette impuissance. Même s'ils sont le pays le plus riche du monde, ils n'ont pas nécessairement la latitude d'utiliser leurs armes nouvelles et high-tech de même type pour mener une guerre moderne d'un coût faramineux[9]. Ils disposent seulement d'une plus grande liberté dans le choix et le couplage d'armes nouvelles et anciennes.

Si l'on peut trouver un point d'accord acceptable,

c'est-à-dire la tactique la plus appropriée, le couplage et l'usage d'armes de nouvelle et d'ancienne générations permettent non seulement de pallier la faiblesse d'un armement uniforme mais aussi de devenir un « multiplicateur » et d'accroître l'efficacité des armes. Le bombardier B-52, dont on prédit depuis longtemps qu'il est sur le point de mourir de sa belle mort, brille une fois encore de mille feux depuis qu'il est associé aux missiles de croisière et autres armes de précision téléguidées et, à ce jour, il n'a pas cessé de voler. Grâce à l'emploi de missiles guidés par infrarouges, l'avion A-10 a désormais la possibilité de mener des attaques nocturnes, ce dont il n'était auparavant pas capable, et, associé à l'hélicoptère *Apache*, l'un et l'autre se complètent merveilleusement, si bien que cette plate-forme d'armes apparue au milieu des années 1970 est très impressionnante. À l'évidence, « faire la guerre qui corresponde à ses armes » ne représente en aucune façon une position passive. Par exemple, l'ouverture croissante du marché actuel des armes et les multiples canaux d'approvisionnement offrent une grande marge de manœuvre dans le choix des armes. La coexistence de quantités énormes d'armes qui couvrent plusieurs générations a fourni une base plus large et plus fonctionnelle pour des combinaisons d'armes transgénérationnelles qu'à aucun moment du passé, si bien qu'il suffit seulement de rompre avec nos habitudes mentales consistant à traiter les générations, les emplois et les combinaisons d'armes comme autant de données fixes, pour transformer quelque chose de pourri en quelque chose de miraculeux. Si l'on pense qu'il est nécessaire de s'appuyer sur des armes avancées pour mener une guerre moderne, en étant aveuglément superstitieux vis-à-vis des effets miraculeux de telles armes, on risque en fait de voir se transformer quelque chose de miraculeux en quelque chose de pourri. Nous nous trouvons dans une phase où se produit un bond en avant révolutionnaire dans le domaine des armes, qui passent des systèmes d'armes symbolisés par la poudre à canon aux systèmes symbolisés par l'informatique. Cette période devrait être marquée par une assez longue alternance entre les différents types d'armes. À l'heure actuelle, nous n'avons aucun moyen de prédire combien de temps cette période durera. Ce que l'on peut affirmer avec certitude, c'est que, tant que cette alternance ne sera pas achevée, faire la guerre qui correspond à ses armes sera la démarche fondamentale de tous les pays pour maintenir le lien qui existe entre armes et combat, y compris les États-Unis qui possèdent les armes les plus avancées.

Ce qu'il faut noter, c'est que l'élément essentiel n'est pas celui qui a le plus d'avenir. Prendre des initiatives agressives dans des préconditions défavorables n'est qu'une approche spécifique à un moment donné, et cela ne constitue absolument pas une règle universelle. Entre les mains de l'homme, le progrès scientifique est passé depuis longtemps de la découverte passive à l'invention active. Aussi, quand les Américains proposèrent le concept « fabriquer les armes qui correspondent à la guerre », ils déclenchèrent la plus grande transformation qu'ait connue la relation entre armes et tactique depuis l'avènement de la guerre – déterminer d'abord le mode de combat puis développer les armes. À cet égard, la première mesure que prirent les Américains dans ce sens fut la « bataille air-sol », tandis que le « champ de bataille numérisé » et les « unités numérisées »[10], objet d'un grand débat, en représentent la tentative d'application la plus récente. Cette approche montre que la position selon laquelle les révolutions dans les armes précèdent invariablement celles des affaires militaires est aujourd'hui ébranlée. La tactique vient désormais en premier, suivie par les armes, ou bien les deux moyens se confortent mutuellement, la démarche où chacun pousse et tire tour à tour devenant le nouveau mode de relation entre les deux. Dans le même temps, les armes elles-mêmes ont provoqué des changements assez significatifs pour faire date. Leur développement ne dépend plus des améliorations des performances de chaque arme individuelle mais plutôt de savoir si les armes présentent des caractéristiques permettant de les associer et de les faire correspondre à d'autres armes. C'est ainsi que le F-111, qui formait une classe en soi parce qu'il était trop avancé et ne pouvait être associé à aucune autre arme, dut rester dans les cartons. Cette leçon a maintenant été comprise, et le courant de pensée consistant à compter sur une ou deux armes techniquement avancées pour servir d'« arme absolue » permettant d'anéantir l'ennemi est désormais dépassé.

« Fabriquer les armes qui correspondent à la guerre », démarche qui présente les traits distinctifs de l'époque et les caractéristiques du laboratoire, peut non seulement être considéré comme un choix volontaire, mais aussi comme un moyen de s'adapter à des événements mouvants en s'en tenant à un principe fondamental. Outre qu'il s'agit d'une percée majeure dans l'histoire de la préparation de la guerre, cela sous-tend aussi la crise potentielle de la guerre moderne. Adapter des systèmes d'armes à une tactique qu'on est encore en train d'explorer et d'étudier, c'est comme préparer des plats pour un grand banquet sans savoir qui y assistera – la plus petite erreur risque de nous égarer loin. Si l'on en juge par la performance de l'armée américaine en Somalie, où elle se trouva désemparée face aux forces d'Aïdid, on peut conclure que la force militaire la plus moderne n'a pas la capacité de contrôler la clameur publique, ni d'affronter un opposant qui opère de manière non conventionnelle. Sur les champs de bataille du futur, les forces numérisées risquent fort de se retrouver comme le grand cuisinier qui excelle à préparer des homards au beurre. Face à des guérilleros qui s'obstinent à manger des épis de maïs, elles n'auront plus que leurs yeux pour pleurer. Le fossé entre les générations[11] d'armes et les forces militaires est peut-être un sujet qui exige une attention particulière. Plus le fossé est étroit, plus les succès guerriers de la génération la plus ancienne seront marqués ; plus le fossé s'élargit, moins chaque partie est en mesure d'affronter l'autre, et l'on risque d'en arriver au point où personne ne réussit à se débarrasser de l'autre. Si nous examinons les exemples précis de batailles dont nous disposons, il est difficile pour des troupes high-tech de faire face à une guerre non conventionnelle et à une guerre *low-tech*. Il s'agit peut-être d'une règle ou, du moins, d'un phénomène intéressant qu'il vaut la peine d'approfondir[12].

Les armes de conception nouvelle et les nouveaux concepts d'armes

Comparées aux armes de conception nouvelle, presque toutes les armes que nous avons connues jusqu'à ce jour peuvent être considérées comme des armes de conception ancienne. La raison pour laquelle on les appelle anciennes tient à ce que les fonctions de base de ces armes étaient leur mobilité et leur puissance létale. Même des objets comme les bombes guidées de précision et autres armes high-tech ne comportent en fait rien de plus que l'addition des deux éléments que sont l'intelligence et les capacités structurelles. Du point de vue des applications pratiques, aucun changement d'apparence ne peut modifier leur nature d'armes traditionnelles, c'est-à-dire leur contrôle du début à la fin par des soldats professionnels et leur emploi sur certains champs de bataille. Toutes ces armes et les plates-formes d'armes qui ont été produites selon ce mode de pensée traditionnel ont sans exception abouti à un cul-de-sac quand on s'est efforcé de les adapter à la guerre moderne et à la guerre future. Le désir d'utiliser la magie de la haute technologie pour opérer je ne sais quelle alchimie sur les armes traditionnelles afin qu'elles soient complètement transformées a fini par tomber dans le *piège high-tech* impliquant le gaspillage incessant de fonds limités et la course aux armements. Tel est le paradoxe auquel on est inévitablement confronté dans le processus de développement des armes traditionnelles : pour s'assurer que ces armes sont toujours en tête, on doit continuer à augmenter les coûts de développement ; le résultat de cette hausse continuelle des enjeux, c'est que personne n'a assez d'argent pour rester en tête. Le résultat ultime, c'est que ces armes censées servir à défendre le pays deviennent en fait la cause de la faillite nationale.

Les exemples les plus récents sont peut-être les plus convaincants. Le maréchal Orgakov, ancien chef de l'état-major soviétique, avait une conscience aiguë de la tendance du développement des armes à l'« ère postnucléaire », et quand, au moment opportun, il proposa le tout nouveau concept de « révolution de la technique militaire », ses idées étaient nettement en avance sur celles de sa génération. Mais le fait d'être en avance sur son temps fut loin d'apporter le bonheur à son pays et donna au contraire des résultats catastrophiques [13]. Dès que ce concept – que dans le contexte de la guerre froide ses collègues considérèrent comme exceptionnel et transitoire – fut proposé, il accentua encore la course aux armements qui durait depuis un certain temps entre les État-Unis et l'Union soviétique. Or, à l'époque, nul ne pouvait prévoir que cela aboutirait à la faillite de l'Union soviétique et à son élimination totale de la course entre superpuissances. Un empire colossal s'effondra sans qu'un seul coup de feu fût tiré, corroborant de manière éclatante les vers du célèbre poème de Kipling : « Quand périssent les empires, ce n'est pas dans un grondement mais avec un simple “pouf”. » Non seulement cela fut le cas pour l’ex-Union soviétique, mais les Américains semblent emboîter le pas à leur vieil adversaire, fournissant une nouvelle vérification du paradoxe sur le développement des armements que nous avons proposé. À mesure que se précisent les contours de l’ère de l’intégration des techniques, ils investissent de plus en plus dans le développement de nouveaux armements, et leur coût est de plus en plus élevé. Le développement du F-14 et du F-15 dans les années 1960-1970 coûta un milliard de dollars, celui du B-2 dans les années 1980 plus de 10 milliards de dollars et le développement du F-22 dans les années 1990 dépassa les 13 milliards de dollars. Le B-2 [14], dont le coût avoisine 13-15 milliards de dollars l’unité, revient à près de trois fois son poids en or [15]. Les armements coûteux comme celui-ci abondent dans l’arsenal américain, tels le bombardier F-117A, l’avion de combat F-22 et l’hélicoptère d’attaque *Comanche*. Le coût de chacun de ces armements dépasse ou approche les 100 millions de dollars, et cette énorme quantité d’armements d’un prix aussi déraisonnable a recouvert l’armée américaine d’un blindage de plus en plus lourd, la poussant peu à peu vers le piège des armements high-tech où les enjeux de coût ne cessent de monter. Si cela est toujours vrai pour un pays aussi riche et sûr de soi que les États-Unis, jusqu’où les autres pays, qui manquent d’argent, pourront-ils continuer dans cette voie ? Il est évident qu’ils auront du mal à tenir et que le seul moyen de sortir de ce mauvais pas sera d’adopter une approche différente.

Les armes de conception nouvelle sont donc apparues pour remplir cette mission. Cependant, ce qui paraît injuste, c’est que ce sont encore les États-Unis qui ont pris la tête de ce mouvement. Dès la guerre du Vietnam, la poudre d’iodure d’argent déversée sur la « piste Hô Chi Minh », qui provoqua des pluies torrentielles, et les défoliants pulvérisés sur les forêts subtropicales placèrent les « diables américains » seuls en tête sur le plan des méthodes et de la brutalité des armes de conception nouvelle. Trente ans plus tard, grâce au double avantage de l'argent et de la technique, les autres armées sont toujours à la traîne.

Cependant, les Américains ne sont pas forcément les meilleurs en tout. Les nouveaux concepts d'armements, venus après les armements de conception nouvelle et qui couvrent un large domaine, ont été le prolongement naturel de cette situation. En outre, les Américains n'ont pas réussi à mettre de l'ordre dans leurs idées à ce sujet. Car proposer un *nouveau concept d'arme* n'exige pas qu'on utilise les techniques nouvelles comme tremplin ; cela requiert seulement une réflexion lucide et énergique. Or ce n'est pas le point fort des Américains, qui dans leur réflexion sont esclaves de la technique. Ils cessent généralement de penser à la frontière que la technique n'a pas encore atteinte. Il est indéniable que les tremblements de terre, les raz-de-marée, les catastrophes climatiques ou encore les vagues subsoniques et les nouvelles armes biologiques peuvent tous être rangés dans les armements de conception nouvelle[16] ; même s'ils présentent de grandes différences avec les armes habituelles, ils restent des armes dont l'objectif immédiat est de tuer et de détruire, et qui conservent un lien avec les affaires militaires, les soldats et les munitions. Dans ce sens, ils ne sont rien de plus que des armements non traditionnels dont les mécanismes ont été modifiés et dont la puissance létale et la capacité destructrice ont été multipliées.

Un nouveau concept d'armement, c'est autre chose. Cela diffère entièrement de ce que l'on appelle un armement de conception nouvelle. Si l'on peut dire que les armements de conception nouvelle sont des armements qui dépassent le domaine des armes traditionnelles, lesquelles peuvent être manipulées et contrôlées à un niveau technique et peuvent infliger des dommages matériels ou psychologiques à un ennemi, comparés au nouveau concept d'armement, ces armements restent des armes au sens strict. Cela tient à ce que le nouveau concept d'armement est une *vision des armes au sens large*, qui considère comme armes tous les moyens qui dépassent le domaine militaire mais qui peuvent cependant être utilisés en combat. Selon cette vision, tout ce qui peut bénéficier à l'humanité peut aussi lui nuire. C'est-à-dire qu'il n'est rien au monde aujourd'hui qui ne puisse devenir une arme, et cela implique que notre connaissance des armes doit être assortie d'une conscience qui franchisse toutes les barrières. Le développement technologique suivant un processus qui vise à accroître ces types d'armements, une réflexion approfondie pourrait élargir d'un seul coup le domaine des armements. À notre avis, un seul krach boursier provoqué par l'homme, une seule invasion par un virus informatique, une simple rumeur ou un simple scandale provoquant une fluctuation du taux de change du pays ennemi ou exposant les dirigeants d'un pays sur Internet, toutes ces actions peuvent être rangées dans la catégorie des armements de conception nouvelle. Un nouveau concept d'armement fournit des orientations aux armes de conception nouvelle, alors que les armes de conception nouvelle donnent des formes fixes au nouveau concept d'armement. Face au déferlement d'armes de conception nouvelle, la technique n'est plus le facteur principal ; ce facteur, c'est un nouveau concept concernant les armements.

Ce qui doit être clair, c'est que le nouveau concept d'armement est en train de donner naissance à des armes étroitement liées à la vie des populations civiles. Si notre première remarque est que l'apparition des armements de conception nouvelle élèvera à coup sûr la guerre future à un niveau difficilement imaginable par les individus – et même par les militaires –, la seconde est que le nouveau concept d'armement provoquera un grand étonnement – chez les gens ordinaires comme chez les militaires –, causé par le fait que des choses banales, familières, peuvent aussi devenir des armes de guerre. Nous croyons qu'un beau matin les hommes découvriront avec surprise que des objets aimables et pacifiques ont acquis des propriétés offensives et meurtrières.

La tendance à l'« adoucissement » des armes

Avant l'apparition de la bombe atomique, la guerre était toujours demeurée dans l'« ère de la pénurie » en ce qui concerne sa puissance de destruction. Les efforts d'amélioration des armes avaient pour objectif principal d'augmenter leur capacité mortifère. Depuis les *armes faiblement meurtrières* représentées par les armes froides et les armes à feu à un coup jusqu'aux *armes lourdement meurtrières* représentées par les diverses armes automatiques, l'histoire du développement des armements a presque toujours suivi un processus visant à augmenter leur puissance létale. De longues pénuries provoquèrent chez les militaires une soif d'armes encore plus mortifères difficile à satisfaire. Après qu'un simple nuage rouge se fut élevé au-dessus d'une zone désertique du Nouveau-Mexique, les militaires finirent par obtenir une arme de destruction massive qui comblait leurs vœux : non seulement elle permettait d'éliminer totalement l'ennemi, mais elle pouvait encore le tuer cent ou mille fois. Elle fournit à l'humanité des capacités de destruction qui excédaient la demande et pour la première fois la capacité de destruction guerrière comportait une marge de manœuvre.

Les principes philosophiques nous enseignent que lorsque les choses atteignent leur point ultime, elles reviennent en sens inverse. L'invention de cette *arme suprameurtrière*[17] capable de détruire l'humanité tout entière qu'est l'arme nucléaire a pris l'humanité à son propre piège. La puissance nucléaire est devenue l'épée de Damoclès suspendue au-dessus de la tête de l'humanité, qui nous oblige à nous demander si nous avons vraiment besoin d'*armes hyperdestructrices* ? Quelle différence y a-t-il entre tuer l'ennemi une fois et le tuer cent fois ? Que signifie battre un ennemi si cela veut dire risquer de détruire le monde ? Comment éviter une guerre qui déboucherait sur notre ruine à tous ?

L'« équilibre de la terreur » impliquant une « destruction mutuelle assurée » fut le produit immédiat de cette rhétorique. Mais son produit dérivé fut le dispositif de freinage de ce bolide fou toujours plus rapide qu'était l'amélioration des capacités de destruction des armements, afin que le développement des armes cesse sa course démente sur la voie qui mène des armes de destruction légère aux armes de destruction lourde, et finalement aux armes hyperdestructrices. Les hommes s'efforcent de trouver une nouvelle approche dans l'élaboration d'armements qui seraient non seulement efficaces mais qui permettraient aussi d'exercer un contrôle sur leur capacité de destruction.

Toute invention technique majeure a de profondes implications humaines. La Déclaration universelle des droits de l'homme adoptée par l'Assemblée générale des Nations unies en 1948 et la cinquantaine de conventions qui y est associée ont établi une série de règles internationales en matière de droits de l'homme qui stipulent que l'emploi d'armes de destruction massive – en particulier l'arme nucléaire – est une violation grave du « droit à la vie » et représente un « crime contre l'humanité ». Sous l'influence de nouvelles conceptions d'ordre politique, comme les droits de l'homme – à quoi s'ajoutent la tendance à l'intégration de l'économie internationale, les exigences et les positions politiques croisées concernant les intérêts des diverses forces sociales et économiques –, la proposition d'une notion de « préoccupation ultime » pour l'environnement écologique et surtout la valeur de la vie humaine a fait naître des doutes vis-à-vis de la possibilité de tuer et de détruire, et a abouti à l'élaboration d'un nouveau regard sur la valeur de la guerre et d'une nouvelle éthique de la guerre. La tendance à concevoir des *armes adoucies*[18] ne fait que refléter, dans la production et le développement des armements, ce grand changement de l'arrière-plan culturel de l'homme. Dans le même temps, le progrès technique qui a donné les moyens de frapper directement le centre névralgique de l'ennemi sans endommager le reste a offert ainsi de nombreuses possibilités nouvelles de vaincre. Et tout cela nous permet de penser que le meilleur moyen de remporter la victoire, c'est de contrôler et non de tuer. Des changements sont intervenus dans les notions de guerre et d'armes. La problématique de résolution du conflit consistant à recourir au massacre incontrôlé pour contraindre l'ennemi à une reddition inconditionnelle n'est plus qu'une relique d'une époque dépassée. La guerre a pris congé du temps des boucheries de type Verdun.

L'apparition d'*armes létales de précision* et d'*armes non létales* marque un tournant dans le développement des armements, montrant pour la première fois un infléchissement de la politique de l'armement vers des formes « adoucies » et non « renforcées ». Les armes de précision peuvent frapper une cible bien déterminée, en réduisant les dommages collatéraux ; comme le bistouri à rayons gamma qui permet d'exciser une tumeur sans presque faire couler de sang, elles ont conduit à des tactiques nouvelles, parmi lesquelles les frappes « chirurgicales ». Tant et si bien que des actions de combat discrètes peuvent donner des résultats stratégiques tout à fait remarquables. Ainsi, grâce à un seul missile guidé par le signal d'un téléphone mobile, les Russes réussirent à faire taire définitivement cet obstiné de Doudaïev, qui était pour eux un casse-tête, et en même temps à faciliter le règlement de l'énorme problème créé par la minuscule Tchétchénie. Les armes non létales permettent d'anéantir efficacement la capacité offensive de soldats et de matériel, sans faire de victimes [19]. La tendance représentée par ces armes montre que l'humanité est en train de surmonter son propre extrémisme, et d'apprendre à contrôler la puissance destructrice dont elle dispose – puissance qui reste cependant toujours excessive. Lors des bombardements massifs de la guerre du Golfe, qui durèrent plus d'un mois, les pertes en vies humaines de civils irakiens atteignirent seulement quelques milliers [20], soit beaucoup moins que lors du bombardement de Dresde pendant la Seconde Guerre mondiale. Les *armes adoucies* représentent le dernier choix conscient de l'humanité entre les différentes options dans le domaine des armements auquel, après y avoir introduit l'élément des nouvelles techniques, on ajoute l'élément humain, donnant à la guerre un caractère plus clément jusqu'ici inconnu. Toutefois, une arme moins meurtrière reste une arme et cela ne veut pas dire que son efficacité s'en trouve réduite sur le champ de bataille. Pour priver un char de ses capacités de combat, on peut le détruire à l'aide de canons ou de missiles, ou employer un rayon laser qui détruira son équipement optique ou aveuglera son équipage. Sur le champ de bataille, un soldat demande plus de soins s'il est blessé que s'il est tué, et les armes opérant sans personnel peuvent éliminer des dispositifs de protection de plus en plus coûteux. Il est sûr que ceux qui mettent au point les armes « douces » ont déjà calculé froidement leur rapport coût/efficacité. Les pertes peuvent anéantir la capacité offensive d'un ennemi, semant chez lui la panique et lui ôtant son envie de combattre ; cela peut donc être considéré comme un moyen extrêmement valable de remporter la victoire. On dispose également aujourd'hui de suffisamment de techniques permettant d'élaborer de nombreuses méthodes très efficaces pour provoquer la peur, tel l'emploi d'un rayon laser qui projetterait sur le ciel l'image de partisans blessés et qui suffirait à terroriser des soldats très crédules. Rien ne s'oppose désormais à la fabrication d'une telle arme, avec un peu d'imagination ajoutée à l'élément technique.

Les armes « douces » constituent un dérivé du nouveau concept d'armements, les armes informatiques étant l'exemple le plus marquant d'arme douce. Qu'il s'agisse d'armes à énergie électromagnétique destinées à opérer des destructions de matériel ou de frappes logicielles opérées par des bombes logiques, de virus informatiques ou d'armes médiatiques, toutes visent à paralyser et à saper le potentiel ennemi, et non à causer des pertes humaines. Les armes « douces », qui ne pouvaient apparaître à l'ère de l'intégration technique, sont peut-être la tendance la plus prometteuse dans le développement des armements. Elles amèneront en même temps des formes de guerre ou provoqueront des révolutions dans les affaires militaires qu'on ne peut imaginer aujourd'hui. Elles représentent à ce jour un changement quant aux implications profondes sur l'histoire de la guerre et marquent la ligne de partage entre les anciennes et les nouvelles formes de guerre. Leur apparition a en effet relégué les guerres de l'ère des armes froides et chaudes dans l'ère « ancienne ». On ne doit pas néanmoins céder aux fantasmes romantiques sur la technique, en croyant que, désormais, la guerre va devenir une confrontation pareille à un jeu électronique. De même, la guerre simulée sur ordinateur est soumise aux capacités globales réelles d'un pays. Si un colosse aux pieds d'argile se présente avec dix plans de guerre simulée, cela ne suffira pas à décourager un ennemi plus puissant en terme de force réelle. La guerre est toujours le terrain de la vie et de la mort, le chemin de la survie et de la destruction, d'où la moindre naïveté est exclue. Même si un jour toutes les armes sont devenues complètement humaines, une *guerre adoucie*, où toute effusion de sang pourrait être évitée, restera une guerre. Certes, le cruel processus de la guerre s'en trouvera modifié, mais il n'y a aucun moyen de modifier son essence, qui est la contrainte par la force, ni son issue cruelle.

NOTES

1. « À l'époque préhistorique, l'arc et la flèche furent une arme décisive, comme l'épée de fer à l'époque de la barbarie et les armes à feu à l'époque civilisée. » Engels, *Œuvres choisies de Marx et Engels*, vol. 4.

Sur le rôle de l'étrier dans la transformation du mode de combat, on se reportera à la traduction et au commentaire de Gu Zhun d'un article intitulé *Madeng yu fengjianzhuyi – Jishu zaojiu lishi ma ?* [Les étriers et le féodalisme – La technique crée-t-elle l'Histoire ?] « Les étriers (...) ont immédiatement rendu possible le combat au corps à corps et ce fut un mode de combat révolutionnaire (...) Il y a rarement eu d'invention aussi simple que l'étrier mais rares sont les inventions qui ont joué un tel rôle de catalyseur dans l'Histoire. » « Les étriers furent le résultat d'une série de révolutions militaires et sociales en Europe. » Gu Zhun, *Œuvres choisies*, Guizhou People's Press, 1994, pp. 293-309.

2. « Par rapport au développement de la technique de n'importe quelle arme nouvelle, l'invention entre 1850 et 1860 du fusil à canon rayé et de la balle conique eut un impact révolutionnaire direct des plus profonds. (...) L'impact qu'eut sur l'époque contemporaine l'invention des bombes à forte puissance, des avions et des chars au XXe siècle est assurément incomparable avec celui du fusil à canon rayé sur son époque. » Pour plus de détails, voir : T. N. Dupuy, *The Evolution of Weapons and Warfare*, IIIe partie, chap. 21, « Le fusil à canon rayé, les balles coniques et les formations dispersées », Military Science Publishing House, 1985, pp. 238-250.

3. Le 1er juillet 1916, lors de la bataille de la Somme, l'armée anglaise lança une offensive contre les Allemands. Les Allemands utilisèrent la mitrailleuse Maxim pour faucher les troupes anglaises qui progressaient en rangs serrés, causant en un jour des pertes évaluées à 60 000 hommes. Dès lors, les charges en rangs serrés

refluèrent progressivement des champs de bataille. Voir Liu Jifeng, *Wuqi yu zhanzheng – Junshijishu de lishiyanbian* [Les armes et la guerre – Évolution historique de la technique militaire], Éditions de l'université des sciences et techniques pour la défense nationale, 1992, pp. 172-173.

4. Si l'on ne considère pas le point de vue de Wiener sur les machines de jeux guerriers comme la première réflexion sur les armes informatiques, la phrase prononcée par Tom Lona en 1976 expliquant que la guerre de l'information est « une lutte entre systèmes de décision » fait de lui le premier à employer l'expression « guerre de l'information » (Douglas Dearth, « Implications, Characteristics, and Impact of Information Warfare », *U.S. Military Intelligence Magazine*, janvier-mars 1997). En 1990, à l'issue de recherches indépendantes, Shen Weiguang, jeune chercheur chinois ayant alors dix ans de service dans l'armée, a publié *Xinxi zhan* [La guerre de l'information], qui est probablement la première monographie sur le sujet. Sur la lancée de sa *Troisième vague*, dans un nouveau best-seller intitulé *Les Nouveaux Pouvoirs**, A. Toffler jette un regard général sur la guerre de l'information au moment où la guerre du Golfe éclate et fait une publicité éclatante à ce nouveau type de combat. La « guerre de l'information » devient alors un sujet de discussion à la mode.

5. Les spécialistes étrangers estiment que la « haute technologie » est un concept qui n'est pas entièrement fixé et que c'est aussi un concept dynamique, sur lequel on fait plus ou moins porter l'accent selon les pays. La haute technologie à usage militaire comprend principalement la technique des appareils microélectroniques, la technique des ordinateurs, la technique de l'optoélectronique, les techniques de l'espace, la technique biologique, la technique des nouveaux matériaux, la technique furtive et la technique de l'énergie dirigée. La principale caractéristique des hautes technologies militaires est l'« intégration », c'est-à-dire que chacune d'entre elles est constituée de diverses techniques. Elles constituent un groupe de techniques. (Pour plus de détails, voir *Waijun ziliao* [Documents sur les armées étrangères], n° 68, 1993, publié par le Département de recherche sur les armées étrangères de l'Institut des sciences militaires.)

6. En ce qui concerne la définition de la « guerre de l'information », les opinions sont encore divergentes. La définition du US Department of Defense et du Joint Chiefs of Staff est la suivante :

---

* Toffler, Alvin, *Les Nouveaux Pouvoirs : savoir, richesse et violence à la veille du XXIe siècle*, trad. A. Charpentier, D. Meunier, E. Chatelain, J. Chicheportiche, et al., Librairie générale française, Paris, 1993.

action engagée pour interférer dans l'information, le traitement de l'information, les systèmes d'information et les réseaux d'ordinateurs de l'ennemi pour s'assurer notre supériorité en matière d'information tout en protégeant notre propre information, notre traitement de l'information, nos systèmes d'information et nos réseaux d'ordinateurs. Selon le *US Army Field Manual FM-100-6*, « pour le DOD [Department of Defense], la guerre de l'information tend à désigner l'influence de l'information sur les conflits réels », alors que pour l'armée de terre, « l'information imprègne déjà tous les aspects, depuis le temps de paix jusqu'aux actions militaires dans une guerre mondiale » ; Military Science Publishing House, traduction chinoise, pp. 24-25. « Au sens large, la guerre de l'information comprend les actions qui utilisent l'information pour atteindre des objectifs nationaux. » Telle est la définition que donne de la guerre de l'information George Stein, professeur à l'université de l'air américaine, qui traduit une vision plus large que celle de l'armée de terre. Dans un article de l'édition de l'été 1997 de *Joint Force Quarterly*, le colonel Brian Fredericks considère que « la guerre de l'information est une question dont la portée dépasse la défense nationale », et c'est peut-être la définition la plus précise de la guerre de l'information au sens large.

7. Prenant l'exact contre-pied de la situation où les implications du concept de « guerre de l'information » sont de plus en plus larges, certains jeunes brillants officiers de l'armée américaine remettent fortement en question le concept de « guerre de l'information ». Le lieutenant-colonel de l'armée de l'air James Rogers fait remarquer que « la guerre de l'information n'a vraiment rien de neuf... ceux qui affirment que les techniques et stratégies de la guerre de l'information vont inévitablement remplacer la "guerre armée" ne seraient-ils pas un peu trop confiants ? » (*US Marines Magazine*, avril 1997). Le lieutenant de vaisseau Robert Gowerly estime que « les sept zones d'incompréhension à propos de la guerre de l'information sont : 1. l'abus de la méthode analogique ; 2. l'exagération de la menace ; 3. la surestimation de ses propres forces ; 4. la pertinence et la précision historique ; 5. le refus de la critique des tentatives erronées ; 6. les présupposés totalement infondés ; et 7. les définitions non normalisées » (*Events*, sept. 1997). Le commandant de l'armée de l'air Y. Whitehead écrit dans la livraison de l'automne 1997 de l'*Airpower Journal* que l'information n'est pas toute-puissante et que les armes de l'information ne sont pas des « armes magiques ». Les interrogations concernant la guerre de l'information ne sont pas seulement le fait d'individus ; un document de l'armée de l'air américaine intitulé « The Foundations of Information Warfare » opère un net distinguo entre la « guerre à l'époque de l'information » et la « guerre de l'information », considérant que la première est une guerre qui utilise des

armes informatisées comme les missiles de croisière, alors que la « guerre de l'information » traite l'information comme un domaine indépendant et une arme puissante. De même, certains universitaires connus ont leur opinion sur le sujet. Le professeur Eliot Cohen, de l'université John-Hopkins, nous rappelle ainsi que « tout comme les armes nucléaires n'entraînèrent pas l'élimination des armes conventionnelles, la révolution de l'information n'éliminera pas la tactique de guérilla, le terrorisme ni les armes de destruction massive ».

8. Les systèmes macromoléculaires conçus et fabriqués à l'aide des biotechnologies représentent les matériaux de production de composants électroniques d'un ordre supérieur. Par exemple, les ordinateurs à molécules de protéines ont des vitesses de calcul et des capacités de mémoire des centaines de millions de fois supérieures à celles des ordinateurs actuels. (*Kuashiji de junshi xinguannian* [Nouvelles perspectives militaires pour le prochain siècle], Junshi kexue chubanshe [Éditions scientifiques militaires], 1997, pp. 142-145.)

9. Même pendant la guerre du Golfe, qui a été considérée comme le banc d'essai des armes nouvelles, bon nombre d'armes anciennes et de munitions conventionnelles jouèrent un rôle important. (Pour plus de détails, voir « The Gulf War – US Department of Defense Final Report to Congress – Appendix ».)

10. À partir de la « guerre air-sol », le développement des armes par l'armée américaine a schématiquement été divisé en cinq phases : exposition des demandes, établissement d'un projet, vérification du projet, développement de l'ingénierie et de la production, équipement des unités. Le développement concernant l'équipement des unités numérisées suit le même processus (*Army*, octobre 1995). En mars 1997, l'armée de terre américaine a réalisé un test de combat de haut niveau à l'échelle d'une brigade, afin de procéder aux essais de 58 types d'équipements numérisés (*Army Times*, 31 mars, 7 avril et 28 avril 1997). Selon John E. Wilson, chef du US Army's Material Command, sa mission consiste à coopérer avec le Training and Doctrine Command afin de formuler des hypothèses audacieuses et nouvelles et de développer des équipements qui répondent à ses besoins (*Army*, octobre 1997).

11. Sliptchenko, président du Département de la recherche scientifique de l'Académie de l'état-major russe, pense que la guerre et les armes ont traversé cinq époques, et que nous entrons dans la sixième (Zhu Xiaoli et Zhao Xiaozhuo, *Mei'e xinjunshigeming* [La nouvelle révolution militaire américano-russe], Junshi kexue chubanshe [Éditions scientifiques militaires], 1996, p. 6.)

12. Le numéro de novembre 1998 de *Guofang daxue xuebao* [Bulletin de l'université de la défense nationale] publie l'interview par Chen Bojiang de Philip Odeen, président du US National

Defense Panel. Odeen évoque à plusieurs reprises la notion de « guerre asymétrique », estimant qu'il s'agit d'une nouvelle menace pour les États-Unis. Anturio Echevarria a publié un article dans la revue *Parameters* où il soutient qu'« à l'époque postindustrielle, la guerre à laquelle il sera le plus difficile de faire face restera la "guerre populaire" ».

13. Les spécialistes de la défense américains pensent qu'Orgakov avait prévu que l'électronique provoquerait une révolution des armes conventionnelles, et qu'elles remplaceraient les armes nucléaires pour ce qui est des effets produits. Toutefois, les prévisions d'Orgakov concernant la révolution des affaires militaires restèrent superficielles à cause de problèmes systémiques. « Si, pour faire face au coût très élevé d'une révolution des affaires militaires, un pays excède les limites supportables par son système et ses conditions matérielles, mais continue à vouloir rivaliser militairement avec ses adversaires, la seule issue possible est un retour en arrière en matière de forces disponibles. Tel fut le sort de la Russie tsariste et soviétique : l'Union soviétique se chargea d'un fardeau militaire difficile à supporter et les militaires ne voulurent pas reconnaître la nécessité d'une stratégie de repli. (Voir Steven Blank, « Preparing for the Next War : Some Views on the Revolution of Military Affairs », *Strategic Review*, printemps 1996.)

14. En 1981, l'armée de l'air américaine estimait pouvoir produire 132 B-2 pour un investissement de 22 milliards de dollars. Or, huit ans plus tard, cet argent n'avait servi à construire qu'un seul B-2. Ce qui veut dire que le B-2 vaut trois fois son pesant d'or. (Voir Zhu Zhihao, « *Meiguo yinshen jishu zhengce de pouxi* » [Analyse de la politique américaine en matière de technique furtive], *Xiandai junshi* [Affaires militaires modernes] n° 8, 1998, p. 33.)

15. Le ministère de la Défense américain s'est livré à une analyse de l'attaque aérienne du 13 janvier contre l'Irak et pense que les hautes technologies présentent de nombreuses limites, et que l'effet produit par les bombes à effets combinés était supérieur à celui des bombes de précision. (*Aviation and Space Technology Weekly*, 25 janvier 1993.)

16. Les armes de nouveau concept se composent principalement d'armes à énergie cinétique, d'armes à énergie dirigée, d'armes subsoniques, d'armes géophysiques, d'armes météorologiques, d'armes solaires et d'armes génétiques. (*Kuashiji de junshi xinguannian* [Nouvelles perspectives militaires pour le prochain siècle], Junshi kexue chubanshe [Éditions scientifiques militaires], p. 3.)

17. L'idée de remplacer le concept d'« armes ultrameurtrières » par celui d'« armes de destruction massive » vise à mettre l'accent sur le fait que la puissance meurtrière de ces armes dépasse les

besoins de la guerre et qu'elles sont un produit extrême de la pensée humaine.

18. Dans l'expression « armes douces », le mot « douces » signifie principalement qu'elles limitent le massacre et les dommages collatéraux.

19. Dans le numéro d'avril 1993, la revue britannique *International Defence Review* a révélé que les États-Unis faisaient de gros efforts pour mettre au point diverses armes non meurtrières comme les armes optiques, les armes à micro-ondes à haute énergie, les armes à rayon acoustique et les lasers chimiques à pulsation. Dans le numéro du 6 mars 1993 de *Jane's Defence Weekly*, on apprend qu'une commission de haut niveau du ministère de la Défense sur les armes non meurtrières avait pris des mesures pour définir le développement, la fourniture et l'emploi de telles armes.

En outre, selon le *World Military Yearbook* de 1997 (pp. 521-522), le ministère de la Défense américain a créé un « groupe directeur de recherche sur les armes non meurtrières » dont l'objectif est de veiller à ce que ces armes figurent le plus tôt possible sur la liste des armes disponibles.

20. Voir *Waijun ziliao* [Documents sur les armées étrangères], n° 27 du 26 mars 1993, p. 3, publié par l'Institut des sciences militaires.

CHAPITRE 2

Le visage du dieu de la guerre

« La guerre n'a cessé d'évoluer au cours de l'histoire. »

André BEAUFRE

Depuis l'époque lointaine où l'homme est passé de la chasse au massacre de ses semblables, la bête géante qu'est la guerre a toujours cherché à s'équiper pour agir et, mus par des objectifs divers, les soldats se sont campés sur des champs de bataille sanglants. La guerre est affaire de soldats – c'est un principe universellement admis. Pendant des milliers d'années, les trois éléments *matériels* indispensables à la guerre ont été les soldats, les armes et le champ de bataille, et l'élément *logiciel* qui les traverse tous, le mobile de la guerre. Jusqu'à présent, nul n'a contesté que cet ensemble constitue les éléments fondamentaux de la guerre. Le problème surgit le jour où l'on découvre que tous ces éléments fondamentaux, qui paraissaient intangibles, ont tellement changé qu'ils en sont devenus insaisissables. Ce jour-là, reconnaît-on encore le visage du dieu de la guerre ?

Pourquoi faire la guerre et pour qui faire la guerre ?

Si le poème épique d'Homère est digne de foi, pour les Grecs anciens, le but de la guerre de Troie était clair et simple : la belle Hélène valait la peine qu'on livrât une guerre de dix ans pour la reconquérir. Du fait de leur horizon limité, de l'étroitesse de leur sphère d'activité, du bas niveau d'exigence de leur existence et de la faible capacité destructrice des armes, les guerres menées par nos ancêtres restaient pour la plupart relativement simples en termes d'objectifs et ne présentaient presque aucun caractère de complexité. Ce n'est que lorsqu'une chose ne pouvait être obtenue par les moyens courants que, sans la moindre hésitation, ils recouraient à des mesures extraordinaires. C'est sur cette base que Clausewitz a pu écrire cette phrase célèbre qui a servi d'acte de foi à plusieurs générations de soldats et de politiciens : « La guerre est la continuation de la politique par d'autres moyens. » Nos ancêtres pouvaient se battre pour obtenir le statut d'orthodoxie de telle faction religieuse ou l'extension d'une zone de pâturage riche en eau et en herbe. Ils pouvaient même, sans scrupules, entrer en guerre pour des épices, des alcools ou pour une histoire d'amour entre un roi et une reine. Les livres d'histoire abondent en récits de guerres menées pour des épices et des amantes, de rébellions pour des questions de rhum – récits dont on ne sait si nous devons rire ou pleurer. Il y a aussi la guerre que les Anglais firent à l'empire des Qing pour imposer le commerce de l'opium, et qui déboucha sur le plus grand trafic de drogue organisé par un État sans doute jamais vu dans l'histoire. Ces exemples nous montrent aisément que, jusqu'à une époque récente, il n'y eut qu'un type de guerres, tant en ce qui concerne les motifs que les actions entreprises. Plus tard, Hitler argua de « la conquête d'un espace vital pour le peuple allemand », et les Japonais prirent prétexte de la soi-disant « construction d'une sphère de coprospérité dans une Grande Asie ». Si la simple formulation de ces motifs indique que les objectifs étaient un peu plus compliqués que ceux des guerres précédentes, la réalité de ce qu'ils dissimulaient était seulement la volonté des grandes puissances montantes de se tailler de nouvelles sphères d'influence au détriment des anciennes grandes puissances et de s'emparer des profits fournis par leurs colonies.

Affirmer pourquoi on se bat aujourd'hui n'est en revanche pas si simple. Surtout depuis la fin de la guerre froide, quand le rideau de fer qui séparait les deux camps s'est brusquement effondré, l'idéal d'« exporter la révolution » et, selon le slogan, celui de « bloquer l'expansion du communisme » – qui avait pu mobiliser les foules – ont perdu leur force d'attraction. Le temps des camps nettement définis était terminé. Qui sont désormais nos ennemis ? Qui sont nos amis ? Ces questions, cruciales pour la révolution et la contre-révolution, sont brusquement devenues floues et difficiles à saisir. Un pays qui était jadis un adversaire est en passe de devenir un partenaire, et tel pays qui était un allié se retrouvera peut-être en face de nous lors du prochain affrontement. L'Irak qui, telle année, menait une guerre farouche contre l'Iran au nom des États-Unis lors de la guerre Iran-Irak est devenu la cible d'une violente attaque par l'armée américaine l'année suivante[1]. Une guérilla afghane, entraînée par la CIA, devient du jour au lendemain la cible des missiles de croisière américains. De même, la Grèce et la Turquie, membres de l'OTAN, ont été plusieurs fois à deux doigts d'échanger des coups au sujet du différend sur Chypre. Le Japon et la Corée du Sud qui ont conclu un traité d'alliance sont passés très près de la rupture à propos d'une île minuscule. Tous ces exemples confirment une fois de plus le vieux dicton :

« Toute amitié est mouvante, seul l'intérêt personnel est constant. » Or le kaléidoscope de la guerre est mû par l'intérêt personnel et il offre à l'observateur des images qui changent constamment. Les avancées surprenantes des technologies de pointe favorisent la mondialisation et accentuent les incertitudes causées par la désagrégation et la recomposition des intérêts particuliers. Les motifs de la guerre peuvent aller de simples querelles sur des questions de territoire ou de ressources, de croyances religieuses, de haines intertribales, à des querelles idéologiques à propos de parts de marché, de partage du pouvoir, de sanctions économiques ou d'instabilité financière. La poursuite d'intérêts différents a tellement brouillé les objectifs de la guerre qu'il est de plus en plus difficile de dire pourquoi on se bat[2].

Sans qu'il soit besoin de leur poser la question, tous les jeunes soldats qui ont participé à la guerre du Golfe vous diront d'emblée qu'ils se sont battus pour rétablir la justice dans le faible Koweït. Or la véritable raison de la guerre était peut-être différente de la raison grandiloquente qui en a été donnée. Abrités sous le grand parasol de cette raison, ils n'avaient pas à s'inquiéter de devoir affronter le soleil. En réalité, chacun des pays qui participa à la guerre du Golfe et décida de s'associer à la « Tempête du désert » le fit après avoir mûrement réfléchi à ses propres mobiles et objectifs. Du début à la fin de la guerre, toutes les puissances occidentales engagées se battirent pour garantir leur approvisionnement en pétrole. À cet objectif premier, les Américains ajoutèrent l'aspiration à bâtir un nouvel ordre mondial marqué du sceau « USA ». Il y eut peut-être aussi une part de zèle missionnaire pour défendre la justice. Les Saoudiens furent prêts à transgresser les tabous musulmans en « dansant avec les loups » pour éliminer la menace qui frappait à leur porte. Du début à la fin, les Britanniques réagirent avec enthousiasme à chaque mesure du président Bush, afin de remercier l'Oncle Sam pour les efforts consentis pendant la guerre des Malouines. Quant aux Français, ils finirent par envoyer des troupes dans le Golfe, au dernier moment, pour éviter la perte totale de leur influence traditionnelle au Moyen-Orient. Il est évident qu'une guerre menée dans de pareilles conditions ne pouvait se réduire à un affrontement sur un objectif unique. La conjonction des intérêts égoïstes des divers pays qui participèrent à la guerre contribua à faire de la guerre moderne que fut la « Tempête du désert » une course visant à renforcer ces divers intérêts. Ainsi, le soi-disant « intérêt commun » devint seulement le plus grand commun dénominateur de la guerre acceptable par chacun des participants. Étant donné que dans une guerre chaque pays poursuivra ses intérêts propres, il sera nécessaire de prendre en considération l'intérêt de chacun d'eux avant qu'ils s'allient pour combattre ensemble. Même si l'on tient compte de la situation intérieure d'un pays donné, chacun des groupes d'intérêt de ce pays poursuivra lui-même ses propres objectifs. La complexité des relations entre les intérêts particuliers interdit d'affirmer que la guerre du Golfe ait été menée pour le pétrole, ou pour un nouvel ordre mondial, ou pour chasser les envahisseurs. Seule une poignée de militaires aura des chances de saisir le principe que connaît tout homme d'État, à savoir que ce qui différencie principalement les guerres contemporaines des guerres du passé, c'est que, dans les premières, l'objectif affiché et l'objectif caché sont souvent deux choses différentes.

Où combattre ?

« Marchons ! » Le jeune garçon, sac au dos, prend congé de sa famille ; ses amies, ses parents lui font un brin de conduite les yeux baignés de larmes. Il s'agit là d'une scène classique des films de guerre. Peu importe que le jeune garçon parte à cheval, en train, en paquebot ou en avion. Ce qui importe, c'est que la destination est toujours la même : un champ de bataille ravagé par les flammes.

Pendant la longue période qui précéda l'apparition des armes à feu, les champs de bataille étaient petits, denses. Un terrain plat, un défilé ou une ville suffisait à ce que deux armées s'affrontent. Aux yeux d'un soldat d'aujourd'hui, le champ de bataille sur lequel les anciens s'extasiaient n'est qu'une cible « ponctuelle » sur une carte militaire qui n'a rien de particulièrement remarquable et qui ne pourrait absolument pas accueillir la guerre à grand spectacle qui s'est déroulée récemment. C'est l'apparition des armes à feu qui a conduit à des formations dispersées, le champ de bataille « ponctuel » s'étirant peu à peu en lignes de tirailleurs. La guerre des tranchées de la Première Guerre mondiale, avec des lignes qui s'étendaient sur des centaines de kilomètres, porta le champ de bataille de type ponctuel et linéaire à son apogée. En même temps, elle le transforma en un champ de bataille de type zone s'étendant sur plusieurs dizaines de kilomètres en profondeur. Pour les combattants de l'époque, le nouveau champ de bataille signifiait tranchées, fortins (blockhaus), barbelés, mitrailleuses et cratères d'obus. Ils qualifièrent la guerre qui se déroulait sur ce type de champ de bataille, où les pertes étaient élevées, d'« abattoir » ou de « hachoir à viande ». Le développement explosif de la technique militaire prépare toujours le terrain à une extension encore plus explosive de l'espace de combat. La transition du champ de bataille ponctuel au champ de bataille linéaire puis du champ de bataille à deux dimensions au champ de bataille à trois dimensions ne prit pas aussi longtemps qu'on ne le pense. On pourrait dire que, dans chaque cas, le dernier stade survint quasiment sur les talons du précédent. Quand les chars commencèrent à franchir les tranchées en grondant, les zeppelins avaient déjà appris depuis longtemps à jeter des bombes et les avions à hélices étaient équipés de mitrailleuses. Toutefois, le développement des armements ne peut à lui tout seul entraîner automatiquement des changements dans la nature du champ de bataille ; dans l'histoire de la guerre, toute avancée significative a toujours dépendu en partie des innovations actives des stratèges. Les écrits de Fuller dans *Les Chars dans la grande guerre de 1914-1918* et de Giulio Douhet dans *Il dominio dell'aria**, ainsi que les opérations très en profondeur proposées et mises en application sous le commandement de Toukhatchevski hissèrent brutalement le champ de bataille lié au sol depuis des milliers d'années vers l'espace en trois dimensions. Un autre personnage qui tenta de transformer radicalement la nature du champ de bataille fut Ludendorff ; la théorie de la « guerre totale » qu'il mit en avant visait à fusionner en une seule entité le champ de bataille et les éléments hors champ de bataille. Même s'il n'y parvint pas, il fut néanmoins le précurseur d'une pensée militaire similaire qui lui survécut plus d'un demi-siècle. Ludendorff était voué à ne connaître les champs de bataille qu'au lac de Mazurie et à Verdun. Le destin d'un soldat est déterminé par l'époque à laquelle il vit. À ce moment-là, les ailes du dieu de la guerre ne pouvaient guère s'étendre au-delà de la portée d'une pièce

* Douhet, Giulio, *Il dominio dell'aria* [La maîtrise des airs], Mondadori, Milan, 1932.

d'artillerie Krupp. Et il était évidemment impossible de tirer un obus dont la courbe parabolique pût franchir les zones du front et de l'arrière. Hitler eut plus de chance que Ludendorff. Vingt ans plus tard, il disposait d'armes à longue portée. Il utilisa les bombardiers Messerschmitt et les missiles guidés V-1 et V-2, et fit voler en éclats le record des îles Britanniques de n'avoir jamais été envahies. Hitler, qui n'était ni un stratège ni un tacticien, se fia à son intuition et réduisit l'importance de la ligne de démarcation entre front et arrière, mais il ne comprit jamais vraiment la portée révolutionnaire d'avoir abattu la cloison qui séparait les éléments du champ de bataille des éléments hors champ de bataille. Pour ce fou de la guerre et stratège amateur, cette considération dépassait sans doute les possibilités de son entendement.

Or cette révolution devait advenir tôt ou tard. Et la technique précède une fois de plus la pensée militaire. Alors qu'aucun penseur militaire n'a encore avancé de notion extrêmement large du champ de bataille, la technique fait déjà le maximum pour l'élargir presque jusqu'à l'infini. Il y a des satellites dans l'espace, il y a des sous-marins sous l'eau, les missiles balistiques peuvent atteindre n'importe quel point du globe, des contre-mesures électroniques peuvent être prises dans l'espace du spectre électromagnétique invisible, et même le domaine de l'esprit – dernier refuge de l'espèce humaine – ne peut échapper aux attaques de la guerre psychologique. Pris dans les mailles d'un gigantesque filet, l'homme n'a plus d'endroit où fuir. Toutes les notions de largeur, de profondeur et de hauteur de l'espace opérationnel semblent désormais dépassées. Avec l'expansion de la puissance imaginative de l'humanité et de sa capacité à maîtriser la technique, l'espace du champ de bataille atteint sa limite extrême.

Malgré ce qui précède, la pensée militaire, entraînée par la technique, refuse toujours de marquer le pas.

Du fait que la technique sert d'abord à ouvrir des perspectives toujours plus prometteuses à la pensée militaire, se contenter d'étendre la zone du champ de bataille dans l'espace mésoscopique conventionnel ne suffit absolument pas. Il est désormais impossible que la transformation future du champ de bataille s'opère par un simple élargissement mécanique du champ de bataille existant. L'opinion selon laquelle la tendance à l'extension du futur champ de bataille se manifestera par des guerres menées dans des zones plus lointaines des océans et à de plus grandes altitudes dans l'espace n'est qu'un point de vue superficiel et une conclusion qui se rapporte au domaine de la physique ordinaire. Le déplacement véritablement révolutionnaire du champ de bataille provient de l'extension de l'espace non naturel. Il est en effet impossible de considérer l'espace du spectre électromagnétique comme un champ de bataille au sens conventionnel du terme. L'espace du spectre électromagnétique est un nouveau type d'espace de combat fondé sur la créativité technique et qui dépend de la technique. Dans cet « espace artificiel » ou « espace technologique [3] », les notions de longueur, de largeur et de hauteur, de terre, de mer, d'air et d'espace n'ont plus aucun sens, car les signaux électromagnétiques ont la propriété spéciale de remplir et de contrôler l'« espace conventionnel » sans occuper le moindre espace. On peut donc prévoir que chaque modification ou extension de l'espace de combat du futur dépendra de la capacité de tel type d'invention technique ou de telle combinaison de techniques de créer un espace technique totalement nouveau. L'« espace Internet » [*webspace*], qui suscite actuellement un grand intérêt chez les militaires modernes, est une technique constituée d'électronique et d'informatique à laquelle s'ajoute la mise au point de méthodes combinatoires spécifiques. Si l'on estime qu'une guerre menée dans cet espace reste une guerre dont les hommes maîtrisent l'issue, l'« espace nanométrique » apparu dans son sillage laisse augurer la réalisation du rêve de l'humanité : une guerre sans hommes. Certains militaires extrêmement imaginatifs et créatifs s'efforcent actuellement d'introduire dans la guerre de demain ces espaces constitués de techniques. Le moment d'une transformation fondamentale du champ de bataille, c'est-à-dire du lieu où la guerre se déroule, n'est plus loin. Avant peu, la guerre de réseau ou guerre nanométrique, que nul n'était en mesure d'imaginer dans le passé, deviendra une réalité tangible. Elle sera extrêmement intense quoique presque sans effusion de sang, mais permettra comme par le passé de déterminer qui est le vainqueur et qui est le vaincu. Dans des situations de plus en plus fréquentes, ce type de guerre se déroulera parallèlement à la guerre traditionnelle. Les deux espaces de combat – l'espace conventionnel et l'espace technique – se chevaucheront, s'entrecroiseront et se compléteront mutuellement au fur et à mesure que chacun d'eux se développera. Ainsi, la guerre évoluera simultanément dans les domaines macroscopique, mésoscopique et microscopique ainsi que dans divers autres domaines aux propriétés spécifiques, ce qui contribuera en dernier ressort à créer en matière de champ de bataille un véritable phénomène, sans précédent dans l'histoire de la guerre. Dans le même temps, avec la disparition progressive de la distinction entre technique militaire et technique civile, entre soldat de métier et combattant non professionnel, l'espace de combat se superposera de plus en plus à l'espace de non-combat, contribuant à brouiller toujours plus la ligne de démarcation entre les deux espaces. Les domaines jadis séparés communiquent désormais entre eux ; l'humanité confère à tout espace le sens d'un champ de bataille. Il suffit que sur tel espace on dispose de la capacité de lancer telle attaque avec tels moyens afin d'atteindre tel objectif pour que le champ de bataille soit partout. Imaginons un peu :

si à partir d'une salle d'ordinateurs ou d'une salle de marchés on peut déclencher une guerre permettant de terrasser un pays ennemi, où reste-t-il un espace qui ne soit un champ de bataille ?

Si le jeune soldat répondant à l'appel posait alors la question : « Où se trouve le champ de bataille ? », la réponse serait : « Partout ».

Qui se bat ?

En 1985, l'armée chinoise entreprit une « réduction massive d'un million d'hommes » qui fut le prélude à des diminutions successives de leurs forces armées par les principaux pays du monde. Selon de nombreux spécialistes des affaires militaires, le principal facteur expliquant cette réduction générale des armées dans le monde fut que, avec la fin de la guerre froide, les pays anciennement hostiles avaient hâte de jouir des dividendes de la paix. Ces commentateurs ne comprennent guère que ce facteur n'est que la pointe émergée de l'iceberg. Les facteurs qui ont conduit à cette réduction des armées ne se limitent en aucune façon à ce point. La raison profonde, c'est qu'avec la montée de la vague informatique dans le domaine militaire, il aurait fallu déployer un effort trop colossal pour former une armée professionnelle de grande taille, forgée sur les chaînes de l'industrie et organisée selon les exigences de la guerre mécanisée. Pour cette raison précise, au cours de la réduction de leurs armées, certains pays ayant une vision à long terme, au lieu de mettre l'accent sur les réductions d'effectifs, firent porter leurs efforts sur la qualité du personnel militaire en augmentant la quantité de haute et de moyenne technologies dans leur armement et en renouvelant la pensée militaire et la théorie du combat [4]. L'époque des « soldats forts et courageux qui sont les héroïques défenseurs de la patrie » est révolue. Dans un monde où même la notion de « guerre nucléaire » risque de devenir obsolète dans le jargon militaire, il est probable qu'un chercheur au teint blafard portant d'épaisses lunettes de myope est mieux placé pour incarner le soldat moderne qu'un jeune malabar aux biceps saillants. L'histoire qui circule dans les cercles militaires occidentaux à propos d'un lieutenant qui se servit d'un simple modem pour désarmer une escadre entière en est peut-être la meilleure illustration [5]. Sous l'effet de la rude épreuve qu'a été l'explosion technique ininterrompue durant tout le XXe siècle, à laquelle il faut peut-être ajouter l'influence salutaire de la culture pop – rock'n roll, disco, Coupe du monde et films de Hollywood –, le *fossé entre les générations de militaires* est aussi flagrant que celui concernant les armements dont nous avons parlé plus haut. Ce contraste est aussi accusé dans le domaine des capacités physiques que dans celui des capacités intellectuelles. Même si la nouvelle génération de soldats nés dans les années 1970 et 1980 a subi l'entraînement sauvage de l'académie militaire de Westpoint, il lui est difficile de se défaire de sa nature frêle et délicate enracinée dans le terreau de la société contemporaine. En outre, l'apparition des nouveaux systèmes d'armes a encore plus éloigné ces soldats du champ de bataille conventionnel ; ils peuvent attaquer un ennemi situé bien au-delà de leur champ de vision, et le fait de ne plus être obligé de voir le sang couler transforme chaque soldat en un modeste gentleman comparable à ce cuisinier qui règle de loin le ballet de ses marmitons. Le combattant numérisé est en train de remplacer le guerrier « de sang et de fer » dont le rôle était resté inchangé pendant des milliers d'années.

Maintenant que la montée de l'informatique a fait voler en éclats la division du travail d'une société fondée sur la grande industrie, la guerre n'est plus la chasse gardée des soldats de métier et a tendance à se

« civiliser »[6]. La théorie de Mao Zedong selon laquelle « chaque citoyen est un soldat » n'est cependant pour rien dans cette tendance. Le courant actuel n'exige pas une large mobilisation de la population, bien au contraire. Il indique seulement qu'une élite technique issue de la société civile a enfoncé la porte et s'est installée à la table des militaires sans y avoir été invitée, obligeant les soldats de métier avec leurs notions de guerre professionnalisée à relever des défis, parfois quelque peu embarrassants. Qui a le plus de chance de devenir le nouveau protagoniste sur la *terra incognita* qu'est encore la prochaine guerre ? Le premier challenger à s'être présenté, et le plus célèbre, est le pirate informatique. Notre homme, qui généralement n'a reçu aucune formation militaire ni exercé aucune profession militaire, peut aisément menacer gravement la sécurité d'une armée ou d'un pays en ne comptant que sur sa compétence personnelle. L'exemple typique nous est fourni dans le règlement américain *Opérations informatiques FM100-6*. En 1994, un pirate informatique attaqua, à partir de l'Angleterre, un centre de développement spatial de l'armée américaine installé à New York, mettant en danger la sécurité de trente systèmes. Il réussit également à s'introduire dans plus de cent autres systèmes, endommageant, entre autres, l'Institut de recherche sur l'énergie atomique de Corée (KAERI) et la NASA. Le plus frappant ne fut pas seulement l'envergure de l'attaque et l'ampleur des dégâts mais aussi le fait que le pirate était un jeune homme tout juste âgé de 16 ans. L'intrusion d'un adolescent qui ne cherchait qu'à s'amuser ne peut évidemment pas être considérée comme un acte de guerre. Le problème qui se pose est de savoir comment faire la distinction entre des destructions causées par jeu et des destructions guerrières. Qu'est-ce qui sépare l'action individuelle d'un citoyen, l'action hostile d'un *combattant non professionnel* et même la guerre menée par les pirates d'un pays doté d'une organisation ? En 1994, le département américain de la Défense dénombra 230 000 intrusions dans les réseaux liés à la sécurité. Combien étaient des actes destructeurs organisés dus à des combattants non professionnels ? On ne le saura peut-être jamais [7].

Les pirates informatiques présentent la même diversité que la société elle-même. Camouflés derrière les réseaux, ils viennent de tous les horizons, porteurs de valeurs extrêmement variées : lycéens curieux, chercheurs d'or en ligne, employés mécontents, terroristes des réseaux bon teint et mercenaires des réseaux. Par leurs idées et leurs actions, ces gens sont à cent lieues les uns des autres, mais ils sont réunis dans un même monde de réseaux. Ils s'activent conformément à leurs valeurs et à leurs idées propres ; certains n'ont franchement pas d'objectif particulier. Aussi, qu'ils cherchent à faire le bien ou à nuire, ne se sentent-ils pas liés par les règles du jeu admises par la société. Armés d'ordinateurs, ils détournent l'argent des comptes d'autrui par la ruse ou par la contrainte. Ils effacent des données précieuses rassemblées au prix de grands efforts, juste pour s'amuser. Ou, pareils au légendaire chevalier errant, ils utilisent leurs compétences techniques remarquables pour défier les forces du mal. Le gouvernement Suharto imposait un blocus strict sur les informations concernant les menées agressives dirigées contre les Chinois d'outre-mer vivant en Indonésie. Ces agressions furent rendues publiques sur Internet par des témoins épris de justice. Du coup, le monde entier fut scandalisé et le gouvernement et les militaires indonésiens se retrouvèrent au banc des accusés. Avant cela, un autre groupe de hackers, se présentant sous le nom de *Milworm*, s'était illustré par ses exploits sur Internet. Afin de protester contre les essais nucléaires de l'Inde, ils avaient franchi le pare-feu du réseau appartenant au Centre de recherche atomique indien, avaient modifié la page d'accueil et téléchargé 5 MB de données. Cette fois, les pirates se montrèrent assez courtois. Ils agirent jusqu'à un certain point et n'allèrent pas plus loin, et ils ne causèrent pas de dommages exclusifs à leur adversaire. Outre les résultats directs de ce type d'action, elle a aussi une forte portée symbolique : à l'ère de l'informatique, l'effet d'une bombe nucléaire est peut-être moindre que l'effet d'une action produite par un *hacker*.

Plus terribles que les pirates informatiques – et plus menaçantes pour le monde réel –, il y a les organisations non étatiques dont évoquer le nom suffit à faire trembler l'Occident. Toutes ces organisations qui ont, à des degrés divers, une coloration militaire – telles que les organisations islamiques prônant la guerre sainte, les milices blanches aux États-Unis, la secte Aum au Japon et, plus récemment, les groupes terroristes comme ceux d'Oussama Ben Laden, qui ont fait sauter les ambassades américaines au Kenya et en Tanzanie – sont généralement mues par des croyances ou des motivations extrémistes. Les diverses actions destructrices monstrueuses et presque folles menées par ces groupes ont indéniablement plus de chance de devenir le nouveau terreau des guerres contemporaines que le comportement du pirate informatique solitaire. En outre, lorsqu'un État ou une armée (qui respecte certaines règles et fera un usage limité de la force pour atteindre un but lui-même limité) se retrouve face à ce type d'organisation (qui n'observe aucune règle et ne craint pas de mener une guerre illimitée en recourant à des moyens eux-mêmes illimités), il lui sera souvent difficile de s'imposer.

Depuis le début des années 1990, et en concurrence avec une série d'actions militaires menées par des combattants non professionnels ou des organisations non étatiques, nous commençons à avoir une vague idée du type de *guerre non militaire* qui pourrait être menée par un autre type de combattant non professionnel. Cet individu n'est ni un hacker au sens général du terme ni un membre d'une organisation quasimilitaire. C'est peut-être un analyste système ou un ingénieur informaticien, ou un spéculateur en Bourse, ou encore un financier disposant d'une grande quantité de capitaux flottants. C'est peut-être même un magnat des médias contrôlant une grande variété de supports, un éditorialiste célèbre ou l'animateur d'une émission télévisée. Contrairement aux terroristes aveugles et inhumains, il est fermement attaché à une certaine philosophie de la vie et sa foi ne le cède en rien à celle de Ben Laden en terme de fanatisme. De plus, il ne manque pas de motivation ou de courage pour engager le combat quand c'est nécessaire. Selon ces critères, qui pourrait dire que George Soros n'est pas un *terroriste financier* ?

De la même manière que la technique moderne est en train de transformer les armements et le champ de bataille, elle brouille la question de savoir qui sont les protagonistes de la guerre. Désormais, les soldats n'ont plus le monopole de la guerre.

L'activité terroriste internationale est un des sous-produits de la tendance à la mondialisation qu'a entraînée l'intégration technologique. Les combattants non professionnels et les organisations non étatiques font peser une menace toujours plus grande sur les pays souverains, en devenant des adversaires de plus en plus redoutables pour les armées de métier. Comparées à ces adversaires, les armées professionnelles ressemblent à de gigantesques dinosaures dont la force n'est pas proportionnelle à leur taille. Leurs adversaires sont en revanche des rongeurs doués d'une grande capacité de survie, qui grâce à leurs dents acérées peuvent tourmenter une bonne partie du monde.

Combattre par quels moyens et selon quelles méthodes ?

Dès qu'il est question des moyens et méthodes qui seront utilisés pour mener les guerres futures, l'opinion des Américains est indispensable. Cela ne s'explique pas seulement parce que les États-Unis sont le dernier seigneur de la montagne au monde. C'est plus parce que leur point de vue sur cette question est réellement supérieur à celui qui prévaut chez les militaires des autres pays. Les Américains ont résumé en quatre points les principales formes que revêtira la guerre dans le futur : la guerre informatique, la guerre de précision[8], les opérations conjointes[9] et les opérations militaires autres que la guerre (*MOOTW**)[10]. Ce résumé montre à lui tout seul l'approche très imaginative et cependant très pragmatique des Américains et nous fournit en même temps une bonne compréhension de la manière dont ils envisagent la guerre du futur. À part les opérations conjointes, qui dérivent des opérations coopératives traditionnelles et des opérations coordonnées, voire des opérations air-terre, les trois autres formes de combat peuvent être considérées comme le fruit de réflexions nouvelles en matière militaire. Le général Gordon R. Sullivan, ancien chef d'état-major de l'armée de terre américaine, affirmait que la guerre informatique serait la forme de combat fondamentale dans une future guerre. Pour cette raison, il mit sur pied la meilleure force numérisée au sein de l'armée américaine et dans le monde. Il avança en outre la notion de guerre de précision, fondée sur l'idée qu'« il y aura un basculement général vers le traitement de données et les attaques furtives à longue distance comme principe de base de la guerre à venir ». Pour les Américains, l'avènement d'un nouvel

* *Military Operations Other Than War.*

armement high-tech, que représentent les armes guidées de précision, le GPS, les systèmes C-4-I et les avions furtifs, permettra peut-être aux soldats d'échapper au cauchemar des guerres d'usure. La guerre de précision, baptisée par les Américains « attaque sans contact » et par les Russes « combat à distance [11] », se caractérise par la dissimulation, la vitesse, la précision, un degré élevé d'efficacité et de faibles dommages collatéraux. Dans la guerre du futur, dont l'issue sera peut-être connue peu après le début des hostilités, ce type de tactique, qui a déjà montré son efficacité au cours de la guerre du Golfe, pourrait être la méthode adoptée avec le plus d'enthousiasme par les généraux américains. Toutefois, l'expression qui traduit véritablement une nouvelle formulation n'est ni « guerre informatique » ni « guerre de précision » mais plutôt « opérations militaires autres que la guerre ». Cette notion particulière s'appuie clairement sur l'idée d'agir dans « l'intérêt du monde » qu'invoquent constamment les Américains, notion assortie du caractéristique abus de pouvoir que pourrait illustrer la phrase : « La terre entière est sous ma responsabilité. » Cependant, cette appréciation ne diminue en rien l'intérêt que nous portons à cette notion. Car, après tout, elle autorise pour la première fois une série de mesures permettant d'affronter globalement les problèmes qui se posent à l'humanité aux XXe et XXIe siècles, à savoir le maintien de la paix, la répression du trafic de drogue, la répression des émeutes, l'aide militaire, le contrôle des armements, l'assistance en cas de catastrophe, l'évacuation des citoyens chinois vivant à l'étranger, la répression des actes terroristes, etc. En les rangeant dans la case *MOOTW*, les militaires ne risqueront plus de se trouver désemparés dans le monde extérieur au champ de bataille. Ainsi, leurs antennes intellectuelles entreront presque en contact avec la *guerre au sens large*. Il est très regrettable que la case en question soit un peu trop exiguë pour permettre, en dernier ressort, d'y faire aussi entrer la toute nouvelle notion d'« opération de guerre non militaire », car cela représenterait pour l'humanité une véritable avancée révolutionnaire dans la connaissance de la guerre.

La différence entre les notions d'« opération de guerre non militaire » et d'« opération militaire autre que la guerre » est beaucoup plus grande que les mots ne le laissent paraître, et il ne s'agit absolument pas d'un simple jeu sur l'ordre des mots ! On peut considérer que la notion de *MOOTW* n'est que la désignation explicite de missions et d'opérations menées par des forces armées en dehors des situations de guerre. La notion d'« opération de guerre non militaire » permet d'élargir notre compréhension de l'*état de guerre* à tous les domaines de l'activité humaine, bien au-delà de ce que comprend l'expression « opération militaire ». Cet élargissement est la conséquence naturelle de la propension des êtres humains à utiliser tous les moyens imaginables pour atteindre leurs buts. Même si les Américains, qui semblent être à la pointe dans tous les domaines de la théorie militaire, n'ont pas su être les précurseurs de cette nouvelle notion de guerre, nous devons reconnaître que le déferlement du pragmatisme américain dans le monde, ainsi que les possibilités illimitées offertes par les nouvelles techniques de pointe ont néanmoins joué le rôle de force motrice dans l'émergence de cette notion.

Ainsi, parmi ces nombreux moyens qui semblent n'avoir aucun lien avec la guerre, lequel finira par devenir le moyen favori de cet autre type de guerre – « l'opération de guerre non militaire » – menée de plus en plus fréquemment à l'échelle de la terre entière ?

La guerre commerciale

Si l'expression « guerre commerciale » n'était, il y a environ une dizaine d'années, qu'une formulation descriptive, elle est aujourd'hui devenue un outil entre les mains de nombreux pays pour faire la guerre par des moyens non militaires. Elle est en particulier utilisée par les Américains avec beaucoup d'habileté et de brio : recours à la loi sur le commerce intérieur sur la scène internationale, élévation ou suppression arbitraire de barrières douanières, recours à des sanctions commerciales rédigées à la hâte, embargo sur les exportations de technologies sensibles, recours à la loi « Special section 301 », application du traitement accordé à la nation la plus favorisée, etc. N'importe lequel de ces moyens peut avoir des effets destructeurs équivalents à ceux d'une opération militaire. L'embargo global de huit ans imposé à l'Irak par les États-Unis est le cas d'école dans ce domaine.

La guerre financière

Depuis qu'ils ont vécu la crise financière de l'Asie du Sud-Est, personne d'autre que les Asiatiques n'a été autant affecté par la « guerre financière ». À vrai dire, ils n'ont pas été simplement affectés mais véritablement laminés ! Une offensive financière surprise, volontairement planifiée et lancée par les détenteurs de capitaux flottants internationaux, a abouti à envoyer l'un après l'autre au tapis des pays que peu de temps auparavant le monde affublait du titre de « petits tigres » et de « petits dragons ». La prospérité économique, qui avait tantôt suscité la constante admiration de l'Occident, se mua en dépression, aussi brusquement que les feuilles d'un arbre sont soufflées du jour au lendemain par le vent d'automne. À l'issue du premier round, les économies de plusieurs pays firent un bond en arrière de dix ans. Qui plus est, pareille déroute économique provoqua quasiment l'effondrement de l'ordre social et politique de ces pays. Les pertes causées par ce chaos prolongé ne sont pas inférieures aux pertes produites par une guerre régionale, et le mal fait au corps social est même encore plus grave que celui qu'aurait engendré une guerre régionale. Ce fut la première guerre menée par des organisations non étatiques pour attaquer des pays souverains sans la force armée, en utilisant des moyens non militaires. Ainsi, la guerre financière est une forme de guerre non militaire qui se révèle tout aussi gravement destructrice qu'une guerre sanglante, même si aucune goutte de sang n'est versée. La guerre financière occupe désormais officiellement la scène qui, depuis des milliers d'années, n'avait été occupée que par des soldats et des armes, du sang et des morts. On peut être certain qu'il ne faudra pas longtemps pour que l'expression « guerre financière » figure dans les différents dictionnaires consacrés au vocabulaire militaire officiel ; en outre, lorsqu'au début du XXIe siècle on aura révisé les livres d'histoire sur la guerre au XXe siècle, le chapitre sur la guerre financière éveillera la plus grande attention chez le lecteur [12]. Le principal protagoniste de ce chapitre ne sera pas l'homme d'État ni le stratège mais George Soros. Certes, Soros n'a pas le monopole exclusif de l'usage de l'arme financière dans les guerres. Avant lui, Helmut Kohl avait déjà utilisé le mark pour creuser une brèche dans le mur de Berlin qu'aucun tir d'artillerie n'avait abattu [13]. Après lui, Lee Teng-hui* avait profité de la crise financière du Sud-Est asiatique pour dévaluer le dollar taïwanais, afin de torpiller le dollar et la Bourse de Hong Kong, en particulier les « valeurs rouges »

* Le président de Taïwan.

[actions de sociétés cotées à la bourse de Hong Kong mais contrôlées par des intérêts de Chine continentale]. De plus, il ne faut pas oublier la foule des petits et gros spéculateurs qui se rua à ce festin pantagruélique, dont les sociétés du type Morgan Stanley et Moody's – célèbres pour leurs notations des entreprises servant aux géants du monde de la finance à repérer les cibles intéressantes à attaquer [14] ; toutes deux sont l'exemple typique de ces sociétés qui participent indirectement au festin et en retirent les bénéfices.

Dès l'été 1998, alors que la guerre financière faisait rage depuis une année pleine, la deuxième phase de la guerre commença sur un champ de bataille plus étendu encore. Cette fois, ce ne furent pas seulement les pays d'Asie du Sud-Est (lesquels avaient déjà essuyé une cruelle défaite l'année précédente) qui furent entraînés dans la tourmente mais aussi deux titans : le Japon et la Russie. Du coup, la situation économique mondiale apparut encore plus sombre et plus difficile à contrôler. Le brasier invisible finit même par enflammer la chemise de ceux qui avaient voulu jouer avec le feu. On rapporte que Soros et son « fond Quantum » auraient perdu, ne serait-ce qu'en Russie et à Hong Kong, au moins plusieurs milliards de dollars [15]. On a ainsi un aperçu de la puissance destructrice de la guerre financière. Aujourd'hui, alors que les armes nucléaires sont devenues des décorations de cheminée effrayantes qui perdent peu à peu leur réelle valeur opérationnelle à mesure que les jours passent, la guerre financière devient au contraire une arme « hyperstratégique » qui retient l'attention du monde entier, du fait qu'elle est facile à mettre en œuvre, qu'elle permet d'agir secrètement et qu'elle est aussi terriblement destructrice. Au milieu du chaos qui secouait l'Albanie, il n'y a pas si longtemps, on a pu voir clairement le rôle joué par les différents types de fondations créées par les multinationales et les milliardaires dont la richesse rivalise avec celle des États.

Ces fondations peuvent contrôler les médias, financer les organisations politiques, s'opposer aux pouvoirs en place et aller jusqu'à provoquer un bouleversement de l'ordre social et le renversement des gouvernements légaux. Aussi pourrions-nous peut-être désigner ce type de guerre sous le nom de *guerre de fonds monétaires*. Le fait que ce type de guerre est de plus en plus fréquent et de plus en plus intense et que de plus en plus de pays et d'organisations non étatiques y recourent est un grave sujet de préoccupation auquel nous devons faire face.

La nouvelle guerre terroriste – comparée à la guerre terroriste traditionnelle

Si, du fait de son échelle réduite, la guerre de la terreur au sens courant du terme occasionnait certes des pertes moindres qu'une guerre ou une campagne traditionnelle, elle avait une coloration violente beaucoup plus grande ; en outre, sur le plan des opérations, elle n'était liée par aucune des règles de la société traditionnelle. Du point de vue militaire, elle se caractérisait donc par l'emploi de ressources limitées pour mener une guerre illimitée. Les forces nationales doivent toujours observer certaines règles ; elles peuvent donc seulement utiliser leurs ressources illimitées pour mener une guerre limitée, et cette caractéristique les place toujours dans une position extrêmement défavorable. C'est ce qui explique qu'une organisation terroriste constituée d'une poignée de blancs-becs à peine sortis de l'enfance peut donner la migraine à un pays puissant comme les États-Unis et aussi que « l'emploi d'un marteau-pilon pour tuer une fourmi » se révèle souvent inefficace. Les deux attentats commis simultanément contre les ambassades américaines à Nairobi et à Dar es-Salaam en ont été une preuve récente.

L'avènement du terrorisme « à la Ben Laden » a renforcé l'impression qu'une force nationale, aussi puissante soit-elle, aura beaucoup de mal à prendre le dessus dans une partie où il n'existe pas de règles. Et même si ce pays devient lui-même terroriste, ce que sont en train de devenir les États-Unis, il n'est pas certain qu'il réussira à l'emporter.

Cependant, si tous les terroristes limitaient leurs opérations aux activités habituelles que sont l'attentat à la bombe, l'enlèvement, l'assassinat et le détournement d'avion, ils n'exerceraient pas la terreur maximale. Ce qui provoque vraiment la terreur dans l'esprit des gens, c'est l'emploi par les terroristes des diverses techniques nouvelles qui peuvent se transformer en nouvelles armes sophistiquées. Nous avons déjà un aperçu de cette perspective inquiétante. Lorsque les partisans de la secte Aum ont lâché du gaz sarin dans le métro de Tokyo, les victimes de ce poison n'ont représenté qu'une faible part de la terreur. Cette affaire a porté à l'attention du public le fait que les technologies biochimiques modernes permettaient de fabriquer des armes mortelles à l'usage des terroristes qui veulent se livrer à des destructions massives[16]. Contrairement aux tueurs masqués qui recourent aux massacres indifférenciés d'innocents pour répandre la terreur, le groupe italien des « Phalanges armées » est un type d'organisation terroriste high-tech totalement différent. Ses objectifs sont explicites et ses moyens remarquables. Il s'est spécialisé dans l'effraction des réseaux informatiques des banques et des organes de presse pour y dérober des données, retarder des programmes et répandre de fausses informations. Il s'agit là d'actions terroristes classiques dirigées contre les réseaux et les médias. Nous ne voyons aucune objection à désigner ce type d'opération, qui fait appel aux dernières inventions techniques dans les domaines les plus avancés, et dirigée contre l'humanité dans son ensemble, par l'expression « nouvelle guerre par la terreur ».

La guerre écologique

La guerre écologique désigne un nouveau type de guerre non militaire. La technique moderne est, dans ce cas, utilisée pour agir sur l'état des fleuves, des océans, de la croûte terrestre, de la calotte glaciaire, de la circulation atmosphérique et de la couche d'ozone par des méthodes de nature à provoquer des tremblements de terre et à modifier les précipitations, la composition de l'atmosphère, le niveau de la mer et le rayonnement solaire, dans le but de dégrader l'environnement physique de la terre ou de créer localement un nouvel environnement écologique. Il se peut que, dans un avenir proche, des effets de type El Niño ou La Niña deviennent de nouvelles superarmes entre les mains de certains pays et/ou d'organisations non étatiques. Il est plus probable qu'une organisation non étatique sera la première utilisatrice de la guerre écologique, sa nature terroriste excluant tout sentiment vis-à-vis de la population ou de la société. Par ailleurs, les organisations non-étatiques ont démontré par le passé qu'elles refusaient d'observer les règles du jeu. Or, étant donné que l'environnement écologique mondial sera fréquemment à la limite de la catastrophe du fait de la course au développement, il existe un réel danger que la moindre augmentation ou diminution de l'une des variables suffise à déclencher un « holocauste » écologique.

Outre les exemples qui précèdent, on pourrait citer de nombreux autres moyens ou méthodes qui existent déjà ou qui pourraient apparaître dans l'avenir : la guerre psychologique, où l'on répand des rumeurs pour décourager l'ennemi et briser sa volonté, la guerre de la contrebande, consistant à perturber les marchés et à ébranler l'ordre économique, la guerre médiatique, agissant sur ce que les gens voient et entendent pour manipuler l'opinion, la guerre de la drogue, qui tire d'immenses profits en semant la catastrophe dans d'autres pays, la guerre des réseaux, contre laquelle il est presque impossible de se prémunir et consistant à agir en secret sans jamais se faire connaître, la guerre technologique, créant ses propres armes et monopolisant les brevets, la guerre virtuelle, où l'on montre à l'ennemi une apparence fabriquée de la force, la guerre des ressources, visant à s'enrichir en pillant les réserves, la *guerre de l'aide économique*, où l'on accorde officiellement une assistance pour exercer un contrôle en sous-main, la guerre culturelle, où l'on lance des modes afin d'assimiler la dissidence, la *guerre du droit international*, où il s'agit de profiter des occasions pour créer de nouveaux règlements, etc. Il existe encore d'autres types de guerres non militaires, trop nombreux pour être cités ici. À une époque où la pléthore de nouvelles techniques peut elle-même donner naissance à une pléthore de nouveaux moyens de faire la guerre (sans parler de leur combinaison et de leur usage créatif), les énumérer un à un n'aurait aucun sens et serait un gaspillage d'énergie. Ce qui compte, c'est que tous ces moyens ainsi que leurs applications, qui sont entrés, sont en train d'entrer et entreront dans la liste des moyens pouvant servir à la guerre, ont déjà commencé sans bruit à modifier la conception de la guerre. Face à un choix presque infini, pourquoi l'homme s'empêtrerait-il dans sa propre toile d'araignée en se limitant à la force armée et au domaine militaire pour conduire la guerre ? Des méthodes qui ne se caractérisent pas par l'emploi de la force des armes, ni par l'emploi de la puissance militaire, ni même par la présence de victimes et l'effusion de sang, ont tout autant, voire plus de chances d'atteindre les objectifs de la guerre. Il est clair que cette perspective a conduit à revoir l'affirmation selon laquelle « la guerre, c'est de la politique avec du sang » et a amené du même coup à réviser l'idée que la guerre faite par la force des armes est le moyen ultime de résoudre les conflits. À l'évidence, la multiplication des moyens a élargi la conception de la guerre, avec pour résultat l'élargissement du domaine de l'activité guerrière. À ce stade, si nous nous limitons à la guerre au sens étroit du champ de bataille traditionnel, nous aurons beaucoup de mal à reprendre pied dans l'avenir. Tout conflit qui éclatera demain ou plus tard se caractérisera par une guerre au sens large – à savoir un cocktail de combats menés par la force des armes et par d'autres moyens.

L'objectif de ce type de guerre ne se limitera pas à « recourir à des moyens incluant la force des armes pour plier l'ennemi à sa propre volonté ». Il consistera plutôt à « utiliser tous les moyens possibles – avec et sans la force des armes, avec et sans la puissance militaire, avec et sans victimes – pour obliger l'ennemi à satisfaire son intérêt propre ».

NOTES

1. Sur les relations étroites qui unissent l'Irak et les États-Unis, le lecteur peut se reporter à *Shamo yongshi – lianhe budui siling dui haiwan zhanzheng de jijian* [Guerrier du désert – Vue personnelle de la guerre du Golfe par un officier d'état-major de l'armée alliée], Junshi yiwen éditeur, p. 212. « L'Irak avait établi des relations très étroites avec les États-Unis. L'Irak avait reçu des États-Unis des armes et des renseignements précieux concernant les mouvements iraniens ainsi qu'un appui militaire contre la marine iranienne. »

2. Un article de l'ancien ministre de la Défense Lee Aspin intitulé « On the Sea Change in the Security Environment » fut publié dans le numéro de février 1993 de *The Officer Magazine*.

Comparaison entre l'ancien et le nouvel environnement sécuritaire

Environnement géopolitique

Ancien environnement	Nouvel environnement
Bipolaire (rigide)	Multipolaire (complexe)
Prévisible	Incertain
Communisme	Nationalisme et extrémisme religieux
Les États-Unis sont la Ire grande puissance occidentale	Les États-Unis ne sont que la Ire grande puissance militaire
Alliance fixe	Alliance provisoire
Nations unies paralysées	Nations unies dynamiques

Menaces auxquelles les États-Unis doivent faire face

Unique (URSS)	Multiple
Menace contre la survie des États-Unis	Menace contre les intérêts des États-Unis
Claire	Vague
Dissuasion possible	Dissuasion impossible
Europe	Autres pays
Risque d'escalade élevé	Faible risque d'escalade
Emploi d'armes nucléaires stratégiques	Emploi d'armes nucléaires par des terroristes
Public	Secret

Emploi de la force armée

Guerre d'usure	Attaques décisives contre objectifs clés
Guerre par procuration	Renforts directs
Recours principal à haute technologie	Emploi intégré de haute, moyenne et basse technologies
Déploiement à l'avant	Projection de forces
Cantonnement à l'avant	Cantonnement sur propre territoire
Soutien par le pays hôte	Autosuffisance

Le tableau ci-dessus permet de mesurer la sensibilité des Américains aux changements de leur environnement sécuritaire ainsi que les divers types de forces et de facteurs qui interviennent sur l'évolution de la situation mondiale depuis la fin de la guerre froide.

3. L'« espace technologique » est un nouveau concept que nous proposons pour distinguer ce type d'espace de l'espace physique.

4. Selon le rapport sur la défense nationale du ministère de la

Défense américain, pour l'année fiscale 1998, le nombre de personnels militaires a été réduit de 32 % depuis 1989. De plus, les États-Unis ont remisé une grande quantité d'équipements anciens, augmentant ainsi dans une certaine mesure leur capacité de combat malgré la forte réduction des troupes disponibles. Le ministère de la Défense a publié son *Rapport quadriennal d'inspection de la défense* en mai 1997. Le rapport met l'accent sur la nécessité de « prendre l'avenir en compte et de réformer l'armée américaine ». Il préconise de réduire le personnel et de bâtir l'armée selon les nouvelles théories militaires. Il encourage toutefois aussi de fortes dépenses pour l'achat de matériel.

5. Cette histoire est parue pour la première fois dans le journal britannique *Sunday Telegraph.* Selon ce rapport, l'armée américaine organisa des manœuvres appelées « Joint Warrior » du 18 au 25 septembre 1995, afin de tester ses systèmes électroniques de défense. Au cours de ces manœuvres, un officier de l'armée de l'air réussit à s'introduire par effraction dans l'ordinateur du système de commandement de la Marine (Voir Hu Yong et Fan Haiyan, *Wangluo wei wang* [Le réseau est roi], Hainan éditions, pp. 258-259). Il existe plein d'histoires similaires mais certains spécialistes des affaires militaires estiment qu'elles ne servent qu'à semer la confusion.

6. Dans leur livre *Guerre et contre-guerre**, Alvin et Heidi Toffler ont écrit : « Si les outils de la guerre ne sont plus les chars et l'artillerie mais les virus informatiques et les microrobots, on ne peut plus dire que les pays sont les seuls groupes armés ni que les soldats sont les seuls à détenir les outils de la guerre. » Dans son article intitulé « Qu'apporte la révolution des affaires militaires ? – La forme que prendra la guerre en 2020 », un colonel des forces d'autodéfense japonaises du nom de Shoichi Takama a noté que la démilitarisation de la guerre sera une des caractéristiques importantes de la guerre du XXIe siècle.

7. De nombreux pirates informatiques adoptent une nouvelle tactique qu'on pourrait appeler la « guérilla du réseau ».

8. La guerre de précision est une nouvelle forme de guerre. Elle résulte de la combinaison de l'augmentation de la précision des armes et de la transparence du champ de bataille. (Voir colonel Richard J. Dunn III, « From Gettysburg to the Gulf and Beyond », cité dans le *1997 nian shijie junshi yanjian* [Annales militaires du monde de 1997], pp. 294-295.)

9. « Joint Vision 2010 », document établi par le US Joint Chiefs of Staff. Voir *Joint Force Quarterly*, été 1996.

---

* Toffler, Alvin et Heidi, *Guerre et contre-guerre : survivre à l'aube du XXIe siècle*, trad. P.-E. Dauzat, Hachette, Paris, 1996.

10. Voir l'édition de 1993 d'*Operations Essentials*, publication de l'armée de terre américaine. Voir aussi le magazine *Army* de juin 1993.

11. Après avoir étudié la guerre du Golfe, le spécialiste russe de la tactique I. N. Vorobyev fait remarquer que le combat à distance est une méthode à fort potentiel. Voir *Pensée militaire*, en russe, 1992, chap. 11.

12. Dans le *Los Angeles Times* du 23 août 1998 est paru un article intitulé « Les marchés financiers représentent la menace majeure pour la paix ». L'article notait : « À présent, les marchés financiers constituent la principale menace pour la paix mondiale, non les camps d'entraînement terroristes. »

13. Wang Jiannan, *Shei yuzhengfeng – Ke'er* [Qui est entré en lice ? H. Kohl], Zhongguo guangbo éd., 1997, pp. 275, 232, 357.

14. Un article intitulé « A New York Corporation that Affects the Economy » paru dans le *The Christian Science Monitor* du 29 juillet 1998 révèle comment les rapports de l'agence de notation Moody's influencent et même manipulent les tendances économiques en Italie, en Corée de Sud, au Japon et en Malaisie.

15. George Soros épanche sa bile dans son livre *The Crisis of Global Capitalism*. Sur la base du navrant compte-rendu de ses investissements en 1998, Soros analyse les leçons à tirer de la crise économique.

16. Certains spécialistes américains de la sécurité ont conseillé au gouvernement de constituer d'importants stocks d'antidotes afin de se prémunir contre une attaque chimique surprise d'une organisation terroriste.

CHAPITRE 3

Un classique qui défie les classiques

« La nature particulière de la guerre du Golfe (...) a-t-elle déclenché une "révolution des affaires militaires" ? En définitive, il s'agit d'une question de perspective. »

Anthony H. CORDESMAN,
Abraham R. WAGNER

Comparée à n'importe quelle guerre de l'Histoire, celle du Golfe peut être considérée comme une guerre majeure. Y participèrent plus de 300 navires de guerre provenant de six escadres commandées par un porte-avions, 4 000 avions, 12 000 chars et 12 000 véhicules blindés, ainsi que près de deux millions de soldats originaires de plus de 30 pays. Sur les 42 jours que dura la guerre, 38 furent consacrés à des frappes aériennes et la guerre terrestre dura seulement 100 heures. La force multinationale conduite par les États-Unis écrasa 42 divisions irakiennes, et les troupes irakiennes perdirent 30 000 hommes et eurent 80 000 prisonniers ; 3 847 chars, 1 450 véhicules blindés et 2 917 pièces d'artillerie furent détruits. En revanche, les forces américaines perdirent seulement 184 soldats, mais dépensèrent la somme colossale de 61 milliards de dollars[1].

Peut-être en raison de la facilité avec laquelle la victoire fut remportée, rares sont les gens dans le camp enthousiaste de l'Oncle Sam à avoir mesuré avec précision la portée de cette guerre. Certains en profitèrent pour forger hâtivement le mythe de l'invincibilité des États-Unis, tandis que d'autres, plus modérés – pour la plupart généraux et commentateurs qui n'avaient pas pu participer à la « Tempête du désert » et qui de ce fait étaient dans un état d'esprit à la fois complexe et nuancé – considérèrent que ce n'était pas une guerre typique [2], et qu'une guerre menée dans des conditions aussi idéales ne pouvait pas servir de modèle. En entendant ce genre de discours, on pense au renard de la fable clamant : « Ils sont trop verts... » En fait, d'un point de vue traditionnel, la « Tempête du désert » ne fut pas une guerre classique au sens propre mais, comme elle se déroula au moment où éclatait la plus grande révolution dans les affaires militaires de l'Histoire, elle ne peut être mesurée à l'aune de normes traditionnelles, dépassées. Au moment où la nouvelle forme d'intervention appelait un nouveau modèle « classique », les forces alliées conduites par les États-Unis le créèrent juste à temps dans le Golfe. Seuls ceux qui se raccrochaient au passé par esprit routinier ne purent en saisir le sens en tant que classique pour la guerre de l'avenir. Il faut bien comprendre que les classiques de la guerre future ne peuvent naître que d'une rupture avec les modèles traditionnels. Nous n'avons aucunement l'intention d'aider les Américains à créer un mythe, mais quand la « Tempête du désert » se déroula et s'acheva sous le regard étonné du monde entier, avec ses nombreux pays participants, l'ampleur des moyens déployés, sa courte durée, le petit nombre de pertes humaines et les résultats éclatants, qui aurait osé affirmer qu'une guerre classique annonçant l'entrée de la guerre dans l'ère de l'intégration technologique et de la mondialisation n'avait pas ouvert la grande porte de l'histoire étrange et mystérieuse de la guerre – même si cette dernière n'était qu'un classique créé par la technologie et le style de combat américains ?

Alors que nous essayons de nous appuyer sur les guerres passées pour tenter de savoir ce que sera la guerre à l'ère de l'intégration technique et de la mondialisation, seule la « Tempête du désert » peut nous fournir des exemples réels. À l'heure actuelle, elle offre, à tout point de vue, non seulement un exemple unique mais aussi un « classique ». C'est donc aussi un « fruit »* digne d'une analyse minutieuse.

L'« union libre »

Pour Saddam Hussein, l'annexion du Koweït ressemblait plus à une affaire domestique au sein de la grande famille arabe que l'enlèvement des otages américains pendant la révolution iranienne, d'autant qu'il en avait fait l'annonce. Toutefois, il ne mesura pas la différence entre les deux actions. Quand l'Iran captura les otages, c'était certes un camouflet pour les Américains, mais lors de l'annexion du Koweït, l'Irak saisissait tout l'Occident à la gorge. Les voies d'approvisionnement en pétrole sont évidemment plus importantes que les questions d'honneur ; et les États-Unis n'avaient pas d'autre choix que de prendre l'affaire au sérieux. Quant aux autres pays qui se sentaient menacés par l'Irak, ils ne pouvaient pas, eux non plus, ne pas prendre l'affaire au sérieux. En s'alliant avec les États-Unis, la grande majorité des pays arabes avaient le projet de se débarrasser de l'hérésie islamique représentée par Saddam Hussein, afin de l'empêcher de nuire à leurs intérêts, au cas où il ne rencontrerait pas d'obstacle et deviendrait trop puissant. En outre, il

* L'auteur utilise plusieurs fois l'image du fruit dans ce chapitre.

était très difficile d'affirmer qu'ils voulaient vraiment établir la justice au Koweït[3]. Leurs intérêts, communs avec ceux des États-Unis, permirent à ces derniers de tisser rapidement un filet pour y capturer l'Irak. Les grands pays occidentaux sont parfaitement familiers des ficelles de la politique internationale moderne, et l'alliance contre l'Irak fut créée sous l'égide des Nations unies. Le halo de la justice réussit à dissiper les résistances religieuses des Arabes, si bien que le projet de Saddam Hussein de jouer le rôle d'un Saladin moderne pour mener la guerre sainte contre les chrétiens tourna court. De nombreux pays se portèrent volontaires pour tenir le rôle de points nodaux de ce réseau d'alliés. Malgré leur réticence, le Japon et l'Allemagne finirent par accepter d'ouvrir généreusement leur bourse et, plus important encore que fournir de l'argent, ni l'un ni l'autre ne laissa passer l'occasion d'envoyer des troupes, franchissant ainsi calmement le pas symbolique qui faisait d'eux à nouveau des puissances mondiales. L'Égypte réussit à convaincre la Libye et la Jordanie de rester neutres et de ne plus soutenir l'Irak, tant et si bien que Saddam Hussein se retrouva complètement isolé. Même Gorbatchev, qui voulait obtenir le soutien des Américains pour renforcer sa position alors faible dans son propre pays, finit par accepter tacitement les frappes des forces multinationales contre son vieil allié. Aussi puissant soit-il, un pays comme les États-Unis a besoin de l'appui de ses alliés. Cet appui se manifesta alors plus par l'octroi d'une légitimité à leur action et par un soutien logistique que par l'envoi de troupes supplémentaires. La raison pour laquelle la politique du président Bush obtint l'appui de l'opinion américaine tient en grande partie au fait qu'il avait réussi à constituer une alliance internationale. Il montrait ainsi à ses concitoyens qu'il ne s'agissait pas seulement pour les États-Unis de tirer leur épingle du jeu, et que les Américains n'étaient pas les seuls à financer cette guerre et à risquer de verser le sang de leurs soldats. Ils allèrent jusqu'à envoyer le VIIe corps d'armée d'Allemagne en Arabie saoudite, et à mobiliser 465 trains, 312 barges et 119 flottilles des pays de l'OTAN. Dans le même temps, le Japon fournit les pièces détachées électroniques dont les États-Unis avaient un besoin urgent pour leur matériel militaire, ce qui constitua une preuve de plus qu'ils pouvaient compter sur leurs alliés. À cette époque nouvelle, « aller seul au casse-pipe » n'aurait pas été sage, et n'aurait pas été un choix réaliste non plus [4]. En revanche, telle qu'elle était constituée, l'alliance apparaissait comme une nécessité commune. De la résolution 660 du Conseil de sécurité appelant l'Irak à se retirer du Koweït à la résolution 678 qui autorisait les pays membres de l'alliance à prendre toutes les mesures appropriées, la communauté internationale s'identifia largement à cette alliance qui s'était formée tant bien que mal. Cent dix pays appliquèrent l'embargo contre l'Irak et plus de trente pays participèrent à l'action armée, dont de nombreux pays arabes ! Avant de s'engager, chaque pays avait à l'évidence mesuré pleinement où se trouvait son intérêt.

L'intervention tous azimuts des Nations unies ne suffit pas à ce que l'alliance, fragile comme une toile d'araignée constellée de rosée, qui s'était formée en très peu de temps, résistât au choc de la guerre. On pourrait dire que, pour les hommes politiques, l'alliance ne fut qu'une réunion unique à haut niveau faisant suite à une appréciation prudente des intérêts de chacun, la signature d'un contrat unique, voire une promesse verbale transmise par le téléphone rouge. Cependant, pour les troupes chargées de livrer combat, aucun détail ne pouvait être sous-estimé. Pour éviter que les soldats américains n'enfreignent les commandements de la religion musulmane, outre les ordres stipulant que chacun devait se conformer strictement aux coutumes du pays où il était stationné, l'armée américaine loua même un yacht *Cunard Princess* et l'ancra au large pour fournir, hors du territoire musulman, des divertissements de style occidental à ses soldats. Pour empêcher que les Israéliens ne prennent des mesures de représailles contre les attaques de missiles *Scud* et ne sèment la confusion dans le camp qui attaquait l'Irak, les États-Unis firent des efforts considérables pour leur fournir un appui aérien afin de garantir la cohésion de l'alliance.

À un niveau plus fondamental, la transformation de l'alliance en *union libre* marqua la fin d'une époque, c'est-à-dire celle des alliances fixes, inaugurée par la signature de l'alliance entre l'Allemagne et l'Autriche-Hongrie en 1879. Avec la fin de la guerre froide, la période où les alliances se formaient sur la base de l'idéologie touchait à sa fin, et les alliances d'intérêts prirent le dessus. Sous l'égide de la realpolitik, où priment les intérêts nationaux, toute alliance ne peut que mettre crûment l'accent sur les intérêts de chacun, en oubliant même parfois de brandir la bannière de la morale. Le phénomène des alliances continuera évidemment à exister mais, le plus souvent, ce ne seront que de lâches coalitions d'intérêts à court terme. Ce qui revient à dire que le fondement principal de toute alliance sera l'intérêt et non la morale ou l'éthique. Les intérêts et les objectifs variant selon les périodes, désormais les alliances se constitueront ou non selon ces facteurs. De plus en plus pragmatiques et de moins en moins contraintes par des obligations morales, telles sont les caractéristiques des alliances modernes. Toutes les forces sont unies par un réseau d'intérêts, leur alliance est de très courte durée, mais peut être très efficace. Les relations d'intérêts entre États modernes, ainsi qu'entre organisations transnationales et même entre forces régionales, sont donc devenues de plus en plus temporaires. Comme le chante le rocker chinois Cui Jian : « Ce n'est pas que je ne comprenne pas, c'est que le monde change vite. » Le mode de combinaison des forces, dans un monde en perpétuel changement associé à une période d'intégration technique et de mondialisation elle-même en perpétuel changement, a ainsi donné naissance à des alliances tacites qui ne sont en aucune façon fortuites. L'alliance en union libre constituée pour la guerre du Golfe a donc officiellement levé le rideau sur une nouvelle époque en la matière.

Une « loi de réorganisation » opportune

Leur complexe de supériorité conduit souvent les Américains à se lancer dans des actions qui les obligent a posteriori à réfléchir à leurs erreurs, et cette disposition, qui pourrait sembler contradictoire, surprend parfois ceux qui aiment bien voir souffrir cette nation arrogante. Elle permet aussi parfois aux Américains d'en tirer d'immenses profits. En vérité, il semblerait que les Américains réussissent toujours à trouver la clef qui leur fournira la solution de l'intervention militaire à venir au travers des leçons des actions militaires passées. Depuis longtemps, des luttes opposent les factions de l'armée, aux conceptions et intérêts divergents – à l'instar d'ailleurs de tous les pays. La compétition entre les différentes armes jalouses de leurs intérêts et assoiffées de gloire est bien connue de tous, et aucun pays ne peut les égaler sur ce terrain. À cet égard, il est particulièrement impressionnant de constater que pendant la guerre contre le Japon, il y a soixante ans, MacArthur et Nimitz, voulant mettre en valeur le rôle de leurs armes respectives, proposèrent chacun leur stratégie dans le Pacifique. Même le président Roosevelt, qui était circonspect et qui voyait loin, eut du mal à établir un équilibre entre les positions des deux hommes. Autre exemple qui illustre ce trait : un avion américain qui bombardait le Vietnam, il y a trente ans, devait obéir en même temps aux ordres de quatre états-majors différents, ce qui paraît difficile à croire. Jusqu'à une quinzaine d'années, il existait des systèmes de commandement séparés et indépendants sans qu'on sache clairement qui détenait l'autorité suprême, ce qui eut des conséquences désastreuses sur les troupes stationnées à Beyrouth et fut la cause directe de la mort de près de 200 marines. Le général Schwarzkopf, qui était commandant en second de la force d'intervention pendant l'opération de la Grenade, où chaque arme de l'armée américaine n'en avait fait qu'à sa tête, avait encore présente à l'esprit la question posée pendant cette intervention, même après qu'il eut été fait commandant en chef des troupes alliées pendant la campagne « Tempête du désert ». La question était : « Lors d'opérations conjointes, qui obéit aux ordres de qui ? »

L'ironie de l'affaire, c'est que ce problème qui agitait l'armée américaine depuis des dizaines d'années ne fut pas résolu par des généraux ayant une longue expérience des combats ni par des experts blanchis sous le harnais de l'État, mais par deux parlementaires du nom de Goldwater et Nichols. La loi de réorganisation du ministère de la Défense[5], proposée par ces deux personnages et adoptée par le Congrès en 1986, fut la méthode utilisée pour résoudre le problème du commandement unifié des différentes armes lorsqu'elles devaient combattre ensemble.

Ensuite, pour régler les problèmes qui restaient en suspens, il fallut une guerre. Ni trop tôt ni trop tard. Mais juste à ce moment-là, Saddam Hussein eut l'idée stupide d'envahir le Koweït, et ce fut une occasion bénie pour les Américains, qui avaient hâte de vérifier si la loi de réorganisation fonctionnait. En ce sens, plutôt que dire que la loi de réorganisation fut opportune, il serait plus juste de dire que la guerre du Golfe fut opportune.

Powell et Schwarzkopf eurent la chance d'être les bénéficiaires de la loi et de devenir en même temps les deux plus puissants généraux de l'histoire de la guerre aux États-Unis. En tant que président du haut état-major, Powell occupait pour la première fois la place de conseiller militaire en chef du président, ce qui lui permettait de recevoir directement ses ordres de celui-ci et du ministre de la Défense, ainsi que de donner des ordres aux trois armes. Et il n'eut plus à jouer le médiateur face aux chamailleries incessantes entre les chefs d'état-major de chaque arme. En tant que commandant du champ de bataille, Schwarzkopf fut délivré des querelles stériles et réunit tout le pouvoir entre ses mains. Vis-à-vis des bavardages incessants provenant du Pentagone, il était libre d'entendre ce qu'il voulait et de faire ce qu'il voulait, selon l'antienne célèbre : « Un général hors du pays peut ignorer certains ordres du prince. » En revanche, la grande armée qui grouillait dans le Golfe, les satellites dans l'espace, les hommes-grenouilles sous l'eau et jusqu'au moindre chaland de débarquement devaient obéir à ses ordres. Cela lui permit d'exercer sans hésiter, chaque fois que ce fut nécessaire, l'autorité interarmes que conférait la loi de réorganisation du ministère de la Défense au commandant du haut état-major. Par exemple, lorsque les commandants des marines du front demandèrent d'urgence d'opérer un débarquement amphibie sur les côtes du Koweït, il examina la situation générale et y mit résolument son veto, puis continua de se concentrer sur l'opération « Crochet du gauche », le plan mûrement réfléchi qu'il avait adopté dès le départ.

Qu'une loi, adoptée depuis à peine cinq ans, pût être appliquée aussi complètement dans une guerre ne peut s'expliquer autrement que par l'esprit contractuel d'hommes vivant dans cette société légaliste qu'incarnent les États-Unis. Et le nouveau mode de commandement qui en dérivait s'avéra la mise en œuvre la plus opportune et la plus réussie du commandement militaire, depuis qu'on distingue différentes armes. Le résultat direct fut de réduire la chaîne du commandement, de réaliser une véritable délégation de commandement et de favoriser l'évolution du vieux système de commandement arborescent si profondément enraciné dans les usages vers une structure de commandement en réseau. L'effet secondaire de cette évolution fut de permettre à un plus grand nombre d'unités combattantes de partager des informations de première heure concernant le champ de bataille.

Si l'on examine la loi de réorganisation face au champ plus vaste de l'époque à l'arrière-plan, il n'est pas difficile de voir que cette réorganisation ne fut en aucune façon un produit du hasard, mais qu'elle venait à point nommé pour répondre aux exigences naturelles posées par l'époque vis-à-vis des anciennes relations de commandement. En recombinant l'autorité originellement éclatée des différentes armes pour créer sur cette base une autorité suprême qui les coiffe afin d'atteindre certains objectifs ponctuels, il devenait possible d'être à la hauteur de la situation dans n'importe quel affrontement armé. L'adoption de la loi de réorganisation aux États-Unis et les effets qu'elle produisit sur l'armée américaine offrent matière à réflexion. Tout pays qui espère gagner une guerre au XXIe siècle devra inévitablement affronter ce choix : « réorganiser » ou être battu. Il n'y aura pas d'autre issue.

Aller au-delà de la « bataille aéroterrestre »

À l'origine, la « bataille aéroterrestre » était une stratégie imaginée par l'armée américaine pour barrer la route à l'ennemi lorsque les masses de chars du pacte de Varsovie déferleraient brusquement sur les plaines d'Europe. Les militaires déploraient toutefois de n'avoir jamais eu l'occasion de vérifier son efficacité. La guerre du Golfe offrit à certains officiers de l'armée américaine pleins de créativité et de désir d'en découdre une scène où se produire en grand. Mais les conditions réelles du champ de bataille étaient assez différentes de ce qu'ils avaient anticipé. La « Tempête du désert » fut essentiellement une campagne tout « air », sans « terre », qui dura plusieurs dizaines de jours, et ils eurent à peine la possibilité d'utiliser le « Sabre du désert » qui ne servit qu'au dernier moment, dont le splendide « Crochet du gauche », pendant une centaine d'heures seulement, avant de tout remballer en hâte. La guerre terrestre ne fut absolument pas le « bouquet » qu'espérait l'armée de terre mais ressembla plutôt à un concerto bâclé après l'exécution du premier mouvement[6]. La prédiction de Douhet selon laquelle « le champ de bataille aérien [serait] le champ de bataille décisif » trouva apparemment une confirmation tardive. En revanche, tout ce qui se produisit dans l'air au-dessus du Golfe dépassa de loin les prévisions de ce partisan de la victoire par les airs. Tant au Koweït qu'en Irak, aucun des combats aériens ne comporta de duels chevaleresques visant à s'assurer la suprématie dans les airs ; ce fut une campagne aérienne intégrée qui associa toutes les opérations de combat telles que reconnaissance, alerte, bombardements, combat rapproché, communications, frappes électroniques, commandement/contrôle, et qui comprit aussi la lutte pour l'espace et le cyberespace et leur occupation.

À ce stade, les Américains, partisans de la conception du « combat aéroterrestre », sont allés beaucoup plus loin que Douhet. Malgré cela, il leur faudra encore plusieurs années pour comprendre que dès qu'on fait appel à la théorie des opérations intégrées dans le combat réel, il dépasse de très loin par son ampleur tout ce qu'on avait envisagé initialement, et couvre un vaste domaine comprenant terre, mer, air, espace et cyberespace. Même s'il faut encore quelque temps pour assimiler les résultats de la guerre du Golfe, elle est déjà destinée à devenir le point de départ de la théorie du « combat omnidimensionnel » proposée par l'élite de l'armée américaine, lorsqu'elle ouvrira brusquement les yeux.

L'aspect intéressant de l'affaire, c'est que tout en estimant que la prise de conscience de l'armée américaine s'est faite assez tard, cela n'a en réalité eu aucune incidence sur l'acquisition rapide de la clef nécessaire à la compréhension du « combat omnidimensionnel », à savoir le célèbre « plan de frappe aérienne [7] ». Ce « plan de frappe aérienne », qui comptait jusqu'à 300 pages chaque jour, rédigé conjointement par l'armée de terre, la marine et l'aviation, et qui permettait à Schwarzkopf, commandant suprême des forces alliées, lui-même issu de l'armée de terre, de donner des ordres à la force aérienne alliée tout entière, fut l'âme de la campagne aérienne. Il sélectionnait chaque jour les meilleures cibles pour l'ensemble de l'aviation, conformément au plan de frappes opérationnel général. Chaque jour, plus de mille avions alliés décollaient de la péninsule Arabique, d'Espagne, d'Angleterre et de Turquie et, à partir du « plan de frappe aérienne » conçu par ordinateur, opéraient des frappes aériennes interarmes et transfrontières, précises et coordonnées. Bien qu'aux yeux de la marine ce programme de commandement fût excessivement « axé sur l'aviation » – ce qui amena même la marine à cette démarche mesquine de retenir en catimini certains de ses appareils pour pouvoir les utiliser quand l'occasion de briller s'offrirait à elle – même si elle ne se présenta jamais –, il permit en fin de compte d'organiser avec succès la campagne aérienne la plus massive et la plus complexe de l'histoire de la guerre.

En outre, le « plan de frappe aérienne » fournit aussi un modèle de commandement organisationnel pour toutes les opérations de combat ultérieures. Un « plan » représentait un projet optimal de combinaison des forces combattantes des différentes armes, et la complexité et la réussite de ces *combinaisons transnationales* démontra mieux que tout son excellence. Sur ce point seulement, sa portée dépassait déjà largement ce qu'avaient envisagé les architectes de la théorie de la « bataille aéroterrestre ». Ce qui revient à dire qu'involontairement les soldats américains firent entrer le dieu de la guerre dans un domaine vierge où il n'avait jamais pénétré.

Qui est le roi de la guerre terrestre ?

Yamamoto Isoroku fut indéniablement le « prodige » militaire le plus novateur de son époque ; l'utilisation de porte-avions lors de l'attaque surprise contre Pearl Harbor et la grande victoire qu'il remporta représentent le trait de génie qu'il laissa dans l'histoire du combat naval. Ce qui est incompréhensible, c'est que ce même Yamamoto se révéla en fait incapable de saisir la signification historique de sa propre tactique créative. Après avoir commandé la flotte combinée qui avait infligé un coup sévère à la marine américaine, il resta attaché à la croyance que seuls les vaisseaux de guerre étaient la force décisive en mer, jetant ainsi une fois de plus la clef qui lui aurait ouvert la voie de la victoire et qui était désormais à sa portée sur l'ample houle de l'océan Pacifique. Si la première personne à commettre une erreur peut encore susciter la pitié, la deuxième est tout simplement d'une incroyable stupidité, en particulier la personne qui répète une erreur sans être capable de l'éviter en la prévoyant. Il est regrettable que l'histoire de la guerre abonde d'exemples où la réflexion vient après l'action. Comme Yamamoto en son temps : alors que l'armée de terre américaine avait utilisé des hélicoptères pour écraser les unités mécanisées blindées irakiennes, dès que la fumée des armes se fut dissipée – à ce qu'on raconte, pendant toute la guerre terrestre, à part le combat désespéré livré par la division blindée « Médina » de la garde républicaine quand elle se retrouva encerclée au sud de Bassora par le VIIe corps d'armée américain, il n'y eut pour ainsi dire aucune bataille de chars digne de ce nom –, elle revint de manière inexplicable à son niveau de réflexion d'avant la guerre et mit de côté les hélicoptères qui auraient dû devenir les favoris de la guerre. En outre, les Américains, qui avaient à l'évidence ouvert une ère nouvelle pour la guerre terrestre en utilisant les hélicoptères, augmentèrent les ressources attribuées à la recherche sur les autres armements, dont les chars, tandis que la seule réduction de budget porta sur les hélicoptères. Bloqués sur leurs méthodes dépassées, ils continuent de considérer les chars comme l'arme décisive dans la guerre terrestre du futur[8].

Or, dès la guerre du Vietnam, les hélicoptères avaient montré leurs capacités entre les mains des Américains. Peu après, l'Union soviétique démontra les qualités exceptionnelles des hélicoptères dans les régions escarpées d'Afghanistan, tout comme les Britanniques l'avaient fait dans l'archipel des Malouines. Cependant, du fait que l'adversaire était principalement composé de partisans et de troupes d'infanterie non blindées, cela retarda d'une bonne vingtaine d'années le défi que représentaient les hélicoptères pour les chars. La guerre du Golfe finit par donner aux hélicoptères l'occasion de montrer de quoi ils étaient capables. Cette fois, sans compter l'unité d'hélicoptères des forces alliées, l'armée américaine à elle seule déploya dans le Golfe 1 600 appareils de divers modèles. Ce nombre suffisait à constituer une armée d'hélicoptères. Toutefois, à ce moment-là, les Américains, qui s'étaient toujours vantés d'avoir l'esprit inventif, ne firent preuve d'aucune originalité et, tout comme les Français qui pendant la Seconde Guerre mondiale avaient dispersé leurs chars et les avaient affectés à l'infanterie, ils mirent leurs hélicoptères au service des unités mécanisées blindées et autres troupes. Heureusement, les actions menées par ceux-ci, qui établirent leur renommée lors de cette guerre, firent en sorte que cette décision ne les départît pas de leur royale prestance.

Alors que les Américains chantaient sur CNN les louanges des vedettes du champ de bataille telles que le *Patriot*, le F-117 et le missile *Tomahawk*, ils battaient froid injustement aux hélicoptères (l'*Apache*, qui était le chouchou, obtenant seul la note « passable »). À part les personnes qui ont pris connaissance du Rapport final adressé au Congrès rédigé par le ministère de la Défense après la guerre, rares sont celles qui se rappellent que ce furent les hélicoptères, et non je ne sais quelles autres armes favorites, qui jouèrent un rôle de premier ordre dans la « Tempête du désert ». Dans les vingt minutes qui précédèrent les bombardements qui devaient durer plus d'un mois, et après avoir accompli plusieurs heures de vol en rase-mottes, les hélicoptères MH-53J et AH-64 se livrèrent à la destruction préventive des radars d'alerte irakiens à l'aide de missiles *Hellfire*, ouvrant ainsi un passage sûr aux escadrilles de bombardiers et démontrant la remarquable capacité de pénétration des hélicoptères. Plateforme volante la plus souple du champ de bataille, ils accomplirent aussi un grand nombre de missions de transport et de ravitaillement, d'évacuation sanitaire, de recherche et de récupération, de reconnaissance du champ de bataille et de contre-mesures électroniques. Et pendant la bataille de Khafji, la principale force qui bloqua rapidement et finit par repousser l'armée irakienne fut encore celle des hélicoptères. Pendant cette guerre, ce fut l'« Opération Cobra » qui laissa vraiment une impression profonde et montra le fort potentiel des hélicoptères : la 101e division aéroportée utilisa plus de 300 hélicoptères pour accomplir la plus longue opération « saut de puce » de l'histoire de la guerre, en installant la base opérationnelle de l'avant avec des *Cobra* à plus de cent kilomètres à l'intérieur de l'Irak. Ensuite, la 101e put s'appuyer sur cette base pour couper la seule voie de repli des soldats irakiens dispersés derrière la vallée de l'Euphrate et intercepter les troupes irakiennes qui fuyaient le long de la route de digue Hamal. Ce fut indéniablement l'opération tactique terrestre la plus profondément marquante de cette guerre. Elle permit d'affirmer que les hélicoptères étaient désormais parfaitement capables de mener des opérations indépendantes de grande envergure. Alors que des foules de soldats irakiens fuyaient en courant les fortifications détruites par les hélicoptères et s'agenouillaient pour se rendre, elles furent rassemblées par les pilotes d'hélicoptères comme un troupeau de bisons dans les plaines de l'Ouest, et la conception selon laquelle « seule l'infanterie peut en dernier ressort conclure une bataille » fut radicalement ébranlée par ces « cow-boys volants ». Or, à l'origine, le projet sous-tendu par cette opération « saut de puce » menée par les hélicoptères était seulement de fournir un appui aux unités blindées qui devaient mener l'offensive principale ; mais le succès imprévu des unités d'hélicoptères conduisit à remiser le plan au vu de l'évolution de la situation sur le terrain. Pour cette raison, Schwarzkopf dut donner au VIIe corps d'armée l'ordre d'attaquer quinze heures plus tôt que prévu. Bien que, sous les ordres du général Franks, la vitesse de progression du VIIe corps à travers le désert fût beaucoup plus grande que celle de Guderian – qui s'était rendu célèbre à l'époque pour avoir lancé des guerres éclairs de chars –, loin de se tailler une réputation grâce à ce type de blitzkrieg, le général se vit au contraire reprocher d'« avancer lentement, pas à pas, comme une vieille dame ». Après la guerre, le général Franks réfuta les critiques émanant du quartier général allié à Riyad, en arguant de ce que l'armée irakienne avait encore des capacités de combat[9]. En réalité, ni les critiques ni celui qui les réfuta n'avaient saisi l'essence du problème. La raison pour laquelle la mobilité des chars commandés par Franks fut critiquée vint précisément de la comparaison avec les hélicoptères. À ce jour, il n'y a toujours pas d'exemple de combat prouvant que des chars, quels qu'ils soient, puissent suivre le rythme de combat d'hélicoptères. En fait, il ne s'agit pas seulement de mobilité. Sur tous les plans, le statut des anciens « rois de la guerre terrestre » que sont les chars se trouve contesté par les hélicoptères. Les chars doivent peiner constamment pour surmonter le coefficient de friction de la surface de la terre, alors que l'espace de combat de l'hélicoptère se trouve au niveau de la cime des arbres ; ils sont donc totalement affranchis de tous les obstacles de surface, leur excellente mobilité suffisant à compenser le défaut de n'avoir pas de blindage lourd. De même, en tant que plate-forme d'armes mobiles, leur puissance de feu n'a rien à envier à celle des chars, et cela explique la grande crise que traversent pour la première fois les chars depuis qu'ils ont, affublés du surnom de *tanks**, accédé aux champs de bataille. Ce qui rend les chars encore plus lourds à gérer, c'est l'énergie demandée pour organiser un assaut avec un groupe suffisamment conséquent – transporter un certain nombre de chars sur une longue distance jusqu'à un théâtre donné est en soi un casse-tête énorme –, et les risques encourus très grands : lorsque les chars sont rassemblés, ils sont extrêmement vulnérables à des frappes préventives. Comparés aux hélicoptères, qui excellent à se déployer largement et à lancer des attaques-surprises, les chars regroupés pour mener une guerre conventionnelle ou

* Littéralement : citernes.

dispersés pour livrer un combat de guérilla ne présentent aucun avantage qui vaille la peine d'être mentionné. En fait, les chars et les hélicoptères sont des antagonistes naturels, mais les premiers sont loin de pouvoir rivaliser avec les seconds. Nous ne parlerons pas des hélicoptères AH-64, qui sont de vrais « tueurs de chars », mais des simples *Cobra* AH-1, aujourd'hui obsolètes. Pendant la guerre du Golfe, ils détruisirent jusqu'à cent chars sans essuyer eux-mêmes une seule perte. Face à la puissante capacité de frappe des hélicoptères, qui pourrait encore dire que « les chars représentent la meilleure arme contre les chars [10] » ?

On peut désormais affirmer que l'hélicoptère est le vrai liquidateur des chars. Cette nouvelle vedette, qui s'est élevée progressivement au-dessus des vagues du golfe Persique, est en train de procéder à son propre couronnement grâce à ses illustres accomplissements pendant la guerre du Golfe. Il ne fait aucun doute que ce n'est qu'une question de temps avant qu'il chasse le char du champ de bataille. Il s'écoulera peu de temps avant que « gagner une bataille terrestre depuis les airs » cesse d'être un slogan sensationnel. De plus en plus de commandants des forces terrestres sont d'accord sur ce point. En outre, les nouvelles notions d'*armée de terre volante* et de *guerre terrestre volante* (où l'hélicoptère est la principale arme de la bataille) pourraient bientôt faire partie du jargon militaire standard et figurer dans tous les dictionnaires militaires.

Un autre joueur caché derrière la victoire

Si on laisse de côté le fait que Bush, en tant que chef des trois armes, connaissait certainement l'heure de l'attaque, on peut dire que les téléspectateurs de *CNN* du monde entier et le président américain furent logés à la même enseigne, en cela qu'ils virent au même moment le spectacle bouleversant du début de la guerre. À l'ère du partage de l'information, un président ne jouit pas vraiment de plus de privilèges qu'un citoyen ordinaire. C'est là que la guerre moderne, avec ses comptes-rendus en temps réel, ou quasiment, qui font de la guerre une nouvelle émission que peut suivre en direct le grand public, diffère de toutes les guerres du passé. Les médias sont ainsi devenus un élément constitutif de la guerre, et ne servent plus seulement à fournir des informations en provenance du champ de bataille.

Contrairement à la retransmission en direct d'un match de la Coupe du monde de football, tout ce que le public a vu devait aussi passer au crible de la Sécurité dans les bureaux de presse installés à Dhahran et à Riyad, outre ce qui était déjà censuré par la perspective subjective des journalistes de télévision (les 1 300 journalistes envoyés au front connaissaient tous l'existence des « règles révisées concernant les informations sur la guerre du Golfe » qui venaient d'être publiées par le Pentagone, si bien que chacun mesurait dans son for intérieur ce qui pouvait être montré et ce qui ne le pouvait pas). Les milieux militaires américains et les médias avaient peut-être tiré des enseignements de la guerre du Vietnam, où la discorde entre les deux instances avait été si vive. Cette fois-ci, les agences de presse et les militaires s'entendirent à merveille. Un chiffre permettra d'illustrer ce fait. Sur les 1 300 reportages diffusés chaque jour pendant toute la durée de la guerre, seuls cinq furent envoyés à Washington pour examen ; quatre obtinrent un blanc-seing dans les heures qui suivirent et le cinquième fut annulé par l'organisme de presse lui-même. Avec l'aide concertée des journalistes, les commandants opérationnels réussirent à influencer la vision donnée au monde entier, montrant aux spectateurs tout ce que les militaires voulaient leur montrer et leur interdisant de voir ce qu'ils voulaient leur cacher. La presse américaine abandonna comme un seul homme sa neutralité tant vantée pour se rallier avec enthousiasme au camp anti-irakien et s'entendit avec les militaires américains. Comme dans un duo comique, ils aboutirent tacitement et efficacement à la même version de la guerre, la force médiatique et celle de l'armée alliée formant une coalition dans l'attaque contre l'Irak [11]. Peu après que l'Irak eut envahi le Koweït, des reportages étaient apparus rapidement dans les divers médias sur le débarquement ininterrompu d'une force américaine en Arabie saoudite, faisant reculer l'armée irakienne à la frontière koweïto-saoudienne et créant sans remous les conditions nécessaires à une action d'« entrave ». La veille du début de l'opération « Tempête du désert », les médias occidentaux trompetèrent la nouvelle du franchissement du canal de Suez par une flotte américaine de porte-avions, nouvelle qui sema la confusion chez Saddam Hussein et lui fit croire, avec la menace d'une catastrophe, que les forces américaines n'avaient pas encore fini de se déployer. De même, aucune des soi-disant armes de haute technologie envoyées pour servir dans le Golfe n'aurait paru aussi épouvantable qu'on l'a cru sans son « enjolivement » par les médias. Lors des quatre-vingt-dix-huit conférences de presse organisées tout au long de la guerre, les téléspectateurs purent voir des images de missiles de précision pénétrant par les conduits de ventilation d'un immeuble avant d'exploser, des *Patriots* interceptant des *Scuds* et de nombreux autres reportages qui laissèrent une profonde impression. Tout cela causa un choc visuel intense dans le monde entier, y compris en Irak, et c'est de ces images que naquit le mythe de la puissance exceptionnelle des armes fabriquées aux USA et la certitude que « l'Irak devait perdre et les États-Unis gagner ». À l'évidence, les médias aidèrent énormément les Américains. On pourrait dire aussi que, volontairement ou non, l'armée américaine et les médias occidentaux s'associèrent pour nouer la corde avec laquelle l'Irak de Saddam Hussein devait être pendu. Dans l'« Esquisse opérationnelle » qui fut brossée après la guerre, les Américains firent beaucoup d'efforts pour donner à penser que « la force des reportages des médias avait créé un effet dynamique sur la direction stratégique et l'ampleur des opérations militaires ». Quant aux règlements de campagne FM100-6 « Opérations d'information » récemment publiés, ils vont jusqu'à faire de la guerre du Golfe un exemple de guerre de l'information. Apparemment, dans toutes les guerres à venir, en dehors des moyens de base que sont les frappes militaires, la force des médias, de plus en plus, interviendra aussi en tant qu'acteur de la guerre dans un rôle comparable à celui des frappes militaires.

Contrairement à la propagande du champ de bataille, fortement teintée de subjectivité et facilement rejetée par l'adversaire ou par des personnes neutres parce qu'elle est habilement maquillée en compte rendu objectif, l'impact des médias, discret, est difficile à évaluer. De la même manière que les forces alliées conduites par les Américains privèrent l'Irak de son droit de parler militairement, la puissance des médias occidentaux le priva politiquement de son droit de parler et de se défendre, et même de son droit à la sympathie et au soutien. Comparée à la faible voix de la propagande irakienne, qui dépeignit Bush sous les traits d'un « grand Satan » coupable de tous les péchés du monde, l'image de Saddam Hussein, agresseur et profondément belliqueux, fut dépeinte avec une exagération beaucoup plus convaincante. Ce fut précisément la force partiale des médias associée à la force partiale de l'armée qui assena à l'Irak un « gauche-droite » militaire et moral, et qui scella la défaite de Saddam Hussein.

Toutefois, les médias restent toujours une arme de propagande à double tranchant. Cela veut dire que, tout en étant dirigée contre l'ennemi, cette arme peut en même temps être une épée acérée dirigée contre son propre camp. Selon les informations divulguées après la guerre, la raison pour laquelle la guerre terrestre s'arrêta brusquement au bout de cent heures est que le président Bush, influencé par l'évaluation hâtive du déroulement de la guerre annoncée à la télévision par l'officier chargé des déclarations à la presse sur le terrain, en vint à prendre lui-même une décision tout aussi hâtive, qui « raccourcit radicalement le temps entre la prise de décision stratégique et l'arrêt de la guerre [12] ». De ce fait, Saddam Hussein, dont les jours étaient comptés, échappa à une mort certaine, et ainsi cela laissa à Clinton, qui prit le pouvoir par la suite, une série de « coups de tonnerre du désert » qui finalement n'éclatèrent jamais.

L'impact des médias sur la guerre est de plus en plus habituel et de plus en plus direct, au point que même une décision importante prise par le président d'une superpuissance, comme celle d'arrêter les hostilités, résulte, dans une grande mesure, de sa réaction à une simple émission de télévision. Cet exemple donne un bon aperçu de l'importance des médias dans la vie sociale actuelle. On pourrait affirmer, sans exagérer le moins du monde, qu'un roi sans couronne est devenu la force principale capable de gagner n'importe quelle guerre. Après que la « Tempête du désert » a balayé le Golfe, il n'est plus possible de gagner une guerre sans faire intervenir la force des médias.

Un fruit aux multiples facettes

La « Tempête du désert », guerre caractérisée par l'intégration de technologies qui a clos l'époque ancienne et en a inauguré une nouvelle, est un classique qui peut éclairer en tous domaines les militaires de tous les pays.

Tout individu que l'analyse des questions militaires intéresse pourra toujours tirer quelque lumière ou leçon de cette guerre, quel que soit l'aspect qu'il étudiera. C'est sur cette base que nous comparons cette guerre, riche de sens sur le plan de l'expérience et des enseignements qu'elle apporte, à un fruit aux multiples facettes. Qui plus est, les vues en coupe de ce fruit sont loin de se limiter à celles dont nous avons déjà parlé, et il suffit de s'en approcher avec un esprit aigu pour découvrir à chaque fois une vue en coupe imprévue.

Lorsque, avec une indignation légitime, le président Bush s'adressa aux États-Unis et au monde entier, au sujet de la responsabilité morale que nous avions à l'égard du Koweït, aucun économiste responsable n'aurait pu prédire que, pour couvrir les dépenses militaires de cette guerre, les États-Unis proposeraient un programme de « partage des responsabilités » avec *partage du coût de la guerre à parts égales*, inaugurant ainsi une nouvelle forme de répartition des coûts dans une guerre internationale qu'on peut résumer par la formule : combattre ensemble, partager la note. Sans être un homme d'affaires, on est obligé d'admirer ici l'esprit de Wall Street[13].

La guerre psychologique n'a absolument rien d'original en matière de tactique, mais la « Tempête du désert » fit acte de créativité à ce niveau. Après le largage d'une bombe extrêmement puissante, les avions lâchaient des tracts de propagande, avertissant les soldats irakiens qui tremblaient dans leurs bottes à quelques kilomètres de là : la prochaine sera pour toi ! Cette simple mesure suffit à provoquer l'effondrement de divisions irakiennes entières. Un général irakien détenu dans le camp des prisonniers de guerre reconnut que l'impact de la guerre psychologique sur le moral des troupes venait juste après celui des bombardements infligés par les forces alliées[14].

Quand la guerre éclata, les Américains considéraient eux-mêmes que l'A-10 était un avion d'attaque au sol obsolète. Après avoir formé ce qui fut appelé une « union mortelle » avec l'hélicoptère *Apache*, et en éliminant un grand nombre de chars irakiens, il réussit à surseoir à sa propre élimination, au point même qu'il devint l'une des nombreuses et éblouissantes vedettes des airs au-dessus du Golfe. En associant une arme, qui n'avait rien de moderne à d'autres armes, on réussit ainsi à obtenir des résultats miraculeux comme celui-ci, et la conception et l'emploi de ces armes a pu être une source d'inspiration difficile à résumer en quelques mots.

En ce qui concerne le général McPeak, qui fut précipitamment nommé chef d'état-major de l'armée de l'air peu avant le début des hostilités, c'est pendant la guerre elle-même qu'il laissa la marque de ses dents dans ce « fruit ». Il réussit en effet à réaliser son rêve de faire tomber les barrières entre les forces aériennes stratégiques et tactiques pour créer des escadrons mixtes, et à appliquer après la guerre la formule « moins sept plus quatre » pour réaliser la réforme la plus originale de la structure de commandement de toute l'histoire de l'armée de l'air. Ainsi, après avoir supprimé les sept commandements stratégique, tactique, du transport, de la logistique, des systèmes, des communications et de la sécurité de l'armée de l'air, il la répartit en quatre commandements : combat aérien, mobilité, matériel et renseignement [15]. Sans la guerre du Golfe, il est difficile d'imaginer comment les collègues du général Mc Peak auraient pu innover de façon aussi hardie [16]. Quant à ceux qui comme nous sont restés extérieurs à cette guerre, ils avaient encore moins les moyens d'en obtenir des révélations et d'en tirer des leçons quelconques.

Et caetera, et caetera.

Si l'on poussait ce raisonnement à l'extrême, on pourrait distinguer un plus grand nombre de facettes de ce fruit, mais toutes ne sont en aucune manière des choses qu'on pourrait pointer ou entourer. À vrai dire, ses défauts et ses aspects douteux sont presque aussi nombreux que ses avantages. Quoi qu'il en soit, cela ne nous conduit pas à les traiter avec mépris. Même si cette guerre riche de contenu ne peut encore être considérée comme une encyclopédie de la guerre moderne, au moins ne nous a-t-elle pas fourni de réponses toutes faites sur le sujet. Au fond, depuis l'apparition massive d'armes high-tech nouvelles, elle a été leur premier champ d'expérimentation concentrée, à partir duquel s'est également opérée une révolution des affaires militaires. Ce seul point suffit à lui assurer la place d'un classique de l'histoire de la guerre et à fournir à notre réflexion un terreau entièrement nouveau.

NOTES

1. Voir « The Gulf War – Final Report of the Department of Defence to Congress », « Defence in the New Age : Experience and Lessons from the Gulf War », et autres rapports de recherche.

2. Le premier chapitre (« A Unique War ») du rapport de recherche *Military Experiences and Lessons of the Gulf War*, publié par le US Center for Strategic and International Studies, affirme : « En fait, le caractère exceptionnel de la guerre du Golfe nous empêche dans une grande mesure d'en tirer des leçons... en réalité, l'ampleur des expériences importantes, à long terme, qui peuvent être tirées de la guerre du Golfe est une question majeure. » (*Haiwan zhanzheng* [La guerre du Golfe], vol. II, Junshi kexue éd., 1992, diffusion interne, p. 155.)

3. L'alliance anti-Saddam Hussein du monde arabe était centrée autour de l'Arabie saoudite, de l'Égypte et de la Syrie. Selon le général Khalid, chef d'état-major des forces alliées pendant la « Tempête du désert », l'Irak représentait une énorme menace pour ces pays ; aussi « n'avaient-ils pas d'autre choix que de réclamer l'aide de forces amies, en particulier les États-Unis ». (Voir *Shamo yongshi* [Guerrier du désert], Junshi yiwen éd, p. 227.)

Les Américains attachaient eux aussi une très grande importance à l'alliance. (Pour plus de détails, voir *Attachments to the Final Report of the Department of Defence to Congress*, n° 9, « Alliance Construction, Coordination, and Combat ».)

4. Le chapitre 2 (« US military Reliance ») du rapport *Military Experience and Lessons of the Gulf War (op. cit.)* explique que « cette guerre a démontré sans aucun doute que, tant du point de vue politique qu'en ce qui concerne l'appui logistique, l'armée américaine doit compter sur des pays amis et des alliés. Sans l'aide considérable des autres pays, les États-Unis n'ont pas les moyens de mener une vaste opération d'urgence. En dehors des petites opérations, l'option d'"y aller seul" est fondamentalement impraticable, et toutes les décisions diplomatiques et de défense doivent être basées sur cette idée. »

5. Le rapport de recherche sur la guerre du Golfe établi pour la Chambre des représentants par L. Aspin et W. Dickinson dit le plus grand bien de la loi Goldwater-Nichols de réorganisation du ministère de la Défense ; on lit que « cette loi a permis d'assurer que les trois armes s'uniraient pour mener la même guerre ». Le rapport cite également le ministre de la Défense Cheney déclarant que cette loi « est l'acte législatif ayant eu le plus d'implication sur le ministère depuis la loi de sécurité nationale ». Les généraux en dirent aussi le plus grand bien ; l'amiral Owens, ancien vice-président du Joint Chiefs of Staff, déclara que la « loi Goldwater-Nichols [était] une des trois grandes révolutions des affaires militaires aux États-Unis », et que « cette loi a stipulé que dans tous les conflits, le combat serait mené par une force conjointe, et elle a aussi clarifié le fait que les chefs d'état-major des différentes armes ne sont plus les responsables des combats. Les responsables des combats sont les cinq commandants en chef de théâtre. » (*Guofang daxue xuebao* [Bulletin de l'université de la défense nationale] n° 11, 1998, pp. 46-47 ; *Xiandai junshi* [Affaires militaires modernes] n° 12, 1998, p. 24.)

6. Le général Merill McPeak, qui était chef d'état-major de l'armée de l'air pendant la guerre du Golfe, a déclaré que ce fut « une guerre qui impliqua l'usage massif de la puissance aérienne et une victoire remportée par les unités de l'aviation américaines et multinationales », et « ce fut aussi la première guerre de l'Histoire où la puissance aérienne servit à battre des forces terrestres » (*Air Force Journal*, mai 1991). Dans une déclaration antérieure à la guerre, son prédécesseur, Michael J. Dugan, notait que « la seule façon d'éviter de grandes effusions de sang dans une guerre terrestre est d'utiliser l'aviation ». Même si Dugan fut accusé d'avoir abusé de son autorité et fut muté, il ne s'était pas trompé.

7. Le rapport du ministère de la Défense comme celui d'Aspin à la Chambre des représentants apprécie hautement l'« ordre

d'intervention de l'aviation », estimant qu'il permit « d'orchestrer une bataille aérienne intégrée et planifiée avec précision ».

8. Selon les prévisions des spécialistes militaires russes et occidentaux, « aujourd'hui, la durée de vie d'un char comme cible individuelle sur le champ de bataille n'excède pas 2-3 minutes, et sa durée de vie à découvert comme élément d'une formation de la taille d'un bataillon ou d'une compagnie, 30-50 minutes ». Malgré ce type d'estimation des experts, la plupart des pays continuent d'utiliser les chars comme arme principale (*Soldat* [en russe], n° 2, 1996). Dans un article intitulé « The Future of Armored Warfare » [L'avenir de la guerre blindée], Ralph Peters déclare que « les chars volants sont un outil que les soldats réclament depuis longtemps, mais si l'on prend en considération l'usage rationnel du carburant et les facteurs psychologiques pendant la bataille, on aura encore besoin de systèmes terrestres dans l'avenir. Quand nous voyons que les hélicoptères d'attaque sont déjà une concentration des divers traits envisagés pour des chars volants, nous pensons que les hélicoptères d'attaque peuvent venir compléter les véhicules blindés mais non les remplacer » (*Parameters*, automne 1997).

9. *Into the Storm : a Study in Command* est un livre que le général Franks a écrit après avoir pris sa retraite. Il y signale que la vitesse à laquelle le VIIe corps traversa le désert n'était pas une erreur, et que les critiques de Riyad n'étaient pas raisonnables. (Voir *Army Times*, 18 août 1997.)

10. Voir *Appendix to the Final Report of the Department of Defence to Congress*, p. 522.

11. *Ibid.*, section 19, « News report ».

12. La section « Guerre de l'information » du manuel de campagne de l'armée de terre américaine FM100-6 révèle les détails de cet épisode dramatique (voir pp. 68-69). Les informations télévisées sur « l'autoroute de la mort » eurent aussi un effet sur la conclusion trop hâtive de la guerre. (*Joint Force Quarterly*, automne-hiver 1997-1998).

13. La section 16 de l'*Appendix to the Final Report of the Department of Defence to Congress* contient un débat sur la question de la « responsabilité partagée ». Contrairement à l'avis général, la principale raison pour les Américains de faire partager aux alliés le coût de la guerre n'était pas le facteur économique mais plutôt les considérations politiques. Dans son *21st Century Rivalries*, Lester Thurow note que, en ce qui concerne les 61 milliards de dollars qu'a coûté la guerre, « comparé au budget annuel de la défense de six trillions de dollars, ce chiffre vaut tout juste la peine d'être mentionné. La raison pour laquelle ils voulaient que les pays qui n'avaient pas envoyé de troupes pour combattre fournissent une assistance financière visait uniquement à convaincre

l'opinion américaine que cette guerre n'était pas menée par les États-Unis seuls mais que c'était une opération conjointe ».

14. Dans la revue *Special Operations*, le commandant Jack Sam examine les circonstances de la guerre psychologique menée par le 4th Psyops Group pendant la guerre du Golfe (voir le numéro d'octobre 1992). Dans le numéro de décembre 1991 du *Journal of Eastern Europe and Middle Eastern Military Affairs*, on lit aussi un article consacré à la guerre psychologique pendant la guerre du Golfe.

15. Le chef d'état-major de l'armée de l'air McPeak était favorable à l'emploi d'« escadrilles mixtes » constituées de plusieurs types d'avions pour remplacer les escadrilles formées d'un type unique. Il déclara que « si nous devions procéder autrement en Arabie saoudite aujourd'hui, nous n'utiliserions plus d'escadrilles composées de 72 F-16 mais plutôt d'avions d'attaque, de chasseurs de défense aérienne, d'avions de brouillage opérant en dehors de la zone de défense aérienne, de *Wild Weasels* et d'avions de ravitaillement en vol... Cette tactique pourrait être utile en cas de conflit armé dans une région du monde » (*Air Force*, février 1991).

16. Le ministre de l'Air Donald Rice a estimé que « la guerre du Golfe a démontré ce point de manière approfondie : la puissance aérienne peut fournir la plus large contribution lors de la planification et la mise en œuvre unifiées et intégrées d'opérations de combat ». Le général Michael Lowe, commandant en chef du Tactical Air Command, a fait remarquer que « l'emploi de diverses terminologies telles que "stratégie" et "tactique" pour délimiter les types et missions des avions gêne les efforts de développement de la puissance aérienne, et le moment est venu de réaliser des réformes organisationnelles et structurelles ». (Voir « Théorie de base aérospatiale de l'armée de l'air américaine », *AFM1-1*, p. 329, note 8.) Le chef d'état-major adjoint pour les programmes et opérations, Jenny V. Adams, a reconnu que la leçon à tirer de la guerre du Golfe était de « modifier, et non réviser, nos règlements de combat ». Le chef d'état-major adjoint de l'armée de l'air pour la politique et l'ingénierie, Henry Richelor, a aussi approuvé la mise en œuvre de réformes visant à réduire la faiblesse des liens de la zone de soutien. Voir *Jane's Defence Weekly*, 9 mars 1991.

CHAPITRE 4

Qu'ont découvert les Américains en « tâtant l'éléphant* » ?

« Le combat aérien fut le facteur déterminant de la victoire dans la guerre contre l'Irak (...) Les armes de haute technologie furent utilisées efficacement ; non seulement elles sont la raison clé des remarquables combats menés par les troupes aériennes et terrestres mais elles expliquent aussi pourquoi les armées alliées eurent des pertes aussi faibles. »

L. ASPEN

Si l'histoire militaire peut être comparée à une chasse, la guerre du Golfe fut pour les États-Unis la plus grosse prise réalisée depuis des dizaines d'années. À peine la guerre prenait-elle fin que les militaires américains, les parlementaires et divers organismes civils se livraient, en partant de différents points de vue, à un examen détaillé de cette prise. Les résultats de chacun des rapports publiés et de chacune des

* Histoire de la tradition bouddhique indienne racontée aux enfants chinois : des aveugles découvrent un éléphant et chacun, selon qu'il tâte la trompe, une oreille, une patte, le corps ou la queue, annonce fièrement qu'un éléphant c'est un tube, un éventail, une colonne, un mur ou une corde.

mesures prises ensuite par l'armée américaine sont impressionnants. En outre, cet examen est extrêmement précieux pour les armées et les soldats du monde entier et mérite que nous nous penchions dessus sans plus attendre. Les recherches menées par les Américains – que j'apprécie énormément – comportent forcément des points théoriques aveugles et des erreurs de raisonnement, causés par leur fibre nationaliste et en particulier par les forts préjugés de caste qui règnent depuis longtemps entre les différentes armes. À tel point que l'enquête sur une guerre grandiose s'est transformée en un tâtonnement semblable à celui des aveugles qui tâtaient l'éléphant. Le sujet exige par conséquent un minutieux réexamen de notre part. Cette situation ne devrait pas pour autant servir de prétexte pour nier la valeur de ces recherches. Mais, enfin, qu'ont découvert les Américains en palpant ce pachyderme ? Regardons de plus près avant de nous prononcer.

La main tendue sous la « barrière des rivalités interarmes »

Non seulement la barrière érigée entre l'armée de terre et la marine américaines depuis la guerre de Sécession n'a pas disparu après la création de l'armée de l'air, mais elle s'est au contraire transformée en une barrière séparant les trois armes. Comme une maladie chronique historique, elle constitue un véritable casse-tête tant pour le président que pour le Pentagone. Même si l'efficace « loi de réorganisation » fut appliquée durant la guerre du Golfe, son rôle a été davantage un expédient pour trouver une solution provisoire face à un obstacle invisible qu'une formule miracle censée traiter le problème à la racine. Dès que les choses se furent calmées et que les armées furent rentrées chez elles, les portes se refermèrent et chacun continua d'en faire à sa guise. Toutefois, les officiers supérieurs des trois armes ne représentent absolument pas un ramassis de crétins butés. Si le déroulement et l'issue de la guerre du Golfe, qui ont dépassé toutes les attentes, ébranlèrent le monde entier, ils ébranlèrent aussi les décideurs de la « Tempête du désert ». Le sentiment de désarroi face à la disparition d'un adversaire au moment de la désintégration de l'Union soviétique et la volonté réaffirmée de créer un nouvel ordre mondial dirigé par les États-Unis firent mesurer pleinement aux dirigeants des armées l'urgence d'une réforme, même s'ils n'étaient toujours pas prêts à abandonner leurs préjugés. Si l'on considère les différentes règles de combat des années 1990, toutes sans exception ont pour point de départ les nombreuses expériences et les leçons récentes tirées de la guerre du Golfe. Or, de même que chacun voit midi à sa porte, ce qui s'était déroulé sous les yeux des trois armes de l'armée américaine, ce furent trois guerres du Golfe différentes. Au cours de cette guerre, qui n'était pas seulement la dernière d'une époque révolue, mais qui était aussi la guerre inaugurale des temps modernes, chacune des trois armes s'accrocha à ses positions et s'efforça de trouver les arguments les plus avantageux pour sa propre arme, sans comprendre que la main qui sortait de derrière la barrière isolant chaque arme ne reconnaîtrait jamais l'éléphant qu'avait été la guerre du Golfe.

Le général Sullivan sentit ce qui avait pu être une des jambes raides de l'éléphant. Bien que, aux yeux de cet officier qui au moment de la guerre du Golfe était chef d'état-major adjoint de l'armée de terre, et ne devint chef d'état-major que quelques mois après la fin des hostilités, la prestation de l'armée de terre pendant la « Tempête du désert » ne fût pas sans mérites, elle n'avait en rien été exceptionnelle. D'autant que comparés au rôle de vedette qu'avait joué l'armée de l'air en se livrant à trente-huit jours de bombardements démentiels, les quatre jours de guerre terrestre pendant lesquels l'armée de terre avait balayé les obstacles ne lui avaient pas suffi pour apporter à son arme la gloire tellement attendue. En tant qu'officier connaissant l'armée de terre comme le fond de sa poche, il savait mieux que quiconque quel était le nœud du problème concernant ces trois armes vénérables, au moment de cette guerre qui allait faire date. Même si le prestige de l'armée de terre était à son apogée quand il prit ses fonctions pour l'opération « Tempête du désert », et si cette armée était devenue une force militaire encore supérieure depuis qu'elle n'avait plus de rivale du fait du déclin de l'armée soviétique, ce qui n'était un secret pour personne, il exprima avec beaucoup de clairvoyance une inquiétude prophétique pour les hommes du rang. Sa principale crainte était qu'avec la retombée soudaine de la tension de la guerre froide, la structure de l'armée de terre ne donne des signes de vieillissement et que les hommes politiques pressés de toucher les dividendes de la paix n'empêchent cette armée de franchir le seuil du XXIe siècle et de maintenir sa prééminence parmi les armées du monde. Le seul moyen de lui redonner vie était de lui faire absorber un puissant remède et de lui faire subir un remodelage complet. Dans ce but, il soumit divers projets de construction d'une « armée de terre du XXIe siècle » entièrement nouvelle, dont chaque élément, « depuis les abris enterrés jusqu'aux usines », serait refaçonné [1]. Afin de réduire au maximum les effets des pratiques bureaucratiques pernicieuses aux divers échelons, il commença par créer une « Force d'intervention et de manœuvre de Louisiane » de 1 100 personnes placée seulement sous son commandement direct, et s'aida des expériences et des leçons tirées de la guerre du Golfe pour modeler cette force spéciale, souvent appelée « force numérisée ». En outre, il profita de la réussite de l'expérience consistant à remplacer un gros effectif par un effectif réduit tout aussi efficace, pour amener l'armée de terre à la lisière de la guerre de l'information, la portant d'un seul bond à l'avant-garde de toutes les forces armées. Du même coup, il conduisit l'armée de terre sur une voie certes hardiment novatrice mais aux perspectives difficiles à prévoir. Pendant tout ce processus, ce qu'il ne saisit pas clairement, c'est qu'en procédant à une réforme, tout aussi séduisante fût-elle, il ne devait pas faire abstraction des motivations égoïstes de chacune des forces armées : la part du gâteau réservée aux dépenses militaires avait diminué en quelques dizaines d'années et la part prévue pour l'armée de terre était plus importante que celle des autres armes.

Le successeur de Sullivan, le général Reimer, connaissait bien son affaire lui aussi et approfondit les réformes sur la base des plans établis par son prédécesseur[2]. Chacun sait que la création d'une force numérisée entraîna des dépenses gigantesques, et là où Sullivan et Reimer montrèrent leur habileté, c'est qu'ils mirent à profit le fait que dépenser plus d'argent permet précisément d'en demander plus. De « l'armée de terre du XXIe siècle » à « l'armée de terre de l'après-2010 » jusqu'à « l'armée de terre du futur », soit deux pas pour gravir trois marches, ils se servirent comme appâts d'objectifs de développement assez convaincants et obtinrent, avec l'appui du Capitole, un accroissement des dépenses militaires pour bâtir cette armée de terre. Quant aux politiciens, totalement ignorants des questions militaires, qui n'avaient pas nécessairement abouti à de nouvelles conclusions et n'avaient pas trouvé de nouvelles méthodes pour imposer leur point de vue aux généraux, ils craignaient plus que tout de paraître ridicules, et aucun d'entre eux n'osa parler librement face à un homme qui pouvait être le prochain président. En fait, quel que soit le tumulte causé par « l'armée numérisée », le moment où une décision finale sur la validité de ce projet sera prise est encore loin. Si l'on s'en tient à la méthode standard de l'armée de terre américaine dont le cycle d'achat d'un nouvel armement va du besoin exprimé par les militaires jusqu'aux études et à la fabrication par le secteur industriel puis aux essais par l'armée, on se rend compte que c'est un processus qui peut bien prendre dix ans. En outre, les deux rythmes incompatibles – la « loi des dix-huit mois » pour le développement d'un ordinateur et la « règle des soixante jours » pour la technologie des réseaux – rendent très difficiles pour la « force numérisée » la conception d'une technique et la création d'une force militaire. De ce fait, obligé d'adopter continuellement de nouvelles techniques, le commandement de l'armée en devint une véritable toupie. Et dans cette ronde épuisante pour tenter de faire face, il est impossible de savoir à quel saint se vouer et, finalement, rien ne se fait[3]. Sur ce seul point, vouloir lier le sort d'une arme [l'armée de terre] à la popularité d'un certain type de technique – projet hardi et d'avant-garde – n'est pas véritablement le moyen le plus évident du développement de l'armée du futur. En outre, qui oserait aujourd'hui affirmer avec certitude que, dans les guerres futures, ces lourdes dépenses ne deviendront pas une *ligne Maginot électronique* dont la faiblesse viendra justement d'une dépendance excessive à l'égard d'une technique unique[4].

En ce qui concerne l'armée de l'air, le général Dugan, qui avait son franc-parler, fut relevé de ses fonctions, et ce fut un général de l'armée de terre qui commanda les forces aériennes pendant toute la durée de la « Tempête du désert », ce qui ne les empêcha pas tous deux de devenir les grands vainqueurs de la guerre du Golfe[5]. Le principe fondateur de l'armée, « allonge mondiale, puissance mondiale », était pour la première fois soumis à l'épreuve du feu. L'armée de l'air fut la force qui à elle seule remplit des missions stratégiques et offensives planifiées sur tous les fronts. Aussi ne fut-elle jamais dans une position de toute-puissance aussi marquée[6]. Cette situation incita le général McPeak, stimulé par ses succès, ainsi que son successeur, à aller encore plus loin. Tous deux estimèrent qu'une victoire suffisait à tenir désormais le premier rôle au sein des trois armes. L'armée de l'air, créée il y a cinquante ans à partir d'une côte prélevée sur l'armée de terre, n'était plus le parent pauvre – des ailes lui avaient soudain poussé lorsqu'elle avait touché l'éléphant dans le Golfe. Même si les chefs d'état-major de l'armée de l'air et de l'armée de terre, Fogleman et Reimer, étaient dans le même état d'esprit et même si, ayant vécu la guerre du Golfe, « les deux armes avaient une bonne compréhension des opérations en temps de guerre pour le XXIe siècle », « les relations entre l'armée de terre et l'armée de l'air se tendirent lorsque les deux armes tentèrent de concrétiser et de mettre en pratique les enseignements de la guerre du Golfe[7] ». La raison en est très simple : ni l'armée de l'air, dont les ailes étaient devenues plus longues et puissantes, ni l'armée de terre, qui se considérait comme l'autorité suprême sur terre, n'étaient prêtes à abandonner à l'autre le droit de contrôler le commandement opérationnel. Cette rivalité entre les deux armes, où ceux qui s'accrochaient à leur point de vue semblaient justifiés à le faire mais découvriraient après avoir surmonté leurs différends combien elle leur avait été préjudiciable, fit que chaque réunion entre les chefs destinée à organiser des armées unifiées devint une pure formalité qui ne régla aucun problème, ce qui empêcha de profiter efficacement des nouveaux acquis de la guerre du Golfe. Il suffit de jeter un coup d'œil aux plans et règlements successifs publiés par les deux armes après la fin de la guerre pour s'en rendre compte.

Ce qu'il faut bien voir, c'est qu'après la guerre l'armée de l'air ne se contenta évidemment pas de participer aux luttes de pouvoir avec les deux autres armes. Tirant les leçons positives de ses campagnes offensives – objectif principal de la « Tempête du désert » –, les chefs de l'armée de l'air organisèrent toutes leurs troupes de combat en escadrons mixtes, conformément aux modèles qui avaient fait leurs preuves. Puis ils utilisèrent la méthode « moins sept plus quatre » pour réorganiser complètement le mécanisme de commandement de l'armée de l'air tout entière. Ils en sont actuellement à tester la formation d'un corps expéditionnaire de l'armée de l'air capable d'atteindre n'importe quelle zone du monde dans les 48 heures et de conserver sa capacité de combat pendant toute la durée d'une crise ou d'un conflit. L'armée de l'air, qui a toujours montré un formidable enthousiasme pour la guerre électronique et même pour la guerre informatique, avait été la première à créer un centre sur la guerre informatique avant même que Sullivan ne crée sa force numérisée. Ces mesures sont bien sûr directement liées aux résultats de la guerre du Golfe. Ce qui est regrettable, c'est qu'une tentative aussi profitable n'ait pas réussi à abattre les frontières entre les armes, avec pour conséquence le fait que l'appel ancien à des « opérations combinées inter-armes » est resté un simple mot d'ordre, comme auparavant. Cependant, tout cela n'a pas empêché les généraux de l'armée de l'air de suivre l'exemple de leurs collègues de l'armée de terre et d'utiliser les changements positifs au sein de chaque arme et les luttes positives à l'extérieur comme deux roues motrices pour faire avancer leurs intérêts propres. Une arme figée, sans nouveaux projets, est incapable de tirer un *cent* de l'escarcelle des parlementaires chargés de l'attribution des crédits réservés aux armées. À cet égard, l'armée de l'air a sa petite méthode de calcul personnelle [8]. Dans la lutte de plus en plus vive entre les armes pour l'attribution des crédits, les systèmes d'armes spatiaux sont un atout puissant pour l'armée de l'air. Même si le projet de « Guerre des étoiles » proposé par le président Reagan apparut d'emblée comme un bluff et si deux présidences plus tard il ne présente toujours pas une véritable capacité de combat, l'enthousiasme des Américains pour la construction d'une force de combat dans l'espace ne s'est toujours pas refroidi[9]. Profitant de cet enthousiasme, plusieurs chefs de l'armée de l'air réussirent à obtenir le maximum de crédits pour leur arme. Le chef d'état-major de la force spatiale, le général Estes, dit un jour : « La prestation des forces spatiales pendant la guerre du Golfe a prouvé qu'elles avaient le potentiel nécessaire pour être utilisées indépendamment. » Quant à savoir si la réalité est conforme à cette déclaration, il est à craindre que Dieu seul le sache.

Si l'on peut considérer la guerre du Golfe comme un gros éléphant, on pourrait dire que l'étrave de la marine américaine en a à peine effleuré les poils, ce qui revient à dire qu'elle ne les a pas touchés du tout. C'est peut-être justement pour cette raison que la transformation de la pensée stratégique la plus douloureuse de toute l'histoire de la marine commença avec le retour des fiers et arrogants matelots restés sur le banc de touche pendant la « Tempête du désert ». Pendant un an et demi, cette souffrance tourmenta ces soldats dotés de branchies. Puis un livre blanc intitulé *De la mer à la terre* présenté par plusieurs capitaines de frégate et de vaisseau fut posé sur le bureau du secrétaire d'État à la marine. Ce document s'écartait nettement du dogme du père spirituel de la marine américaine, Mahan. Une fois cet écrit vénérable remis en cause, les batailles navales décisives pour la maîtrise des mers ne devaient jamais plus constituer la mission sacrée et éternellement immuable de la marine. Au contraire, pour la première fois, l'assistance portée lors des combats côtiers et terrestres devenait sa mission principale. Cela revenait à transformer des requins à longue queue croisant au large en des crocodiles à courte gueule pataugeant dans la vase. Le plus surprenant, c'est que de telles dispositions hétérodoxes allèrent jusqu'à être ratifiées par le secrétaire d'État à la marine, le secrétaire d'État aux opérations maritimes et le chef d'état-major des marines, débouchant ainsi sur la contribution écrite la plus marquante pour la marine depuis *L'Influence de la puissance maritime dans l'Histoire,* de Mahan*. Des changements stratégiques brusques et hardis ont favorisé une importante amélioration de cette force qui était à la recherche d'une voie régénératrice sur fond de bouleversements de la structure de la configuration mondiale. Bien que les objectifs que s'est fixés la marine ne soient pas aussi radicaux que ceux de l'armée de terre ni aussi ambitieux que ceux de l'armée de l'air, sa transformation est de toute évidence plus fondamentale et plus complète. En faisant ses calculs, la marine, qui n'est en rien inférieure à l'armée de terre et à l'armée de l'air, veut évidemment faire d'une pierre deux coups : se transformer et obtenir des crédits. Mais pour une arme qui n'a pas joué un rôle significatif durant une guerre majeure, il est nécessaire de présenter un projet aussi séduisant que possible et de procéder à la réforme la plus profonde possible pour s'assurer une part fixe du gâteau des profits de l'après-guerre, et même tenter ambitieusement d'en obtenir une plus grosse part. Ainsi, deux ans après avoir publié *De la mer à la terre*, la marine publia un nouveau livre blanc, *Position avancée... de la mer à la terre*[10], et injecta de nouvelles hormones dans la stratégie de la marine sous la forme de textes plus

* Mahan, Alfred Thayer, *The Influence of Sea Power upon History, 1660-1793*, Dover Pub., 1987 ; *L'Influence de la puissance maritime dans l'Histoire*, trad. E. Boisse, Tchou, 2001.

dynamiques comme *L'Existence de la position avancée*, *Déploiement de la position avancée*, et *Combat de la position avancée*. Deux ans plus tard, le commandant opérationnel de la marine, l'amiral Boorda, présenta *Nouveaux concepts navals pour l'année 2020*. Après qu'il se fut suicidé pour racheter l'honneur de ses soldats qu'il avait sali, son successeur, l'amiral Johnson, suivit les règles établies pour entreprendre les réformes engagées par tous ses prédécesseurs. Il choisit « l'intervention en temps de paix, la menace et la prévention des conflits et le combat victorieux » comme responsabilités majeures de la marine au XXIe siècle. Ce qui ne changea pas, c'est que, à l'instar de ses prédécesseurs, il fit de la marine l'axe principal de tous ses projets et de ses exceptions. Cette fois, son raisonnement est que dans les nombreuses missions que l'armée américaine doit assurer à l'étranger, l'armée de terre a besoin d'obtenir l'appui de nombreuses zones territoriales pour se déployer et que l'armée de l'air dépend trop des bases dans les autres pays. Seule la marine a la liberté de croiser dans n'importe quel espace maritime et a la capacité d'utiliser de nombreux moyens pour participer au combat. La conclusion évidente, c'est que la marine doit devenir le noyau d'une force de combat combinée. L'idée de cet amiral est extrêmement claire ; il suffit que sa théorie obtienne l'accord des chefs des trois armes et du ministère de la Défense, la conséquence logique sera l'attribution prioritaire de crédits à son arme. D'après ce qui a été divulgué du budget de la Défense américaine pour 1998, au cours des dix dernières années, la marine et les corps des marines sont les deux domaines de toute l'armée qui ont subi le moins de réduction de crédits. Les chefs de la marine ont toujours obtenu ce qu'ils demandaient [11].

Ce qui a été analysé et souligné plus haut, c'est l'orientation générale de l'armée américaine depuis la fin de la guerre du Golfe et la situation actuelle de fracture entre les différentes armes. On sera peut-être ému par tous les efforts des militaires américains pour résumer cette guerre et l'on sera peut-être influencé par les différentes méthodes qu'ils ont adoptées pour protéger les intérêts de leur arme respective. Toutefois, on éprouvera en même temps, peut-être, beaucoup de regrets que tant de soldats hors du commun et tant d'esprits remarquables soient si divisés au sein même de l'armée et y passent leur temps à « se tirer dans les pattes » et à contrecarrer les actions des uns et des autres, à tel point que ces armes, chacune apparemment si puissante, finissent quand même par constituer une armée américaine, malgré un rythme général troublé par tant de sons discordants.

Syndrome de l'extravagance et « zéro mort »

Utiliser des armes coûteuses pour réaliser ses objectifs et réduire les pertes humaines sans regarder à la dépense – type de guerre réservée aux riches – est un jeu auquel excellent les Américains. La « Tempête du désert » a manifesté une fois de plus l'extravagance débridée des Américains en matière de guerre, laquelle a désormais atteint le stade de l'accoutumance et de la manie. Des avions, qui coûtent en moyenne 25 millions de dollars chacun, ont procédé à 11 000 bombardements démentiels pendant une période de 42 jours, détruisant le siège du parti Baas à l'aide de missiles guidés *Tomahawk* dont chaque exemplaire coûte 1,3 million de dollars, et visant des abris enterrés avec des bombes guidées de précision valant des dizaines de milliers de dollars... Même si les généraux américains avaient su au départ qu'il n'était pas nécessaire de dépenser tant pour ce fastueux banquet guerrier – qui revint à 61 milliards de dollars –, ni d'adopter ce style de bataille ostentatoire qui consiste à « tirer des oiseaux avec des balles en or », ils n'auraient pas échappé au sentiment d'avoir fait preuve d'une extravagance excessive. Un bombardier fabriqué par les Américains est comme une montagne d'or volante – il coûte plus cher que beaucoup de ses cibles. Le fait de frapper des cibles vraisemblablement insignifiantes avec des tonnes de dollars américains ne devrait-il pas faire naître des doutes ? Par ailleurs, pendant une longue période de 161 jours, plus de 520 000 hommes et plus de 8 millions de tonnes de matériel furent transportés nuit et jour d'Amérique et de toute l'Europe jusqu'au front, dont des milliers de chapeaux de soleil inutiles, entassés au fond des entrepôts depuis des dizaines d'années et de fruits américains qui pourrissent par conteneurs entiers sur le port de Riyad. Pour le commandant en chef chargé du soutien logistique, le général de brigade Pagonis, ces activités de sauvegarde, d'ampleur phénoménale, à la fois chaotiques et extravagantes, représentent un exemple de transports naval et aérien « sans doute inconnu dans l'Histoire ». Selon la formulation expressive du ministère américain de la Défense, il consista à transporter toutes les commodités de la vie de Jackson, capitale du Mississippi, en Arabie saoudite. De tous les soldats du monde, il est probable que seuls les soldats américains considèrent cette extravagance nécessaire pour gagner une guerre [12].

Ce qui surprend, c'est justement ce point. Le Pentagone qui, dans un esprit commercial, avait été entièrement remanié par McNamara, n'a jamais su faire que des *guerres fastueuses* où l'on ne se soucie pas des coûts [13]. Même la commission des forces armées de la Chambre des représentants, instance qui se livre fréquemment à des joutes oratoires avec des généraux quatre étoiles sur les questions d'argent, ne dit pas même un mot des dépenses effarantes occasionnées par cette guerre. Dans les rapports d'enquête respectifs qu'ils publièrent sur la guerre du Golfe, le rôle clé des armements de haute technologie fit l'objet d'appréciations presque toutes élogieuses. Le secrétaire à la Défense Cheney déclara : « Nous avons une bonne génération d'avance dans le domaine de la technique des armements. » Et le membre du Congrès Aspen répondit : « Les avantages démontrés par les armements high-tech ont dépassé nos estimations les plus optimistes. » Si l'on ne perçoit pas le ton discordant de cette autoglorification et que l'on considère seulement que ces personnages sont satisfaits d'avoir pleinement réalisé leurs objectifs guerriers en infligeant une défaite à l'Irak au moyen d'armes de haute technologie, on pensera que ce ne sont que les propos insensés typiques de ces tenants de la théorie selon laquelle la technique garantit la victoire, sans comprendre le sens véritable de la guerre à l'américaine. Ce qu'il faut savoir, c'est que c'est une nation qui n'a jamais voulu payer le prix de la vie et qui a toujours, en outre, revendiqué la victoire quel que soit le prix matériel à payer. L'apparition des armes de haute technologie permet désormais de satisfaire cette folle prétention du peuple américain. Pendant la guerre du Golfe, sur les 500 000 soldats présents, il n'y eut que 148 morts et 458 blessés. L'objectif dont ils rêvaient depuis longtemps – zéro mort – a été presque réalisé. Depuis la guerre du Vietnam, l'armée comme la société américaines sont d'une sensibilité presque morbide à l'égard du risque que des actions militaires puissent entraîner des victimes. Réduire les pertes et atteindre les objectifs militaires pèse également dans la balance militaire américaine. Les simples soldats américains, qui devraient être des combattants sur un champ de bataille, représentent actuellement la valeur la plus précieuse de la guerre, et sont devenus comparables à des vases de porcelaine qu'on a peur de briser. Tous les adversaires qui ont déjà croisé le fer avec l'armée américaine ont sans doute compris le secret de la réussite – si l'on n'arrive pas à battre cette armée, il faut tuer ses soldats du rang [14]. Ce point est indéniablement confirmé par la déclaration sans ambiguïté d'un rapport du Congrès insistant sur le fait que « réduire les pertes humaines est l'objectif le plus élevé dans l'établissement d'un plan ». « Rechercher zéro mort », slogan simple empreint de commisération, est en fait devenu le principal argument de la création de la guerre extravagante à l'américaine. Ainsi, l'emploi immodéré d'avions furtifs, de munitions de précision, de nouveaux chars et d'hélicoptères, de même que les attaques à longue distance et les tapis de bombes, tout cela – aussi bien les armes que les procédures – a ce double objectif presque contradictoire : remporter la victoire sans essuyer de pertes.

La guerre conçue dans ce cadre équivaudrait à saigner un poulet avec un couteau fait pour égorger un bœuf. Ses caractéristiques – haute technologie, investissement élevé, forte consommation, fort retour sur investissement – font que les exigences en matière de stratégie et d'art du combat sont bien plus élevées que les exigences en matière de performance technique de l'armement. Même dans cette guerre victorieuse dont l'ampleur fut celle d'une simple campagne, il n'y eut pas une seule bataille digne d'éloges. Par rapport aux techniques avancées dont elle dispose, l'armée américaine est nettement stationnaire sur le plan technique et elle est incapable de profiter des occasions que lui offrent les techniques nouvelles pour innover en matière de tactique. En dehors du choix de l'emploi efficace des armements high-tech, on ne voit guère de différence entre la pensée militaire américaine révélée par cette guerre et celle des autres pays ; en tout cas, si différence il y a, elle n'est certainement pas aussi importante que la différence entre les divers équipements militaires. C'est peut-être précisément la raison pour laquelle cette guerre n'a pas été un chef-d'œuvre de l'art militaire, mais plutôt, dans une grande mesure, un salon luxueux des armes high-tech dont les États-

Unis étaient les représentants. Et c'est à partir de là qu'a commencé à se propager à l'échelle mondiale le syndrome de l'extravagance guerrière à l'américaine. D'énormes quantités de dollars ont écrasé l'Irak, tandis qu'elles laissaient abasourdis pour un temps les militaires du monde entier. En tant que premiers fournisseurs d'armes du monde, les Américains furent évidemment comblés. Face à cette guerre typique, caractérisée par des techniques avancées, un type de combat unique et des dépenses énormes, pareille à un long métrage hollywoodien – intrigue simple, effets spéciaux compliqués et modèle répétitif –, on mit beaucoup de temps après la guerre pour comprendre les principaux ressorts de cette affaire complexe. Et l'on crut que la guerre moderne devait être faite de cette manière, faisant éprouver un sentiment d'infériorité aux peuples qui ne pouvaient pas mener ce genre de guerre extravagante. C'est ce qui explique que depuis la guerre du Golfe les forums militaires de tous pays sont envahis par une faction réclamant des armes high-tech et appelant à des guerres high-tech.

À propos de l'inventeur génial Thomas Edison, le poète Jeffers écrivait : « Nous (...) sommes doués pour les machines et passionnés par les articles de luxe. » Les Américains ont un fort penchant inné pour ces deux choses et ils ont tendance à rechercher l'excellence et la perfection de la technique, et même à transformer les machines, y compris les armes, en articles de luxe. Le général Patton, qui aimait arborer des pistolets à crosse d'ivoire, est typique de ce comportement. Cette inclination les conduit à manifester de manière rigide une passion confinant à la superstition à l'égard de la technique et des armes, et à toujours penser que c'est par ce moyen qu'ils trouveront le chemin de la victoire. Elle les conduit aussi à toujours redouter que leur position dominante en matière d'armements ne soit ébranlée, et ils s'emploient continuellement à réduire cette inquiétude en fabriquant toujours plus d'armes nouvelles et complexes. Le résultat, c'est que lorsque les systèmes d'armes qui deviennent chaque jour plus lourds et plus complexes entrent en conflit avec les principes simples du combat réel, les Américains privilégient toujours les armes. Ils préféreraient considérer la guerre comme un marathon où leur concurrent serait la technique militaire, plutôt que de l'envisager comme une épreuve d'esprit, de courage, de sagesse et de stratégie. Ils pensent que tant que les Edison d'aujourd'hui ne s'endorment pas, la voie de la victoire leur sera toujours ouverte. Pareille confiance en soi leur a fait oublier une réalité simple : la guerre n'est pas tant une course, où rivalisent des techniques et des armes, qu'un terrain de jeu où la balle change continuellement de camp en raison de nombreux facteurs indéterminés. Porter des survêtements Adidas et des chaussures Nike ne garantit pas la victoire.

Or les Américains ne semblent pas comprendre cela. L'Oncle Sam, qui pendant la guerre du Golfe a goûté aux délices d'une victoire remportée grâce aux techniques de pointe, est à l'évidence décidé à conserver sa position dominante dans le domaine technique sans lésiner sur les coûts. Malgré un grave problème de financement qui risque de les empêcher de continuer à ce rythme, les Américains n'ont pas réussi à modérer leur passion, qui confine à l'entêtement, pour les nouvelles technologies et les armes. Apparemment, la liste des armes, d'un coût faramineux, dressée en permanence par l'armée américaine et approuvée par le Congrès ne va cesser de s'allonger[15], et la liste des pertes américaines lors des guerres futures ne restera pas forcément fixée à « zéro » par la grâce d'un simple vœu pieux.

Groupe – corps expéditionnaire – armée intégrée

« De quel type d'armée l'armée de terre américaine aura-t-elle besoin au XXIe siècle ? » C'est la question qui a tracassé cette dernière pendant les dix dernières années du XXe siècle [16]. Durant la guerre du Golfe, sa piètre performance et l'effet des armes high-tech sur le rythme du combat ont produit un contraste marqué. L'armée de terre américaine, qui a toujours été plus conservatrice que la marine et l'armée de l'air, a fini par comprendre la nécessité d'engager une réforme du système de gestion de ses effectifs. Ce qui est intéressant, c'est que cette fois la résistance ne vint pas des hautes sphères mais des anciens généraux de division nouvellement promus à des grades supérieurs et des nouveaux généraux de division qui leur avaient succédé. Ils subirent les attaques d'un groupe de colonels et de lieutenants-colonels qui avaient reçu des éloges du chef d'état-major de l'armée de terre. La lutte séculaire entre le « clan des divisionnaires » et le « clan des brigadistes » fit rage à nouveau ; chacun campait sur ses positions et personne ne voulait céder. Les « divisionnaires » qui, pour la plupart, avaient deux ou trois étoiles sur leur épaulette considéraient que les effectifs des divisions, qui venaient de subir l'épreuve de la guerre, pouvaient être légèrement modifiés mais qu'il n'était pas nécessaire de les bouleverser. Et les « brigadistes », portant des insignes en forme d'aigle et de feuille d'érable, avaient un point de vue diamétralement opposé, considérant que c'étaient justement les divisions de l'armée de terre qui n'avaient pas pu passer le test de la guerre et qui devaient donc subir une opération majeure. Trois projets – les « troupes d'élite », les « troupes en modules » et les « troupes à base de brigades » – furent soumis au général Sullivan. Même si ce chef d'état-major incarna admirablement la « nouvelle réflexion pour les opérations futures » du troisième projet, il ne réussit pas à le faire accepter par la majorité des généraux. Le résultat, c'est qu'après avoir été relevé de ses fonctions, on aboutit à un compromis entre les conservateurs et les réformistes. En janvier 1996, sur la base de la 4e division mécanisée, l'armée de terre américaine organisa une nouvelle division expérimentale de 15 800 hommes[17]. La position du « clan des divisionnaires » l'emporta nettement. Toutefois, les « brigadistes » n'avaient pas l'intention d'en rester là. Ils persistèrent à considérer que « les effectifs de la division étaient trop importants et trop lourds et qu'ils auraient du mal à répondre aux exigences du combat du XXIe siècle ». Les effectifs de la division, qui avaient commencé à être constitués à l'époque des fusils à courte portée, devaient être entièrement abandonnés et remplacés par un nouveau type d'armée de terre formée, pour le combat de base, de nouvelles brigades de cinq, six mille hommes. Pour atténuer le sentiment de rejet parmi les généraux, on leur manifesta un semblant du vieil usage en matière de respect à l'égard des sentiments humains en conservant dans le nouveau projet le même nombre de postes de généraux que dans l'ancienne armée de terre[18]. Au moment critique de l'inépuisable débat entre les « divisionnaires » et les « brigadistes », le directeur du Laboratoire du commandement de combat de l'armée de terre, le colonel Mike Leigh, fit entendre un autre son de cloche. Dans son livre, *Détruire les phalanges*, il préconise d'abandonner les deux systèmes de la division et de la brigade, et de les remplacer par douze groupements de combat de 5 000 hommes environ. La nouveauté de sa proposition consiste à sortir du schéma rebattu des effectifs plus ou moins nombreux et d'opter pour la méthode du jeu de construction, selon les besoins du temps de guerre, pour constituer des effectifs adaptés à la mission à accomplir. L'émoi causé dans l'armée de terre par son point de vue a dépassé d'une certaine façon les prévisions, au point que le général Reimer conseilla à tous les généraux de lire son livre[19]. L'actuel chef d'état-major a peut-être fait preuve d'une grande clairvoyance en reconnaissant que, même si les idées des colonels n'étaient pas la pilule miracle pour résoudre les difficultés, elles n'en étaient pas moins le remède magique pour provoquer la mue des vieux soldats habillés en généraux en les faisant sortir de leur cocon intellectuel.

En fait, le concept de « groupement de combat » n'avait rien de nouveau pour l'armée de terre. On considérait généralement que la réforme des « divisions atomiques en cinq groupements[20] » des années 1950-1960 avait été un essai raté et on lui avait même reproché d'être une des causes indirectes de la mauvaise performance de l'armée américaine pendant la guerre du Vietnam. Or, pour Mike Leigh, un enfant né avant terme n'était pas nécessairement incapable de parvenir à l'âge adulte. Si l'on considère que le « groupement » né il y a trente ans n'était pas né au bon moment, aujourd'hui on pourrait dire à son sujet que sa naissance était la bienvenue. L'armement moderne a suffi à ce qu'une force relativement faible numériquement ne soit en rien inférieure aux forces autrefois beaucoup plus nombreuses, en terme de puissance de feu et de mobilité. L'apparition du C4I permit en particulier au combat intégré de différentes armes se complétant mutuellement de devenir le nouveau point de croissance en termes de puissance de combat. Si l'époque actuelle n'a toujours pas renoncé au système des divisions ou des brigades au grand complet avec leurs dix-huit types d'armes, on peut vraiment dire que ce système est incompatible avec les besoins actuels. Et même si le développement de la technique militaire marque l'émergence de nouvelles techniques de pointe, ce n'est qu'un tournant, qui n'entraînera pas automatiquement une pensée militaire avancée et des créations institutionnelles. De même qu'une bonne nouvelle en cache cent mauvaises, la position dominante en matière de technique militaire et d'armements cache la réalité : l'armée américaine n'est guère différente en matière de création institutionnelle et de théorie militaire ; elle est dans les deux cas nettement en retard par rapport aux techniques de pointe dont elle dispose. Dans ce sens, recourir au « groupement » pour détruire les phalanges organisées en divisions et en brigades est l'idée la plus créative concernant les effectifs de l'armée de terre depuis la guerre du Golfe, qui représente le nouveau courant réformiste de l'armée américaine en matière d'effectifs. À la différence de l'armée de terre, l'armée de l'air et la marine n'ont pas la tradition des « phalanges » aussi profondément enracinée. Le rythme de leur réorganisation est relativement plus souple. En particulier, l'armée de l'air a utilisé opportunément l'élan de la « Tempête du désert » pour se débarrasser d'un seul coup du système des divisions et a saisi l'occasion pour remplacer toutes les divisions de combat par des divisions intégrées. Elle a été la première à mener à bien la première série de réformes des effectifs. Après que le nouvel objectif stratégique, « allonge mondiale, puissance mondiale », eut été choisi, l'armée de l'air continua à agiter les ailes de la réforme et commença à tester le projet de création d'un « corps expéditionnaire aérien » proposé par le général de division John Jumper. Selon cet officier, le soi-disant « corps expéditionnaire aérien » est une force efficace de 1 175 hommes et 34 appareils réunis pour s'assurer la maîtrise des airs, opérer des attaques aériennes, neutraliser la défense anti-aérienne ennemie, se ravitailler en vol, etc., capable de se rendre sur un théâtre d'opérations en quarante-huit heures et de conserver sa capacité de combat aérien pendant toute la durée d'un conflit. À cet égard, on peut dire que la vitesse de réaction de l'armée de l'air américaine est supersonique. Elle a actuellement créé trois « forces expéditionnaires aérospatiales » et a également achevé le déploiement de troupes réelles. Lorsqu'elle commença à constituer les 4e et 5e forces de ce type, les trois précédentes avaient déjà joué un rôle de premier plan dans des opérations comme la « Veille du Sud » et le « Tonnerre du désert [21] ».

En ce qui concerne la marine, comme elle dispose déjà de la nouvelle stratégie dite « Position avancée... de la mer à la terre », la constitution d'une force expéditionnaire combinant la flotte et des forces terrestres semble logique. Contrairement à l'armée de terre qui fait de gros efforts pour éviter les difficultés et à l'armée de l'air qui charge comme un ouragan, la marine est plus encline à polir son concept de « Force expéditionnaire navale » au travers de manœuvres et de combats réels répétés. Depuis la création, en mai 1992, des opérations *Ocean Risk* du quartier général de l'Atlantique, *Double Assault* du quartier général européen, *Silent Killer* du quartier général du Pacifique et l'exécution des manœuvres *Sea Dragon* des forces terrestres, jusqu'à l'instauration de la zone d'exclusion aérienne « Veille du Sud » dans le sud de l'Irak, au lancement de « Guerrier vigilant », opération destinée à exercer une menace contre l'Irak, ainsi que de *Restore Hope* en Somalie, *Capable Guard* en Bosnie-Herzégovine et *Preserve Democracy* en Haïti, à chaque fois la marine s'employa inlassablement à expérimenter son nouveau mode d'organisation [22]. La mission assignée à sa Force expéditionnaire navale, composée d'une escadre de combat autour d'un porte-avions, d'une force de protection amphibie et d'une force d'intervention du corps des marines, était le contrôle rapide des mers associé au combat dans les régions côtières. Ce qui étonna le plus et surprit agréablement la marine ce fut l'approbation par le Congrès du budget nécessaire à l'acquisition du matériel de débarquement amphibie équipant ce corps expéditionnaire [23] ; du fait de la partialité des politiciens américains à l'égard de la marine, partialité voisine d'une sorte de complexe, cette dernière et surtout les marines ayant en effet été traités avec froideur depuis la fin de la guerre du Golfe, alors qu'après l'adoption de son nouveau système organisationnel, la marine était pleinement convaincue d'occuper la première place au sein de l'armée américaine.

La réforme organisationnelle mise en œuvre après la guerre du Golfe a permis non seulement d'harmoniser les structures internes de l'armée américaine mais aussi de stimuler des transformations concernant la conception des armements et la tactique, et même d'avoir un effet considérable sur la stratégie générale des États-Unis. Le « Corps expéditionnaire » de petite taille, souple et rapide, pouvant être utilisé pour des attaques militaires ainsi que pour remplir des missions militaires non guerrières, est devenu le modèle du nouveau type d'organisation recherché par les militaires de chaque arme ainsi qu'un outil commode et efficace entre les mains du gouvernement américain. Nous avons découvert que l'apparition de ces quelques « massues meurtrières » remarquablement maniables a même encouragé une tendance dangereuse, ce qui ne laisse pas d'être inquiétant : pour régler les questions internationales, le gouvernement américain apprécie de plus en plus les interventions militaires, intervient de plus en plus rapidement et exerce des représailles pour une vétille. Cette interaction entre armée et gouvernement, entre le militaire et le politique, est en train de susciter dans l'armée américaine un changement profond, mais on peut se demander si ce passage d'une conception organisationnelle à une pensée stratégique n'est pas catastrophique. Actuellement, le ministère de la Défense est en train d'essayer d'organiser les différentes forces expéditionnaires terrestres, aériennes et navales en des « forces expéditionnaires unifiées » intégrées. Il s'agit là de la toute dernière mesure induite par ce changement[24]. Il est toutefois encore difficile de prévoir si ces forces entièrement intégrées, en accomplissant avec promptitude la mission mondiale dévolue au gouvernement américain, ne vont pas, de la même façon, entraîner l'armée américaine et même les États-Unis dans un bourbier dont ils ne sauront plus comment se dépêtrer.

Des campagnes unifiées à la guerre omnidimensionnelle : un pas vers la compréhension totale

Lorsque nous déclarons que la théorie militaire américaine est en retard, nous voulons seulement dire qu'elle l'est par rapport à l'avance de sa technologie militaire. Comparée à celle des autres pays, la théorie militaire américaine, totalement marquée par la technologie, occupera évidemment une position dominante indépassable en matière de guerre high-tech lors d'hypothétiques guerres futures. L'école soviétique d'Orgakov, qui fut le premier à parler d'une « nouvelle révolution des affaires militaires », est peut-être la seule exception.

Conçue lors de la guerre du Golfe, la « révolution des affaires militaires » est apparue avec un réalisme saisissant. Non seulement au sein de l'armée américaine mais chez les militaires du monde entier, ces trois mots sont devenus le slogan à la mode que tout le monde répète tel un perroquet, car cela ne demande pas beaucoup d'efforts d'envier la technologie des autres et d'entonner certains slogans. Les seuls à fournir un effort sont les Américains. Si, à l'occasion de cette révolution des affaires militaires qui a déjà commencé et qui va s'opérer d'emblée de manière globale, les Américains veulent conserver la première place, ce qu'ils auront d'abord à combler, c'est l'écart qui existe entre pensée militaire et technologie militaire. En fait, la « poussière de la guerre à peine retombée », l'armée américaine n'avait pas encore fini de se retirer du golfe Persique, qu'elle commençait déjà une « transfusion intellectuelle » de fond en comble ; ce qui signifie qu'une fois la révolution de la technique militaire engagée, elle organisa des « cours de rattrapage » de la pensée militaire qui n'avait pas suivi au même rythme. Même si, en dernière analyse, ils n'ont pas réussi non plus à abandonner totalement leur goût prononcé pour la technologie, les Américains se trouvent malgré tout dans une phase de « rupture de l'encerclement » assez inhabituelle, et ils ont obtenu des résultats avantageux tant pour l'armée américaine que pour les militaires du monde entier : d'abord l'élaboration du concept de « campagne unifiée », ensuite la formation de l'idée de « guerre omnidimensionnelle ». La formulation « campagne combinée » est apparue dès le numéro un de la publication conjointe du règlement intitulé *Opérations unifiées des forces militaires des États-Unis*, diffusé en novembre 1991 par le Conseil des états-majors de l'armée américaine. Ce nouveau concept, qui dépasse clairement le souffle de la guerre du Golfe, opère une nette percée par rapport aux notions courantes déjà anciennes de « guerre coopérative » et de « guerre contractuelle », et dépasse même la théorie de la « bataille intégrée air-sol » considérée par les Américains comme l'arme magique. Ce règlement soulignait nettement les quatre éléments fondamentaux à mettre en œuvre simultanément dans une « campagne combinée » ; ce sont le commandement centralisé, l'égalité entre les armes, l'unification totale et la profondeur totale. Pour la première fois y était affirmée clairement l'autorité de commandement du chef de l'état-major unifié de la zone de combat. Il y était stipulé que n'importe laquelle des différentes armes pouvait jouer le rôle principal selon la situation. La « guerre intégrée sol-air » était élargie à la « guerre intégrée sol-merair-espace ». Le règlement mettait l'accent sur le combat offensif simultané en profondeur dans tous les espaces de combat. Sous l'impulsion énergique de la Conférence unifiée des états-majors, chaque arme put successivement s'employer à établir les règles qui correspondent aux règles unifiées, afin d'identifier publiquement la tactique nouvelle représentant l'orientation des guerres futures. Même si en privé les différentes armes ne manquent jamais de mettre en évidence leur rôle central, elles souhaitent surtout opérer une unification dont les frontières soient bien délimitées – c'est-à-dire établir clairement leurs domaine et autorité respectifs sur la base des règlements, du droit et des différenciations sur le sentiment de l'honneur propre à chacune d'elles. Le président du Joint Chiefs of Staff, Shalikashvili, n'avait apparemment pas l'intention d'aboutir à un compromis entre les chefs d'état-major des différentes armes. En acceptant la diffusion du texte intitulé *Projet de force combinée pour l'année 2010*[25], représentant le « "modèle" pour amener l'armée américaine à agir conjointement », il a résolument joué le rôle d'un Moïse moderne : en déterminant l'armée américaine à détruire les *barrières interarmes* et à s'engager sur la voie difficile visant à réaliser pleinement des opérations unifiées intégrées, alors qu'un ciel crépusculaire faisait naître le doute.

Bien qu'on se trouve dans un pays comme les États-Unis, où il est facile de propager et d'accepter les innovations, la situation n'est pas aussi simple que le pensait Shalikashvili. À la suite de son départ à la retraite, les critiques à l'égard du « projet de combinaison » furent de plus en plus nombreuses au sein de l'armée américaine et le scepticisme releva la tête. Les marines considèrent qu'ils ne devaient « pas vouer un culte à la "combinaison", et étouffer les futures discussions pertinentes sur l'organisation des armées » ; « le caractère univoque de la combinaison conduira à la disparition des spécificités des différentes armes », ce qui contredit l'esprit américain consistant à « mettre l'accent sur la concurrence et la diversité ». L'armée de l'air suggéra avec beaucoup de tact que « le projet d'unification pour 2010 devait être développé au fur et à mesure de sa mise en pratique et engager les différentes armes à prendre modèle les unes sur les autres », « à une époque de transformation et d'expérimentation, notre réflexion doit être à la fois souple et ferme »[26]. Sur ce sujet, les points de vue de la marine et de l'armée de terre étaient assez voisins et elles montrèrent leur capacité d'anéantir les efforts douloureux de Shalikashvili en un tournemain. Apparemment, il n'y a pas qu'en Orient que les réformes sont abandonnées dès le départ des individus qui les ont engagées. En tant qu'observateurs extérieurs, nous pouvons évidemment regretter qu'on sacrifie une idée valable au bénéfice étroit d'un groupe. Car l'essence des « campagnes combinées » et des « projets combinés » ne réside pas dans la confirmation ou la perte d'un avantage pour telle arme, mais dans la volonté de permettre à chaque arme de combattre réellement de manière unifiée dans un espace de combat centralisé, et de réduire dans la plus grande mesure possible les effets négatifs des initiatives séparées de chaque arme. En attendant un accord sur une méthode permettant d'unifier véritablement les troupes, il s'agit à l'évidence d'une tactique de premier ordre conçue par les hommes. Toutefois, les limites de cette idée appréciable résultent de ce que son point de départ et son aboutissement se situent au niveau de la guerre armée et qu'elle n'étend pas sa « combinaison » à tous les domaines de conflits que l'humanité peut produire. L'insuffisance de cette idée réside dans le fait que, alors que le XXe siècle touche à sa fin, l'on a commencé à concevoir la guerre dans un sens plus large : si l'armée de terre américaine, dans l'édition de 1993 d'*Éléments du combat*, n'avait pas énoncé le concept de « combat omnidimensionnel », nous aurions été frappés par l'« anémie » de la pensée militaire américaine.

Ce document programmatique, qui en est à sa treizième révision, et offre une vision très pénétrante des divers défis auxquels l'armée américaine va peut-être devoir faire face dans les années à venir, fut le premier à évoquer le concept entièrement nouveau d'« opérations militaires non guerrières ». Or c'est ce concept qui permit aux militaires d'envisager la possibilité de mener une guerre tous azimuts et à l'armée américaine de trouver le nouveau vocable extrêmement ambitieux de « guerre omnidimensionnelle ». Le plus drôle, c'est que la personne chargée de réviser l'édition de 1993 d'*Éléments du combat*, et qui fit preuve d'un esprit farouchement novateur, n'est autre que le général Franks, à qui l'on avait reproché son conservatisme en matière d'opérations quand il commandait la VIIe armée dans le Golfe. Si les circonstances ultérieures n'avaient pas modifié l'orientation de la réflexion des Américains, ce chef de l'état-major chargé de l'entraînement et de la doctrine, affecté pour la première fois à ce poste après la guerre, aurait bien failli faire faire une percée historique à la pensée militaire américaine. Bien que dans cette édition d'*Éléments du combat* Franks et les officiers de l'équipe chargée de rédiger les règles militaires aient été incapables de supprimer l'immense incohérence entre les deux phrases « mise en œuvre d'opérations centralisées air, terre et mer soutenues par la totalité du théâtre opérationnel » et « utilisation dans toutes les opérations où c'est possible de tous les moyens disponibles, guerriers et non guerriers, afin d'accomplir résolument au moindre coût toute mission assignée », ils furent encore moins capables de découvrir que, en dehors de la guerre comme activité militaire, il existe aussi la possibilité d'actions de guerre non militaires beaucoup plus larges. Toutefois, ce document signala au moins que la guerre omnidimensionnelle devait présenter les caractéristiques particulières de « profondeur totale, hauteur totale, façade totale, temps total, fréquence totale, moyens multiples » ; or il s'agit précisément de la caractéristique la plus révolutionnaire de ce type de combat jamais apparue dans l'histoire de la guerre[27].

Il est très regrettable que les Américains, et plus exactement l'armée de terre américaine, aient interrompu trop tôt cette révolution. Faisant entendre une voix discordante, Holder, ancien commandant d'un régiment sous les ordres du général Franks puis chef d'état-major en charge de la combinaison des armes à l'état-major chargé de l'entraînement et de la doctrine de l'armée de terre, remit sérieusement en question l'idée de son supérieur. Celui qui était devenu le lieutenant-général Holder n'était plus le fougueux colonel Holder du champ de bataille. Il jouait cette fois le rôle de porte-parole de la tradition conservatrice dans l'armée de terre. De son point de vue, « l'idée selon laquelle les opérations non guerrières obéissent à une série de principes propres n'[était] pas la bienvenue parmi les troupes combattantes ; de nombreux officiers refus[ai]ent la différenciation entre les opérations non guerrières et les opérations militaires au sens originel ». Après la mort de Holder, « il y [eut] un consensus au sein de l'armée de terre pour dire que différencier et traiter à part les opérations non guerrières [était] une démarche erronée ». On considéra que si l'on stipulait les « opérations non guerrières » dans les règlements de base, cela affaiblirait la spécificité militaire des armées et risquait aussi de créer la confusion dans les opérations militaires.

À ce stade d'évolution de la situation, il était inévitable que la révolution lancée par le général Franks avortât. Sous l'impulsion du général Hartzog, nouveau chef de l'état-major chargé de l'entraînement et de la doctrine, le général Holder et l'équipe rédactionnelle responsable de l'édition de 1998 des *Éléments du combat* finirent par apporter un correctif important à la nouvelle version du texte en prenant pour base l'idée d'« un principe unique couvrant tous les types d'opérations militaires de l'armée de terre ». Leur méthode consista à ne plus distinguer les opérations non guerrières et les opérations militaires courantes, mais à classer les opérations de combat en quatre catégories – attaque, défense, stabilisation et appui – et à replacer les missions de sauvetage et de protection que la version originelle avait classées comme opérations non guerrières dans l'ancienne catégorie des opérations de combat, afin qu'elles puissent être régies par des principes de combat unifiés, et permettent carrément d'abandonner le concept de « combat omnidimensionnel[28] ». En apparence, c'était une mesure de réforme radicale et une simplification. Mais en réalité, c'était la version américaine de l'inconscience qui consiste à jeter le bébé avec l'eau du bain. Car tout en éliminant la confusion théorique apportée par le concept d'« opération militaire non guerrière » qui n'était pas encore parvenu à maturité, l'édition révisée des *Éléments* écartait du même coup les fruits d'une réflexion fort valable cueillis inconsciemment. Un pas en avant, deux pas en arrière – c'est apparemment ainsi que les nations font elles-mêmes leur apprentissage.

Néanmoins, pointer du doigt le jugement à courte vue des Américains ne revient absolument pas à dire que la théorie du combat omnidimensionnel soit à l'abri de la critique. Bien au contraire, elle comporte des défauts évidents, tant en ce qui concerne *l'extension* que *la compréhension* [au sens logique] du concept. En effet, la notion de combat omnidimensionnel est beaucoup plus large que celle contenue dans toutes les théories antérieures mais, en ce qui concerne sa nature, elle ne sort toujours pas de la catégorie « militaire ». Ainsi, la notion d'« opérations de combat non militaires » dont nous avons parlé plus haut est beaucoup plus riche de sens que celle d'opération de combat militaire et peut au moins être placée sur le même plan que des domaines et des méthodes de combat comparables, c'est-à-dire hors du champ de vision des militaires américains – or c'est précisément ce vaste domaine où les futurs militaires et politiciens devront exercer leur imagination et leur créativité. On ne peut donc pas le considérer comme omnidimensionnel au véritable sens du terme. D'autant plus que, dans l'armée américaine, on n'a pas encore établi clairement si en dernière analyse le mot omnidimensionnel désignait les dimensions spatiales de la géométrie ou tous les éléments liés à la guerre, ou encore les deux. C'est dire qu'il reste flou et confus. Or si l'on ne réussit pas à établir ce qu'il désigne ni quels sont les liens entre les différentes dimensions, il sera évidemment impossible de développer pleinement ce concept à l'origine si riche de potentialités. En fait, nul n'est en mesure de lancer une guerre dans l'espace tridimensionnel, à 360°, en ajoutant le temps et tous les facteurs non physiques qui entrent dans la notion d'omnidimensionnalité. Toute guerre réelle met toujours l'accent sur un élément ou un autre, et est toujours lancée dans une dimension limitée et conclue dans une autre. La seule différence, c'est que dans un avenir prévisible, les actions militaires ne représenteront pas la totalité de la guerre mais ne seront qu'une des dimensions du multidimensionnel et même si l'on y ajoute seulement les « actions militaires non guerrières » proposées par le général Franks, on ne sera toujours pas dans l'omnidimensionnalité. C'est seulement en ajoutant toutes les « actions de combat non militaires » qu'on accédera à la guerre omnidimensionnelle au plein sens du terme. Ce qu'il faut remarquer, c'est que, depuis la fin de la guerre du Golfe, cette idée n'est jamais apparue dans les recherches théoriques militaires de l'armée américaine[29]. Même si les concepts d'« action militaire non guerrière » et de « combat omnidimensionnel » fourmillent d'idées originales et sont déjà assez proches de la révolution de la pensée militaire inaugurée par la révolution des technologies militaires, on peut dire que nous sommes encore au pied de la dernière paroi à gravir et qu'il reste encore du chemin à parcourir pour atteindre la grande révélation. Or, parvenus à ce stade, les Américains se sont arrêtés. Les *lièvres* américains qui ont toujours été en avance sur tous les pays dans les domaines de la technologie et de la pensée militaire commencent à s'essouffler. Peu importe que depuis la guerre du Golfe les Sullivan ou les Franks aient crié « Allez les lièvres ! » dans les multiples thèses militaires qu'ils ont pu écrire, ils ne pourront plus distancer toutes les *tortues*.

Le moment est peut-être venu pour le lieutenant-colonel Lonnie Henley[30] et les Américains qui avaient émis des doutes sur la capacité des autres pays d'engager une révolution des affaires militaires de se demander en leur âme et conscience :

Pourquoi la révolution n'a-t-elle pas eu lieu ?

NOTES

1. *The 21st Century Army* [L'armée du XXIe siècle] est l'œuvre de Sullivan. Depuis le moment où il prit son poste jusqu'au moment où il le quitta, son enthousiasme ne faiblit pas sur cette question. Même si beaucoup de gens au sein de l'armée américaine et des autres armées ont assimilé son « armée du XXIe siècle » à une « force numérisée », Sullivan ne voit pas les choses de cette façon. Il pense que l'armée américaine devrait continuellement engager des réformes dans le sens de l'« intégration » et que l'armée du XXIe siècle devrait plus être considérée comme « une attitude et une direction » que comme un « plan ultime ». « L'intégration d'une armée du XXIe siècle comprend divers aspects : théorie du combat, système d'organisation, entraînement, formation des officiers supérieurs, équipement et soldats ainsi que les installations de base (*United States Military Theory*, mai-juin 1995). Selon le point de vue général adopté par l'armée américaine, « l'armée du XXIe siècle

est la force armée actuelle menant des expériences opérationnelles de campagne de l'ère de l'information, des recherches théoriques et des plans d'achat d'équipement pour permettre aux troupes de combat au sol d'effectuer des préparatifs afin de mener à bien des missions jusqu'en 2010 » (colonel Robert Jillbour, chef d'état-major adjoint au quartier général chargé de la doctrine et de l'entraînement de l'armée de terre, *Armed Forces Journal*, octobre 1996).

2. Le général Dennis J. Reimer a déclaré : « Le concept d'armée du XXIe siècle est aussi le lien théorique entre "l'armée du XXIe siècle" et "l'armée de demain". "L'armée du XXIe siècle" est le plan que l'armée de terre est train de suivre... "L'armée de demain" est le projet à long terme qui est actuellement en cours de discussion... la coordination entre les trois a déterminé une série complète de changements continuels et ordonnés, visant à garantir que l'armée de terre puisse se développer selon un ordre méthodique. » (Voir le rapport *The 2010 Army Concept*, 1997.)

3. Le renouveau technologique est un phénomène beaucoup plus rapide que celui des armements, et qui cache une contradiction plus profonde : « Les avant-gardistes peuvent facilement se retrouver à la traîne. » (Ce point peut être vérifié à partir du développement du secteur des télécommunications et de l'évolution des ordinateurs.) Il s'agit peut-être d'une des contradictions difficiles à résoudre entre l'armée de métier et la technologie de l'information bâtie sur le modèle de la grande industrie. C'est pourquoi les Américains sont d'une sensibilité maladive à l'égard de la diffusion de toutes les nouvelles technologies de guerre et même des nouvelles technologies civiles.

4. Beaucoup, au sein de l'armée américaine, ont des doutes sur ce point. Le colonel Allen Campen croit qu'« il est risqué d'adopter à la hâte de nouvelles tactiques qui sont encore mal comprises et qui n'ont pas encore été testées » et « que cela pourrait transformer une révolution militaire bénéfique en un pari sur la sécurité nationale » (*Signal*, juil. 1995.)

5. Même si le Joint Force Air Squadron Headquarters commandé par le général Charles Horner recevait ses ordres de Schwarzkopf, au fond c'est à lui que revint la vedette pendant la guerre du Golfe.

6. « Allonge mondiale, puissance mondiale », tel était le projet stratégique de l'armée de l'air américaine après la guerre froide, publié en juin 1990 sous la forme d'un livre blanc. Six mois plus tard, le principe de base de ce projet fut mis à l'épreuve et vérifié pendant la guerre du Golfe.

7. Voir « Army and Air Force Joint War », dans le numéro de décembre 1996 de la revue *Army*.

8. En 1997, les États-Unis proposèrent une nouvelle stratégie

de développement, la *Participation mondiale – projet pour l'armée de l'air américaine au XXIe siècle*. « Notre plan stratégique peut être résumé en une phrase : "L'armée de l'air américaine deviendra la force aérospatiale éminente dans le monde... ce sera une force mondiale permettant aux États-Unis de se montrer partout." » (Voir *Global Participation – The Plan for the United States Air Force in the 21st Century*.)

9. Même si le président Clinton a annoncé l'annulation du projet de « guerre des étoiles », en réalité les États-Unis n'ont pas relâché le rythme de la militarisation de l'espace. *Participation mondiale – projet pour l'armée de l'air américaine au XXIe siècle* signale en particulier que « le premier pas de cette transformation révolutionnaire est que l'armée de l'air américaine devienne une force aérienne et spatiale puis qu'elle se transforme en une force spatiale et aérienne ». Ces transformations successives traduisent évidemment un réaménagement fondamental. Quant au quartier général des vols spatiaux, il met encore plus l'accent sur le rôle de l'armée de l'espace (pour plus de détails, voir *United States Military Space Flight Troops* et *Unified Space Flight Theory*). En avril 1998, la quartier général des vols spatiaux a publié un plan à long terme, *Tentative Plan for 2020*, et proposé quatre concepts opérationnels pour les vols spatiaux militaires : contrôle de l'espace, belligérance mondiale, consolidation totale des forces et coopération mondiale. Dès 2020, le contrôle de l'espace doit avoir atteint cinq objectifs : assurer l'entrée dans l'espace et la sortie de l'espace, surveiller étroitement l'espace, protéger les systèmes spatiaux des États-Unis et de leurs alliés, empêcher les ennemis d'utiliser les systèmes spatiaux des États-Unis et de leurs alliés et empêcher l'ennemi d'utiliser ces systèmes spatiaux. (Voir *Modern Military Affairs*, n° 10, 1998, pp. 10-11.)

10. « Le livre blanc *From Sea to Land* publié en 1992 par la marine et les marines marque un changement essentiel et l'insistance sur la stratégie... L'insistance sur la mise en œuvre navale du déploiement de l'avant est la principale différence entre *Forward Position... From Sea to Land* et *From Sea to Land.* » (Amiral J. M. Boorda, *Marine Corps Magazine*, mars 1995.) Cet amiral exigea carrément que « la préférence soit donnée à la marine en matière de budget ».

11. Voir *US Department of Defence's National Defence Report* pour l'année fiscale 1998.

12. Voir *The Gulf War – Final Report of the US Department of Defence to Congress* et l'appendice 6.

13. McNamara, qui passa du poste de président de la société Ford à celui de ministre de la Défense, introduisit le système de comptabilité d'une entreprise privée et la notion de « comparaison des coûts » dans l'armée américaine. Il a obligé les armées à

apprendre à dépenser moins pour acheter des armes, mais pour ce qui est de la façon de faire la guerre, les armées ont d'autres critères. « L'objectif à atteindre par le ministère de la Défense est le suivant : échanger la sécurité de notre pays contre le plus faible risque, les plus faibles dépenses et, en cas de guerre, le plus petit nombre de pertes. » (McNamara, Robert Strange, *Avec le recul : la tragédie du Vietnam et ses leçons*, Le Seuil, 1996.)

14. Le colonel S. C. Dunlop fait remarquer que « les pertes sont un moyen efficace d'affaiblir l'influence américaine... Par conséquent, l'ennemi pourrait vouloir à n'importe quel prix nous causer des pertes aveuglément pour remporter une victoire tactique ». (« Analyse du point de vue de l'ennemi du *Unification Concept for 2010* », *Joint Force Quarterly*, automne-hiver 1997-98.)

15. Selon le *US Department of Defence's National Defence Report* pour l'année fiscale 1997, vingt projets technologiques de conception avancée ont obtenu l'approbation du Congrès : « 1. Systèmes de projection de force rapide ; 2. systèmes de lancement de fusées à canons multiples pour attaques de précision ; 3. appareils volants sans pilote à long rayon d'action en haute altitude ; 4. appareils volants sans pilote à long rayon d'action en moyenne altitude ; 5. systèmes de signal de captage de cible de précision ; 6. défense contre les missiles de croisière ; 7. simulation de champs de bataille ; 8. antimines terrestres (sous-marines) conjointes ; 9. interception de missiles balistiques par des armes à énergie cinétique ; 10. plans unifiés de haut niveau à l'aide de technologies avancées ; 11. compréhension du champ de bataille et transmission de données ; 12. anti-armes de destruction massive ; 13. bases aériennes (ports) pour la défense contre les armes biologiques ; 14. systèmes de navigation avancés ; 15. distinction entre les combats ; 16. logistique conjointe ; 17. capacité de survie des véhicules de combat ; 18. hélicoptères de transport de type moyen à cycle de vie peu coûteux ; 19. traitement d'image semi-automatique ; 20. leurres aériens de taille moyenne. »

16. S. N. Neil examine cette question en détail dans « What Kind of Army Does the US Army Need in the 21st Century ? », *Army Times*, 16 octobre 1995.

17. Selon *Army Times*, « après cinq ans d'analyses, d'études et de discussions internes, les autorités de l'armée de terre ont fini par établir une nouvelle formation d'unités blindées et d'unités d'infanterie mécanisée. La nouvelle formation d'unités lourdes a été désignée sous le nom de "formation du XXIe siècle" (...) composée de troupes réparties en sections, d'une brigade blindée, de deux brigades d'infanterie mécanisée, d'une unité d'artilleurs de division (du niveau de la brigade), d'une brigade aérienne et d'un état-major d'appui chargé de la logistique. L'ensemble de la division compte

15 719 hommes (dont 417 personnes de réserve) ». Les gens chargés de la création de cette formation expliquent : « La nouvelle formation créée n'a rien de révolutionnaire (...) En réalité, on ne peut y voir qu'une formation assez conservatrice. » (Voir Jim Tyson, *Army Times*, 22 juin 1998.)

18. Voir John R. Brinkerhoff, « The Brigade-based New Army », *Parameter Quarterly*, hiver 1997.

19. Pour un commentaire détaillé du livre *Break Localized Fronts*, voir l'article de S. N. Neil dans *Army Times*, 9 juin 1997.

20. En 1957, pour répondre aux besoins de la guerre nucléaire et tenter de permettre aux troupes de combattre sur un champ de bataille nucléaire et assurer leur survie, l'armée de terre américaine a réorganisé ses troupes en divisions atomiques ou en divisions de cinq groupes. La division complète compte entre 11 000 et 14 000 hommes, répartis en 5 groupes de combat assez fortement motorisés, tous équipés d'armes nucléaires tactiques ; mais sur un champ de bataille non nucléaire, la capacité de combat de ce type de division est relativement faible.

21. À propos du concept américain de force d'intervention aérienne, voir l'article du général de brigade aérienne William Looney dans *Air Power Journal*, hiver 1996.

22. Comme l'ont déclaré le chef du Naval War Office et le commandant en chef de l'armée de terre, alors que les dépenses militaires et le nombre de bases à l'étranger ne cessent de diminuer, « les États-Unis ont besoin d'une force de combat combinée qui soit de taille relativement petite, mais déployée rapidement et facile à constituer et à entraîner » (*Naval Institute Journal*, mai 1993). À propos de la Force d'intervention navale, voir *Marine Corps Magazine*, mars 1995.

23. Voir « From Over the Horizon to Over the Beach », *Sea Power*, novembre 1995 : « Des fonds budgétaires plus élevés que prévus – Le Congrès américain a récemment accepté d'allouer des fonds de l'année fiscale 1996 pour bâtir le septième vaisseau d'attaque amphibie multi-usages, ce qui a réjoui la marine. Du fait des limitations budgétaires, la marine américaine prévoyait d'attendre l'année 2001 pour demander le vote d'un budget pour ce navire... La marine avait d'abord prévu de repousser la demande de fonds pour la construction du premier bateau de transport amphibie LPD-17 à l'année fiscale 1998 et non 1996. Mais, à sa grande surprise, le Congrès a voté l'allocation d'un budget de 974 millions de dollars pour ce vaisseau de guerre. »

24. En 1993, le *United States Report on the Complete Investigation of Defence* estimait que « le "lot" de troupes suivant suffit pour gérer un conflit régional de grande ampleur : quatre à cinq unités de l'armée de terre ; quatre à cinq unités terrestres d'intervention ; dix unités mécanisées de combat de l'armée de l'air ; 100

bombardiers lourds de l'armée de l'air ; quatre à cinq bataillons de combat embarqués sur un porte-avions de la marine ; forces spéciales... En outre, nous avons proposé un nouveau concept pour les troupes stationnées outre-mer : l'"unité combinée à déploiement spécial auto-adaptable". Selon les besoins du commandement de la zone de combat, elle serait organisée à partir de troupes de l'armée de l'air, de l'armée de terre, des forces spéciales et de la marine spécialement conçues à cet effet. »

25. À propos de la « Joint Doctrine for 2010 » avancée en 1996 lors d'une réunion conjointe de l'armée américaine, voir *Joint Force Quarterly*, été 1996. Dans le numéro de l'hiver 1996 de *Joint Force Quarterly*, le commandant en chef des forces navales Johnson et le chef d'état-major de l'armée de l'air Fogleman ont approuvé la « Joint Doctrine for 2010 ». Le chef d'état-major de l'armée de terre Reimer a immédiatement proposé lui aussi l'« Army Concept for 2010 » en réponse.

26. Voir l'article du capitaine de frégate Hoffman, « Reform Will Not Be Smooth Sailing » [La réforme ne se fera pas en douceur], paru dans la revue *Naval Institute Journal*, janvier 1998.

27. On trouve une présentation détaillée du « Total Dimensional Warfare » dans le *World Military Almanac* de 1997, pp. 291-294.

28. Selon l'article « Changes to the Newly Published Draft of "Essentials of War" » de S. N. Neil, paru dans *Army Times*, 18 août 1997.

29. Il n'existe sans doute qu'un article, « A Military Theoretical Revolution : The Various Mutually Active Dimensions of War » d'Anturio Echevarria, qui ait souligné que les « dimensions diverses » de la guerre ne sont pas tant la longueur, la largeur et la profondeur utilisées par la géométrie et la théorie de l'espace. Il s'agit plutôt de facteurs intimement liés à la guerre comme la politique, la société, la technique, le combat et la logistique. Il est toutefois regrettable qu'il continue de se concentrer sur l'axe militaire pour examiner la guerre et n'opère aucune percée dans la définition de la guerre.

30. À la conférence sur la stratégie qui s'est tenue à l'Army War College [École de guerre de l'armée de terre] en avril 1996, le lieutenant-colonel Lonnie Henley a écrit le texte d'un rapport intitulé « 21st Century China : Strategic Partner... or Opponent » [La Chine au XXIe siècle : partenaire ou... opposant stratégique]. La conclusion était : « Dans les 25 premières années du siècle prochain au moins, la Chine ne sera pas en mesure de mener une révolution militaire. » (Voir *Waijun ziliao* [Documents sur les armées étrangères], n° 6, 1997, publié par le Centre de recherche sur les affaires militaires des pays étrangers de l'Institut des sciences militaires.)

SECONDE PARTIE

Du nouvel art de la guerre

> *« Une armée n'a pas de dispositif rigide, pas plus que l'eau n'a de forme fixe. Celui-là qui remporte la victoire en sachant profiter des manœuvres adverses possède un art réellement divin. »*
>
> SUNZI*

> *« La conduite de la guerre est un art semblable à celui du médecin qui ausculte son patient. »*
>
> J. F. C. FULLER

Aujourd'hui, dans les milieux militaires des pays du monde entier, l'expression de « révolution des affaires militaires » est autant dans l'air du temps que le nom de Jordan chez les supporters de la ligue de basket-ball américaine. Mis à part le fait qu'un facteur de nécessité préside toujours à la naissance d'une innovation, il est probable que ce qui prime ici, c'est le talent des Américains à créer des modes. Eux qui ont toujours aimé occuper la première place dans le monde, dans tous les domaines, excellent à mettre un

* Sunzi ou Sun Tzu, *L'Art de la guerre*, traduction Jean Lévi, Hachette, 2002.

joli emballage autour des innovations puis à les déverser sur le marché mondial. Même si bon nombre de pays ressentent une profonde inquiétude face à la culture américaine et tentent de résister à son invasion, la plupart ont adopté et reproduit fidèlement leurs conceptions en matière de révolution des affaires militaires. Le résultat, aisément prévisible, c'est évidemment que, lorsque les Américains s'enrhument, le monde entier éternue. À des chercheurs chinois en visite aux États-Unis qui demandaient à William Perry « quels étaient les résultats importants et les percées théoriques de la révolution des affaires militaires américaine », l'ancien secrétaire d'État à la Défense, célèbre sous le nom de « Père du furtif » parce qu'il avait mis l'accent sur les technologies furtives, répondit sans hésiter : « Ce sont évidemment les technologies furtives et l'informatique. » Cette réponse de Perry reflétait bien le point de vue dominant dans les milieux militaires – la révolution des affaires militaires, c'est la révolution des technologies militaires. Aux yeux des Perry, il suffit de trouver la solution technique permettant à des soldats, placés devant une montagne, de savoir « ce qu'il y a derrière la montagne » pour considérer qu'on a accompli une révolution des affaires militaires [1]. Observer, considérer et résoudre les problèmes du point de vue technique est caractéristique de la pensée américaine. Les avantages et les inconvénients de cette façon de penser sont tout aussi évidents que le caractère des Américains. Le point de vue qui consiste à assimiler révolution technologique à révolution des affaires militaires, et qui fut démontré lors de la guerre du Golfe, eut un fort impact sur les militaires du monde entier. Rares sont ceux qui surent garder suffisamment de sang-froid et de lucidité face à cette situation, et moins nombreux encore, évidemment, ceux qui virent que le malentendu créé par les Américains avait provoqué un malentendu général au sujet d'une révolution affectant la terre entière. Semblable aux typhons de l'océan Pacifique, le slogan « bâtir l'armée grâce à la haute technologie » atteint de plus en plus de pays [2] et, sur la bordure occidentale du Pacifique, même la Chine semble en avoir renvoyé l'écho au même moment.

On ne peut nier que la révolution des techniques militaires soit la pierre angulaire de la révolution des affaires militaires, mais on ne peut en aucune façon estimer qu'elle seule la constitue, car, dans le meilleur des cas, elle n'est que la première phase de ce tourbillon dément. La plus haute expression et l'aboutissement de la révolution des affaires militaires ne sont rien moins qu'une révolution de la pensée militaire, et ne se limitent pas aux transformations concrètes de la technologie militaire et du système organisationnel. Au fond, la révolution de la technologie militaire est une révolution des formes et des méthodes de combat. Qu'il s'agisse de la révolution des techniques militaires ou de la réforme du système organisationnel, il en résultera une transformation des formes et des méthodes de combat. C'est seulement après cette transformation que les effets du mûrissement de la révolution des affaires militaires seront sensibles [3]. Si nous considérons que la révolution de la technologie militaire est la première étape de la révolution des affaires militaires, nous voyons que nous sommes désormais parvenus à la deuxième étape essentielle de cette révolution. L'approche de la réalisation de la révolution de la technologie militaire est dans une large mesure le signe avant-coureur d'une nouvelle étape. Mais, dans une large mesure aussi, elle pose un sérieux problème aux chercheurs chargés du travail de réflexion dans cette première étape. Tout en permettant de choisir les moyens d'agir dans un domaine plus vaste, la révolution de la technologie militaire risque aussi de nous soumettre à la menace de ces moyens. Car actuellement, il est beaucoup plus difficile de conserver le monopole d'une technique que d'en inventer une. Ces menaces n'ont jamais été aussi grandes qu'aujourd'hui parce que les moyens sont nombreux et varient à l'infini, ce qui donne véritablement l'impression de voir un ennemi derrière chaque arbre. N'importe quelle direction, n'importe quel moyen, n'importe quel individu peuvent représenter une menace potentielle pour la sécurité nationale. Or, si cette menace peut être clairement ressentie, il est néanmoins très difficile d'établir immédiatement d'où elle vient.

Depuis longtemps, les militaires comme les politiques ont l'habitude de tenir le raisonnement suivant : les facteurs principaux de menaces contre la sécurité nationale sont les forces militaires d'un État ennemi avéré ou d'un État ennemi en puissance. Or, sans crier gare, les guerres et les grands événements survenus dans les dix dernières années du XXe siècle nous ont apporté la preuve du contraire : souvent, les menaces militaires ne sont plus les principaux facteurs influant sur la sécurité nationale. Même si les différends territoriaux, les affrontements nationalistes, les conflits religieux ainsi que la délimitation des zones d'influence – aussi anciens que l'histoire de l'humanité – restent les grands mobiles de la guerre, ces agents traditionnels sont de plus en plus liés à des facteurs économiques comme l'appropriation des ressources, la capture de marchés, le contrôle des capitaux, les sanctions commerciales, au point qu'ils deviennent même secondaires par rapport à ces derniers, lesquels constituent une nouvelle forme de menace contre la sécurité politique, économique et militaire d'un État ou de plusieurs États. D'un point de vue extérieur, ces nouvelles formes n'ont peut-être pas le moindre caractère militaire et peuvent de ce fait être qualifiées par certains observateurs de « guerres secondaires » ou « guerres par analogie »[4]. Cependant, les dommages qu'elles créent dans les domaines qui sont leur cible n'ont rien de secondaire par rapport à une guerre purement militaire. À cet égard, il nous suffira de citer les noms de déments tels que George Soros, Oussama Ben Laden, Pablo Escobar, Chizuo Matsumoto et Kevin Mitnik[5]. Il ne nous est peut-être plus possible d'indiquer avec précision depuis quand les principaux fauteurs de guerre ne sont plus seulement les États souverains. La secte japonaise Aum Shinriu, la Mafia italienne, les organisations terroristes musulmanes extrémistes, le cartel de la drogue colombien ou du « Croissant d'or », les hackers malveillants et les financiers contrôlant d'énormes quantités de fonds agressifs ainsi que les déséquilibrés mentaux polarisés sur certaines cibles, obsédés et obstinés, peuvent devenir des fauteurs de guerre, militaire ou non militaire. Les armes à leur disposition sont les avions, les canons, les gaz nocifs, les bombes, les agents biochimiques ainsi que les virus informatiques, les moteurs de recherche et les outils de détournement de fonds. En un mot, les nouveaux modes de guerre et les nouveaux moyens d'agression que fournissent les nouvelles technologies peuvent être utilisés par ces forcenés pour toutes sortes d'attaques financières, attaques sur Internet, attaques médiatiques ou attaques-surprises terroristes. La plupart de ces attaques ne sont pas des actions militaires, mais toutes peuvent être mises sur le plan des actions de guerre visant à obliger un autre État à satisfaire ses propres intérêts et exigences. Aussi destructrices, voire plus, que la guerre au sens strict, ces forces représentent désormais une grave menace, multidirectionnelle, différente de ce qu'on a pu connaître, sur ce que nous considérons comme la sécurité nationale.

Dans cette situation, il suffit d'élargir légèrement notre champ de vision pour voir que la sécurité nationale fondée sur le régionalisme est de toute évidence obsolète. Désormais, les principales menaces contre la sécurité nationale sont loin de se limiter aux agressions armées de forces hostiles contre l'espace naturel de son propre territoire. Si l'on compare, en terme de chute de l'*indice de sécurité nationale*, la situation de la Thaïlande et de l'Indonésie, qui en quelques mois ont connu une dévaluation de plusieurs fois 10 % et une quasi-faillite économique, à celle de l'Irak, qui a souffert à la fois d'attaques militaires et d'un embargo économique, il est à craindre qu'il n'y ait guère de différence entre les deux. Même les États-Unis, seule superpuissance à avoir survécu à la guerre froide, ont compris que le pays le plus puissant est souvent celui qui a le plus d'ennemis et qui est le plus menacé. À part répertorier les dix principales menaces constituées par les « États forts hostiles aux intérêts américains », le *Rapport sur la Défense nationale* américain, portant sur plusieurs années fiscales consécutives, considère également comme des dangers « le terrorisme, les activités subversives et les situations anarchiques menaçant la stabilité du gouvernement fédéral, les menaces contre la prospérité et la croissance économique des États-Unis, le commerce illégal de la drogue et le crime international ». Pour cette raison, les États-Unis ont élargi l'éventail de la recherche multispatiale des éventuelles atteintes à leur propre sécurité [6]. En fait, non seulement les États-Unis mais tous les pays qui ont le culte de leur puissance ont déjà inconsciemment élargi les frontières de la sécurité à de nombreux domaines comme la politique, les ressources naturelles, les minorités, la religion, la culture, les réseaux, la géographie, l'environnement et l'espace [7]. Cette *vision pan-domaines* est une des conditions de la survie et du développement des États souverains modernes ainsi que de leur influence dans le monde. En comparaison, la vision de la défense nationale comme principal objectif de la sécurité apparaît assez dépassée, à la rigueur très incomplète. À cette vision pan-domaines, on doit faire correspondre une nouvelle notion de sécurité omnidirectionnelle incluant les intérêts de l'État. Ce sur quoi elle met l'accent ne se limite absolument pas aux questions de sécurité et de défense ; elle comprend aussi dans sa zone d'intervention la sécurité politique, la sécurité économique, la sécurité culturelle et la sécurité de l'information. Il s'agit d'une *vision sécuritaire étendue* qui élève la notion traditionnelle de domaine territorial à la notion de domaine de l'intérêt de l'État.

Du fait de l'augmentation de sa charge, la vision sécuritaire étendue entraîne une complication des objectifs, ainsi que des moyens et des méthodes pour les atteindre. Par conséquent, la stratégie nationale assurant la réalisation des objectifs de sécurité nationale, c'est-à-dire ce qu'on appelle couramment la grande stratégie, exige également des aménagements qui vont au-delà de la stratégie militaire et même de la stratégie politique. Elle exige également la prise en compte de tous les aspects de l'indice de sécurité concernant les intérêts de l'État tout entier et la superposition des facteurs politiques (volonté, valeurs et cohésion nationales) et militaires aux paramètres que sont l'économie, la culture, la diplomatie, la technologie, l'environnement, les ressources naturelles et les minorités, pour pouvoir tracer un « domaine étendu » complet cumulant intérêt national et sécurité nationale – une grande carte de situation stratégique.

Quiconque se place devant cette grande carte de situation éprouvera le sentiment de petitesse ressenti face à l'océan : où trouvera-t-on les moyens et la méthode unifiés et uniques pour couvrir un domaine aussi vaste et multiple, pour garantir des intérêts aussi complexes et même contradictoires et pour atteindre des objectifs aussi imbriqués et même antagoniques ? Par exemple, comment les moyens militaires de la « politique avec du sang », dont parlait Clausewitz, pourraient-ils être utilisés pour résoudre la crise financière de l'Asie du Sud-Est ? En utilisant la même méthode, comment faire face à des pirates informatiques qui vont et viennent sur Internet ? La conclusion coule de source : il ne suffit pas de posséder une épée pour garantir la sécurité nationale dans le champ d'une vision sécuritaire étendue. Comme le dit le proverbe, « un pilier ne soutient pas la maison ». L'unique pilier de l'armée est loin de pouvoir soutenir la voûte sécuritaire de l'édifice national moderne. La solution qui l'empêchera de s'effondrer réside pour une bonne part dans la capacité de constituer une force composite regroupant tous les domaines qui touchent à l'intérêt national. Et, une fois en possession de cette force, il faudra également disposer de la méthode pour en faire un instrument utilisable dans des situations réelles. Cela devra être une *méthode opérationnelle étendue* alliant toutes les dimensions et toutes les capacités des deux grands domaines militaire et non militaire qui permettent de faire la guerre. Dès que cette nouvelle stratégie fera son apparition, différente des stratégies produites pour les guerres du passé, il conviendra d'élaborer une forme de guerre totalement nouvelle qui inclue et dépasse la dimension de la sécurité nationale. Or le principe n'a rien de compliqué ; il se réduit à un mot tout simple : combinaison. [Comme disait Laozi :] « Le Tao crée le un, le un crée le deux, le deux crée le trois et le trois crée l'infinité des êtres. » Peu importe qu'on ait deux, trois ou une infinité d'éléments, ils sont le résultat d'une combinaison. Seule la combinaison permet l'abondance, elle seule permet les multiples transformations, elle seule permet la diversité. La combinaison a accru les moyens de la guerre moderne presque à l'infini et a fondamentalement transformé la définition de la guerre moderne que nous ont léguée les hommes du passé : une guerre menée avec des armes et des méthodes de combat modernes. Cela signifie que tout en réduisant le rôle des armes, la multiplication des moyens a élargi la notion de guerre moderne. Face à une guerre qui, du choix des moyens au théâtre de la guerre, s'est considérablement développée, il est à craindre que l'ignorance consistant à « seulement vouloir se trouver du côté-ci de la montagne », que trahissent les anciennes aspirations à remporter la victoire en comptant sur les seuls moyens militaires, sera en majorité déçue. Ce que tous les militaires et politiciens qui nourrissent la folle ambition de remporter des victoires devront faire, c'est élargir leur champ de vision, évaluer le moment et la situation, saisir le bâton de la grande stratégie et écarter les miasmes de la vision guerrière traditionnelle, bref : aller de l'autre côté de la montagne pour accueillir le soleil levant.

NOTES

1. Lorsque le colonel supérieur Chen Bojiang, chercheur à l'Institut des sciences militaires, rendait visite à des confrères aux États-Unis, il rencontra un groupe d'officiers de haut rang. Chen Bojiang demanda à Perry : « Quels sont les résultats obtenus et les percées les plus importantes opérées par la révolution des affaires militaires américaine ? » Perry répondit : « La percée la plus importante est évidemment la technologie furtive. C'est une percée formidable. Je voudrais ajouter toutefois que, dans un tout autre domaine, l'invention de l'informatique est une découverte aussi importante. L'informatique a répondu à la question que les soldats se posaient depuis des centaines d'années, à savoir : Qu'est-ce qu'il y a de l'autre côté de la montagne ? Les progrès permettant de résoudre ce problème ont été très lents pendant des siècles. Le progrès de la technique a été très rapide au cours des dix dernières années, pendant lesquelles on a mis au point des méthodes révolutionnaires pour résoudre ce problème. » (*National Defence University Journal*, n° 11, 1998, p. 44.) En tant que professeur au College of Engineering de l'université Stanford, Perry est naturellement mieux à même d'observer et de comprendre la révolution militaire d'un point de vue technique. Il est sans aucun doute un partisan de la technologie dans la révolution militaire.

2. Dans le « Résumé sur la situation militaire » du *World Military Yearbook* de 1997, on souligne que : « Un trait saillant a marqué la situation militaire en 1995-1996, à savoir que la plupart des grands pays ont commencé à mettre l'accent sur "l'emploi de la haute technologie pour bâtir l'armée" dans le cadre de la construction d'une armée de qualité. Pour réaliser l'objectif de la

numérisation du champ de bataille, les États-Unis ont adopté une politique de construction de l'armée à base de hautes technologies ; le Japon a formulé un nouveau programme de réorganisation et d'équipement de ses troupes d'autodéfense et réclamé la création d'une "force militaire de haute technologie efficace" ; l'Allemagne a publié un rapport destiné à favoriser une percée dans huit techniques de pointe ; pour améliorer la "qualité technique" de ses armées, la France a proposé un nouveau plan de réformes ; l'Angleterre et la Russie ont également pris des mesures ; certains pays moyens et petits ont acheté des armements de pointe pour que leurs armées "atteignent d'un pas" un haut niveau technique. » (*1997 World Military Affairs Yearbook*, trad. People's Liberation Army Press, p. 2.)

3. Mis à part le point de vue qui assimile la révolution de la technologie militaire à la révolution des affaires militaires, beaucoup de spécialistes préfèrent considérer la révolution des affaires militaires comme le produit combiné de techniques nouvelles, d'une nouvelle organisation des troupes et d'une nouvelle pensée militaire. Par exemple, Steven Maze et Thomas Keywitt, du Centre de recherches stratégiques de l'Institut militaire de l'armée de terre, estiment dans leur rapport intitulé *Strategy and the Military Revolution – From Theory to Policy* que : « La soi-disant révolution militaire est faite de changements simultanés et mutuellement enrichissants dans les domaines de la technologie militaire, des systèmes d'armes, des méthodes de combat et du système d'organisation des troupes, grâce auxquels s'opère un saut (ou un brusque changement) de l'efficacité opérationnelle de l'armée. » On considère aussi dans un rapport de recherche de l'American Research Center for Strategy and International Issues sur le sujet que la révolution des affaires militaires est le résultat de la combinaison de nombreux facteurs. Quant à l'idée de Toffler selon laquelle la révolution des affaires militaires équivaut au remplacement de la civilisation, elle a évidemment quelque chose d'exagéré et d'impraticable.

4. Voir Zhao Ying, *Xin guojia anquanguan* [La nouvelle conception de la sécurité nationale].

5. George Soros, spéculateur ; Ben Laden, terroriste islamique ; Escobar, célèbre trafiquant de drogue à distance ; Chizuo Matsumoto, fondateur de la secte Aum au Japon ; et Kevin Mitnik, célèbre pirate informatique.

6. Le ministre de la Défense des États-Unis a mentionné les diverses menaces qui pèsent sur les États-Unis dans les Rapports sur la défense nationale des années fiscales 1996, 1997 et 1998. Toutefois, cette large vision ne se situe en fait pas à un niveau d'observation que les Américains peuvent maintenir consciemment. En mai 1997, on notait dans « The Global Security Environment »,

première partie du *Four Year Defence Report* publié par le ministère de la Défense des États-Unis, que la sécurité du pays serait soumise à une série de défis. Il y aura d'abord les menaces venant d'Irak, d'Iran, du Moyen-Orient et de la péninsule Coréenne. Deuxièmement, il y aura la diffusion des techniques sensibles, telles que les armes nucléaires, biologiques et chimiques ainsi que les techniques de lancement, les techniques de la guerre de l'information et les techniques furtives. Troisièmement, il y aura les activités terroristes, le trafic de drogue, le crime international organisé et la perte de contrôle de l'immigration. Quatrièmement, il y aura la menace d'armes de destruction massive pesant sur le territoire des États-Unis. « Les pays capables de rivaliser avec les États-Unis n'apparaîtront sans doute pas avant l'année 2015, mais, après 2015, il est possible qu'apparaisse une grande puissance régionale ou un ennemi mondial de force égale. Certains spécialistes considèrent que même si les perspectives de la Russie et de la Chine sont imprévisibles, il reste possible qu'elles deviennent ce type d'ennemi. » Ce rapport, qui est le fruit des efforts conjoints du cabinet du ministre de la Défense et du Joint Chiefs of Staff, continue évidemment à faire ses délices d'une soi-disant menace militaire, mi-réelle mi-imaginaire. Dans l'analyse des menaces contenue dans l'article « Stratégie militaire nationale » des États-Unis pour 1997 de ce rapport, une section spéciale parle de « facteurs inconnus » et montre que les Américains sont inquiets et redoutent les menaces futures.

7. L'Australien S. M. H. Malick a montré que les sept tendances qui affecteront la sécurité nationale au cours du XXIe siècle seront : l'économie mondialisée, la diffusion mondiale des techniques, la mondialisation de la vague démocratique, la multipolarisation de la politique internationale, le changement de nature du système international, le changement de la notion de sécurité et les changements des points focaux des conflits. Le rôle global de ces tendances est à la source de deux catégories de conflits menaçant la sécurité de la région Asie-Pacifique. La première catégorie sera la source de conflits traditionnels : luttes hégémoniques des grandes puissances, expansion du nationalisme dans les pays qui réussissent, litiges à propos de droits et d'intérêts territoriaux et maritimes, concurrence économique et diffusion des armes de destruction massive. La deuxième catégorie sera la source des conflits futurs : nationalisme (racisme) des pays en déclin, conflits de croyances religieuses et culturelles, diffusion d'armes meurtrières légères, litiges à propos du pétrole, de la pêche et des ressources en eau, vagues de réfugiés et flux de populations, catastrophes écologiques et terrorisme. Tous ces facteurs présenteront des menaces pour la sécurité des États au XXIe siècle. Cet Australien a une vision légèrement plus élevée de la sécurité nationale que celle des autorités américaines. (Pour plus de détails, voir la revue *United States Comparative Strategies*, 1997, n° 16.)

CHAPITRE 5

Nouvelle martingale pour jeu stratégique

> *Les grands maîtres de l'art de la guerre du* XXI*e siècle seront ceux qui utiliseront des méthodes innovantes pour associer autrement les différentes possibilités d'atteindre leurs objectifs tactiques et stratégiques, de campagne.*
>
> Y. TEARFOOD

Tout change. Explosion technologique, remplacement des armes, élargissement de la notion de sécurité, ajustement des objectifs stratégiques, brouillage des frontières du champ de bataille, extension de l'amplitude des moyens non militaires et des personnels non militaires impliqués dans la guerre... Maintenant que toutes ces données se trouvent concentrées en un point, nous croyons que l'ère d'une révolution de l'art militaire est arrivée. Cette révolution ne vise pas à produire un art militaire propre à chacune de ces transformations, mais à trouver un art militaire qui leur soit commun. Il s'agit de trouver une martingale universelle pour faire face à toutes les situations sur l'échiquier éminemment changeant des guerres du futur [1].

Chasser le brouillard répandu par les nuées guerrières

Qui a déjà vu la guerre de demain ? Personne. Pourtant, il y a longtemps que, grâce aux propos de toutes sortes de prophètes de l'espèce des sorciers, ses différentes scènes se sont fixées sur l'écran de notre cerveau comme les images d'un dessin animé de second ordre. De la guerre d'étranglement de satellites sur orbite dans l'espace à la poursuite angulaire de sous-marins nucléaires au plus profond des océans, des bombes de précision lâchées par des bombardiers furtifs aux missiles de croisière lancés par un croiseur bouclier *Zeus*, les éléments de cette couverture totale, du ciel comme de la terre, sont innombrables. Le plus représentatif d'entre eux ne va pas plus loin que la description de l'exercice réalisé au Centre national d'entraînement de Fort Irwin par une unité numérisée de l'armée américaine.

Au centre de commandement de l'unité numérisée, qui joue le rôle de « l'armée bleue », les ordinateurs ne cessent de saisir et de traiter les informations transmises par les satellites et par les avions *Joint Star*. Les avions d'alerte contrôlent la totalité de l'espace aérien. Guidés par les satellites et les avions d'alerte, les chasseurs-bombardiers lancent des missiles de précision contre leurs cibles. Les forces blindées et les hélicoptères armés lancent en alternance des attaques tridimensionnelles contre l'ennemi. Les fantassins reçoivent leurs ordres par ordinateur portable et lancent des attaques à l'aide d'armes automatiques couplées à des appareils de visée fixés sur leur casque. Et la scène la plus magnifique : un soldat attaque successivement cinq cibles et guide l'énorme puissance de feu de l'artillerie et de l'aviation de son camp vers un groupe de chars ennemis situés de l'autre côté d'une crête. Trente secondes plus tard, l'écran de son ordinateur affiche : « chars ennemis touchés ».

Lors de cet exercice mené dans le désert de Mojave, l'« armée bleue », dotée d'un équipement totalement numérisé et baptisée pour l'occasion « armée de terre du XXIe siècle », fut finalement battue par « l'armée rouge », dotée d'un équipement traditionnel, avec comme résultat 1 victoire, 1 nul, 6 pertes. Toutefois, cela n'empêcha aucunement le ministre de la Défense, Cohen, d'annoncer dans une déclaration à la presse faisant suite à l'exercice : « J'estime que nous venons d'assister ici à une révolution des affaires militaires[2]... »

À l'évidence, ce que Cohen désignait sous le nom de révolution des affaires militaires et la guerre annoncée par les prophètes dont nous parlions plus haut sont deux choses absolument identiques.

Les gagnants aiment toujours se laisser glisser sur l'erre de la victoire. Tout comme l'armée qui avait gagné la Première Guerre mondiale en franchissant les tranchées de Verdun espérait que la guerre suivante se déroulerait de la même manière le long de la ligne Maginot, l'armée américaine, vainqueur de la guerre du Golfe, espère elle aussi continuer à s'adonner à son vice de type « Tempête du désert » lors des guerres du XXIe siècle, bien que tous les généraux américains qui souhaitent se couvrir de gloire, comme le général Schwarzkopf, sachent parfaitement que les guerres du XXIe siècle n'ont aucune chance d'être la simple réplique de la guerre du Golfe. C'est pour cette raison qu'ils ont commencé à renouveler les équipements de l'armée avant même que les armes aient cessé de fumer et ont procédé à des réaménagements des théories du combat et du système organisationnel. Du « projet de forces combinées pour 2010 » à « l'armée de terre de demain », tous les militaires du monde entier connaissent le cadre de la future armée américaine et les projets de guerre à l'américaine. Cela leur permet d'entrevoir des projets grandioses et d'une ampleur tout à fait exceptionnelle.

Jusqu'à présent, nous pouvons voir que les tendances du développement de l'armement de l'armée américaine, les transformations de la politique de défense, l'évolution de la théorie du combat, le renouvellement des règlements et statuts et les déclarations des officiers supérieurs avancent rapidement dans la même direction. Tous ces éléments confirment que les moyens militaires sont le moyen final de régler les conflits à venir et que les différends entre États se solderont toujours par la rencontre de deux grandes armées sur un champ de bataille. Sur cette base, l'armée américaine exige d'elle-même de gagner la guerre presque simultanément dans deux zones de combat et a fait des préparatifs complets dans ce sens [3]. La question qui se pose est de savoir s'il y a encore au Pentagone quelqu'un, comme le général Bauer, ancien président du *Joint Chiefs of Staff*, capable de reconnaître clairement ceci : les États-Unis sont en train de concentrer l'essentiel de leur énergie pour faire à nouveau « une guerre de type guerre froide, comme il ne doit plus y en avoir » et, très probablement, dépensent leur force dans la mauvaise direction [4]. La tendance internationale de la fin du XXe siècle l'a montré clairement, en tant que réalité existante, l'époque où toutes les guerres consistaient à « déplacer des soldats et des sabres » ne s'est pas encore muée en Histoire mais, en tant que concept, elle commence à être clairement à la traîne. Au fur et à mesure de la multiplication des traités internationaux limitant la course aux armements et la prolifération des armes, les Nations unies et les organisations internationales régionales ont accru leur capacité d'intervention dans les guerres locales et les conflits régionaux, et les menaces d'ordre militaire contre la sécurité des États ont diminué d'autant. En revanche, l'apparition de nombreuses techniques de pointe augmente en fait grandement la possibilité d'actions non militaires menaçant la sécurité des États. Et la communauté internationale, désemparée face aux menaces non militaires de destructions non moins graves que celles qui sont causées par une guerre, manque pour le moins des moyens nécessaires et efficaces de les limiter. Cela a objectivement accéléré l'apparition de situations de guerre non militaire et, en même temps, a presque fait voler en éclats les vieux concepts concernant la sécurité des États. En dehors des attaques terroristes toujours plus graves, des attaques par piratage informatique, par virus informatiques et des guerres financières, qui domineront largement l'avenir, il y a aussi les catégories de *guerres de concept nouveau* auxquelles il est difficile de donner un nom et qui suffisent à ce que du jour au lendemain la vision sécuritaire du type « maintenir l'ennemi hors de l'État » appartienne au passé.

On ne peut pas dire que les milieux militaires américains n'aient pas pris conscience de la baisse des menaces militaires et de la montée des menaces non militaires (ce point a déjà été démontré dans les *Rapports sur la défense nationale* de plusieurs années fiscales, publiés par le ministère de la Défense des États-Unis, cité plus haut). Mais ils se sont déchargés du dernier problème sur les politiciens et la C.I.A., se défaussant ainsi des concepts qui régissent toutes les nouvelles formes de guerre et les actions militaires non guerrières. Ils se sont de plus en plus recroquevillés jusqu'à ressembler à cet arbre de guet ployant sous toutes sortes d'armes acérées en guise de fruits, à attendre qu'un lapin écervelé vienne s'y cogner. Depuis que Saddam Hussein s'est assommé au pied de cet arbre, qui donc voudrait encore jouer le rôle du deuxième lapin* ?

---

* Allusion à l'histoire, célèbre en Chine, du paysan qui, ayant

Se trouvant dans l'état d'esprit de celui qui « dégaine son épée, regarde de tous côtés et se trouve désemparé » les soldats américains, privés d'adversaires depuis la désintégration de l'URSS, cherchent à tout prix une raison de ne pas se retrouver au « chômage ». Car du général au simple soldat, de la lance offensive au bouclier défensif, de la grande stratégie à la simple tactique, l'armée américaine tout entière se prépare à une grande guerre où elle pourrait remporter la victoire. Depuis qu'il n'y a plus deux armées face à face, même le Congrès américain, sans parler des milieux militaires américains, éprouve ce grand sentiment de vide que crée l'absence d'objectif. Le résultat, c'est que n'ayant plus d'ennemi, ils sont obligés de s'en inventer. Ainsi, même s'il s'agit d'une région minuscule comme le Kosovo, ils ne veulent pas laisser échapper l'occasion d'essayer leurs lames effilées. On dirait que les milieux militaires américains, où l'on tergiverse à l'infini pour savoir s'il vaut mieux recourir à la force ou ne rien faire du tout, après avoir déployé leurs tentacules du domaine de la guerre au domaine des actions militaires non guerrières, ne sont plus guère désireux de relancer des opérations vers le domaine beaucoup plus vaste de la guerre non militaire qui est en train de se constituer. Cela tient peut-être à un manque de sensibilité à l'égard de pratiques nouvelles, ou à certaines habitudes de travail, mais c'est plus certainement le fait de limites intellectuelles. Quelle que soit la raison, les militaires américains réduisent toujours leur champ de vision au domaine couvert par les nuages de la guerre ; c'est une réalité indiscutable.

---

récupéré un lièvre qui venait de s'assommer contre un arbre, décide de ne plus travailler et d'attendre que d'autres lièvres viennent s'assommer à leur tour.

Même si les États-Unis sont les premiers touchés par la menace d'une guerre non-militaire et en ont été la victime à plusieurs reprises, on est étonné de ce qu'un aussi grand pays ne dispose pas d'une stratégie unifiée ni d'un organe de commandement pour contrer cette menace. Et l'on se demande plus encore si l'on doit rire ou pleurer en constatant qu'ils déposent curieusement de 49 services (ministères et directions) chargés de l'action antiterroriste et qu'il existe très peu de coordination et de coopération entre eux. À cet égard, les autres pays sont à peine mieux lotis. Les enveloppes budgétaires destinées aux besoins de la sécurité restent seulement attribuées à l'armée et aux services chargés du renseignement et de la politique, et les investissements dans les autres directions restent pitoyablement maigres. Pour citer encore l'exemple des États-Unis, les subsides alloués à la lutte antiterroriste s'élèvent à 7 milliards de dollars par an, soit seulement 1/35 des 250 milliards consacrés aux dépenses militaires.

Peu importe la façon dont chaque pays fait la sourde oreille face à la menace urgente de guerre non militaire, ce fait objectif exerce sa pression sur l'existence de l'humanité, en s'amplifiant selon ses règles et à son rythme propres. Inutile de le signaler, car chacun pourra constater que lorsque l'humanité concentre son attention sur les appels à la paix et à la limitation des guerres, beaucoup d'éléments qui constituent à l'origine une partie de nos vies paisibles commencent peu à peu à se transformer en armes meurtrières nuisibles pour la paix. Même les règles d'or et les principes sacrés auxquels nous avons toujours été attachés commencent à afficher un sens contraire, sens qu'utilisent certains pays pour lancer des attaques contre d'autres pays ou contre certaines organisations, ainsi que certains individus ennemis de la société tout entière. De même, là où il y a des ordinateurs, il y a des virus ; là où y a une monnaie, il y a de la spéculation ; à côté de la liberté de culte, l'extrémisme religieux et les sectes hérétiques ; les droits de l'homme mais aussi la souveraineté nationale ; la liberté économique et la protection du commerce ; l'autonomie nationale et la mondialisation ; les entreprises nationales et les sociétés multinationales ; la libéralisation de l'information et le contrôle de l'information ; le partage du savoir et le monopole de certaines techniques... Chaque domaine peut demain, à n'importe quel moment, être le déclencheur d'une guerre acharnée entre différents groupes. Le champ de bataille est à votre porte et l'ennemi est « en ligne », à cela près qu'on ne sent ni l'odeur de la poudre ni celle du sang. Cependant, c'est la guerre permanente, car le phénomène de la guerre moderne consiste à obliger l'ennemi à satisfaire ses propres intérêts. De toute évidence, aucun militaire de quelque pays que ce soit n'a la préparation mentale suffisante pour ce nouveau type de guerre qui dépasse totalement l'espace militaire. Or il s'agit d'une grave réalité à laquelle tous les militaires doivent faire face.

Les menaces nouvelles exigent une nouvelle conception de la sécurité nationale et celle-ci exige à son tour que les militaires élargissent leur champ de vision avant d'étendre leurs victoires. C'est-à-dire qu'ils chassent l'étroite bande de brouillard que les nuées guerrières ont déposée devant leurs yeux.

La déchéance des règles et le territoire de la perte d'efficacité

En tant que manière extrême de régler les conflits entre survie et intérêt, la guerre a toujours été une bête sauvage jamais véritablement domptée par l'humanité. D'une part, elle joue le rôle du balayeur de la chaîne écologique de la société et, d'autre part, elle constitue une menace directe contre la survie de l'humanité. Comment la discipliner sans qu'elle nous atteigne ? Durant des millénaires, et surtout depuis le XXe siècle, dans les intervalles entre les flambées guerrières, l'homme s'est toujours efforcé de mettre la bête en cage. Dans ce dessein, il a fixé d'innombrables règles et élaboré de nombreux traités. De la convention de Genève aux diverses résolutions sur la guerre sans cesse adoptées par les Nations unies, l'homme a dressé, l'une après l'autre, des barrières sur la voie des guerres sanglantes et démentielles, dans l'espoir que la réglementation internationale réduirait au minimum les dommages causés à l'humanité. On peut citer l'interdiction effective du recours aux armes biochimiques, l'interdiction des massacres de populations civiles sans discrimination, l'interdiction des mauvais traitements infligés aux prisonniers, la limitation de l'emploi des mines, etc., sans oublier l'opposition générale à l'emploi de la force armée ou à la menace de recours à la force armée dans le règlement des questions internationales. Toutes ces règles sont progressivement admises par tous les pays. Les plus importantes sont les traités sur la non-prolifération des armes nucléaires, l'interdiction des essais nucléaires, la réduction bilatérale et multilatérale des armes nucléaires, etc. Tout cela a jusqu'à présent évité « l'hiver nucléaire » à l'humanité. Depuis la fin de la guerre froide, le monde entier se réjouissait, croyant être sorti de « la paix dans la terreur ». Après que Schwarzkopf eut utilisé le coup de la « Tempête » pour mettre Saddam K.-O. sur le ring du Golfe, le président Bush s'enorgueillissait de son succès : « Le nouvel ordre mondial a passé sa première épreuve. » À l'instar de Chamberlain revenant de Munich, en 1938, il annonçait que l'humanité allait se « réunir dans un monde rempli d'espoir de paix ». Où en est-on aujourd'hui ? On constate que, comme Chamberlain, Bush s'est vanté trop tôt[5].

La fin de la guerre froide comme celle de la guerre du Golfe n'ont pas apporté le nouvel ordre international promis par les politiciens et escompté par l'humanité. L'effondrement du monde bipolaire a fait sortir de leurs cages les bêtes sauvages des guerres régionales, en noyant l'un après l'autre pays et régions tels que le Rwanda, la Somalie, la Bosnie-Herzégovine, la Tchétchénie, le Congo et le Kosovo dans le sang. Aujourd'hui, l'homme découvre à nouveau que les efforts de paix déployés depuis des centaines et des milliers d'années peuvent être réduits à néant d'une seule frappe !

L'apparition de ce genre de situation est liée à l'attitude pragmatique observée par chaque pays vis-à-vis de l'instauration de règles internationales. La reconnaissance ou le refus des règles internationales par chaque pays dépend souvent de son intérêt propre. Les petits pays espèrent utiliser ces règles pour se protéger tandis que les grands pays cherchent à les utiliser pour en contrôler de plus petits. Lorsque les règles ne coïncident pas avec leur intérêt, tous les pays, petits ou grands, n'hésitent pas à les enfreindre pour atteindre leurs objectifs. D'une manière générale, l'infraction aux règles par les petits pays peut être corrigée par les grands au nom de l'application de la loi. Et quand les grands pays enfreignent la loi, ils font comme les États-Unis au Panamá, appliquant des lois supranationales pour s'emparer du chef de l'État et le ramener chez eux afin de le juger, ou encore comme l'Inde, bafouant les traités d'interdiction des essais nucléaires pour annexer l'État himalayen du Sikkim, de la même manière que l'Irak avait annexé le Koweït. La communauté internationale se contente alors de pousser des soupirs d'impuissance, n'ayant aucune solution à mettre en œuvre[6]. Mais tout fier-à-bras trouve son maître et tout justicier son ennemi naturel. Comme dit le proverbe chinois : « La saumure fait cailler le soja et une chose en entraîne une autre. » L'impuissance de la communauté internationale face aux grandes puissances qui fixent et appliquent les règles internationales, ou n'en tiennent aucun compte quand elles sont contraires à leurs intérêts, et vont même jusqu'à les détruire, contraste avec l'irruption de *forces non étatiques* qui ne respectent aucune règle et ont pour objectif la destruction de l'ordre étatique existant. En tant qu'ennemies naturelles de la communauté internationale et particulièrement de certains grands pays, elles produisent des effets subtils sur l'équilibre de l'écologie sociale, tout en menaçant la survie de l'humanité. Autrement dit, elles constituent des forces destructrices de la société qui à la fois bouleversent l'ordre international constitué et limitent la destruction de la communauté internationale par les grandes puissances en faisant diversion. Citons l'intrusion à titre d'avertissement de pirates informatiques anonymes[7] sur le site Internet du ministère de la Défense nationale de l'Inde après que ce pays eut repris ses essais nucléaires, et la série d'actes terroristes commandités par le riche musulman Oussama Ben Laden pour protester contre la présence des États-Unis au Moyen-Orient. Même s'il nous est encore difficile de faire la part entre les effets positifs et négatifs de ces actes, nous pouvons néanmoins affirmer qu'ils représentent tous des forces destructrices caractérisées par des actes irresponsables, commis au mépris des règles établies.

Le résultat direct de ce mépris, c'est la perte de légitimité des territoires délimités par les frontières visibles ou invisibles reconnues par la communauté internationale. Car les acteurs principaux des forces non étatiques qui recourent à des actes de guerre non militaires pour mener leur guerre de propagande contre la communauté internationale se cachent sous des organisations de caractère supranational, qui dépassent les limites habituelles. Les frontières visibles des États, l'espace invisible d'Internet, le droit international, le droit national, les règles déontologiques et les principes éthiques n'ont sur eux aucun effet dissuasif. Ils ne sont responsables devant personne ; ils ne sont arrêtés par aucune règle ; dans le choix de leurs cibles, rien n'est indigne d'eux ; dans l'emploi des moyens, ils ne reculent devant rien. Leurs mouvements très discrets leur permettent d'agir dans le plus grand secret ; leurs actions d'une extrême violence provoquent des dommages de grande ampleur ; enfin, ils font montre d'une cruauté inhabituelle en perpétrant aveuglément des attentats qui visent les populations. Grâce à la propagande assurée par la couverture en direct et en continu des médias modernes, tous les effets du terrorisme se trouvent grandement renforcés. La guerre contre ces groupes se fera sans propagande de guerre, ni champ de bataille fixe, ni corps à corps, ni affrontements directs et, dans la plupart des cas, ni poudre, ni fumée, ni tir au canon, ni sang versé. Toutefois, les destructions et les terribles souffrances infligées à la communauté internationale ne seront en rien inférieures à celles qui résultent d'une guerre de type militaire.

Au fur et à mesure de la disparition progressive des vieux terroristes spécialisés dans les enlèvements, les assassinats et les détournements d'avions, de nouvelles forces ont rapidement fait leur apparition et ont comblé le vide laissé par la génération précédente. En une dizaine d'années, la génération des terroristes totalement inconnus s'est transformée en une nuisance mondiale, au premier rang desquels figurent les pirates informatiques. La prolifération des ordinateurs personnels et surtout la constitution du réseau Internet ont permis aux *hackers* de nuire toujours plus à l'ordre social en vigueur par leurs actions malfaisantes. Lorsque nous parlons de *hackers*, nous désignons les criminels qui se servent d'Internet pour voler des renseignements, truquer des documents, répandre des virus, transférer des fonds et détruire des programmes, individus qu'il vaut mieux désigner par le terme de

« pirates informatiques* » afin de ne pas les confondre avec les *baladins du réseau* et autres, dépourvus d'intentions malveillantes. La capacité de destruction des opérations de piratage informatique dans le monde d'aujourd'hui est tout à fait saisissante. Dès 1988, au début de l'activité de ces pirates, alors que l'on ignorait tout de leur capacité de nuire, le tout petit « ver » conçu par Robert Morris réussit, en une matinée seulement, à paralyser complètement 6 000 ordinateurs du système informatique civil et militaire américain, dont ceux de l'Agence de la planification à longue échéance du ministère de la Défense, du Centre de recherchc de la Rand Corporation et de l'université Harvard. À partir de là, le phénomène ne cessa de s'étendre à tous les pays et territoires reliés au réseau Internet. Depuis qu'en 1990 le gouvernement américain a commencé à sanctionner durement les délinquants informatiques, l'activité des pirates ne s'est en rien ralentie. Comme une traînée de poudre, elle a au contraire gagné la terre entière. Il n'est pas vain de noter qu'après la publication par l'armée américaine du règlement intitulé « le combat informatique », mettant sur le même plan armées ennemies ou opposants du monde politique d'une part, usagers non autorisés, personnels internes, terroristes, organisations non étatiques et services de renseignements étrangers d'autre part, le tout constituant les six menaces possibles pour les réseaux, on commença à apercevoir les manifestations de pirates venus de la fonction publique ou de l'armée [8]. Cela non seulement renforça grandement les rangs des pirates, les actes isolés de *hackers* errants (*bandits du réseau*) s'élevant rapidement au niveau de l'action organisée des *hackers* d'État (*tyrans du réseaux*), mais tous les pays (y compris ceux qui abri-

* Les auteurs parlent de « bandits du réseau » et de « tyrans du réseau » ; voir plus bas dans le texte.

taient des hackers de l'État ou de l'armée) se retrouvèrent confrontés à une menace de plus en plus grande et de plus en plus difficile à prévenir et à enrayer. La seule chose prévisible, ce fut que le danger menaçant les États-Unis, vaste territoire du réseau Internet, serait certainement encore plus aigu qu'ailleurs. Face à cette perspective, même le responsable des enquêtes sur le crime informatique au FBI, déclara, mi-confiant, mi-inquiet : « Donnez-moi dix *hackers* triés sur le volet et, en l'espace de trois mois, j'oblige ce pays [les États-Unis] à rendre les armes. »

Comparée à celle que représentent les *bandits de réseau*, ces terroristes de l'Internet, la terreur exercée avec des bombes par Ben Laden est en apparence plus proche du terrorisme traditionnel. Mais cela ne nous empêche pas de ranger ce terrorisme dans la catégorie du nouveau terrorisme. Car, chez Ben Laden, outre l'arrière-plan religieux, voire sectaire, et la tendance à s'opposer au contrôle des grandes puissances, on peut certes voir l'ombre de ces vieux combattants bluffeurs, adorant se mettre en vedette, utilisant des armes légères et recourant toujours à la même méthode. Mais dans les autres domaines, on ne peut vraiment pas les mettre sur le même plan. Avant les grands attentats contre les ambassades des États-Unis à Nairobi et à Dar es-Salaam qui ébranlèrent le monde, le nom de Ben Laden était absent de la liste des trente organisations terroristes publiée par l'Organisation antiterroriste internationale. Même si auparavant de nombreux assassinats lui avaient été attribués, il ne s'était jamais fait connaître et il n'était qu'un « héros anonyme » du monde musulman. Et même après que les Américains eurent lancé des missiles de croisière et émis un mandat d'arrêt contre lui, il continua à nier tout lien avec les attentats. Avancer masqué – c'est-à-dire mettre l'accent sur l'efficacité sans chercher à jouir d'une réputation injustifiée – est peut-être la caractéristique majeure des nouveaux terroristes à la Ben

Laden. En outre, ayant appris à utiliser les moyens économiques, et à se glisser dans les failles de l'économie libérale instaurée par l'Occident, ils se sont assuré des revenus stables en créant des entreprises et même des banques, en se livrant au trafic de la drogue et à la contrebande à grande échelle, en revendant des munitions, en imprimant de grandes quantités de fausse monnaie et en collectant les contributions versées par les fidèles [9]. Partant de là, ces nouvelles organisations terroristes ont étendu leurs tentacules dans des domaines encore plus vastes, leurs moyens se sont encore diversifiés – parmi ceux-là, la large utilisation d'organisations religieuses ou de sectes pour développer leurs propres outils médiatiques de propagande, créer des milices antigouvernementales, etc. Leur fort pouvoir d'achat leur garantit la possibilité d'acquérir et de maîtriser une grande quantité de moyens de haute technologie, leur permettant de tuer encore plus de monde avec une grande facilité. Même si, à ce jour, la grande majorité des attentats perpétrés visaient des pays riches et des pays occidentaux, surtout les grandes puissances qui ont la capacité de contrôler d'autres pays, leurs attaques contre l'ordre existant et à l'encontre des règles couramment admises représentent une menace générale pour la communauté internationale. Il est connu que les nouvelles organisations terroristes présentées comme telles actuellement sont seulement comparables à quelques marées noires résultant des nouvelles activités terroristes à l'échelle mondiale. On peut affirmer toutefois qu'il existe aussi des courants troubles beaucoup plus importants, dont on ne sait rien, qui sont encore à l'état de bouillonnement sous la surface de l'eau.

Ceux qui se sont jetés depuis peu dans ce contre-courant, ce sont les spéculateurs financiers internationaux. Bien que, pour le moment, ils ne figurent pas au rang des terroristes, comparés à ces sémillants personnages, tirés à quatre épingles, auteurs de menées successives en Grande-Bretagne, au Mexique et en Asie du Sud-Est dont les conséquences ont été catastrophiques, les « bandits de l'Internet » et les « Ben Laden » sont loin de leur arriver à la cheville. Grâce aux capitaux flottants, dont le volume des transactions journalières excède les 1 200 milliards de dollars, les gros requins de la finance, représentés par George Soros, ont utilisé les règles de l'économie libérale et les moyens dérivés pour provoquer des tempêtes sur les marchés mondiaux et entraîner une suite de bouleversements financiers. Le résultat, c'est qu'après les pays d'Asie du Sud-Est, à la liste des victimes se sont ajoutés la Russie puis le Japon, et que finalement l'Europe et les États-Unis, qui observaient le malheur des autres d'un œil indifférent, n'ont pu tirer leur épingle du jeu. Le système financier et l'ordre économique mondial actuels s'en sont trouvés ébranlés dans leurs fondements, et c'est un nouveau désastre qui menace l'humanité et la sécurité internationale[10]. Les traits du phénomène – transnational, caché, sans règles et terriblement destructeur –, typiques du terrorisme, nous autorisent à le désigner sous le nom de *terrorisme financier*.

Face à l'énormité des appareils d'État, les terroristes et leurs organisations sont peut-être d'une taille insignifiante en termes d'effectifs et de moyens, cependant, aucun État n'ose les prendre à la légère du fait de leurs actes déments. La raison en est qu'ils agissent en dépit de toute règle. Une organisation terroriste disposant de l'arme nucléaire est beaucoup plus dangereuse qu'un État disposant de la même arme. Le credo de Ben Laden, « si je meurs, personne d'autre ne doit vivre », permet de comprendre qu'il n'a pas le moindre scrupule à plonger dans un bain de sang des dizaines de milliers d'innocents pour tuer une dizaine d'Américains. Avec pour logique « si je peux te cambrioler, c'est que ta porte n'est pas fermée à clé », George Soros ne se sent pas responsable de la destruction de l'économie ni du bouleversement de l'ordre politique d'autres pays.

Aux yeux d'un Ben Laden, caché dans les montagnes de l'intégrisme islamique, d'un George Soros dissimulé dans la forêt de l'économie libérale, ainsi que d'un pirate informatique camouflé derrière le voile d'azur des réseaux, il n'existe aucune frontière, et aucune limite territoriale n'a de valeur. Il faut donc s'attendre qu'ils détruisent à leur gré dans les domaines balisés par des règles et qu'ils agissent brutalement et sans la moindre retenue dans les domaines privés de règles. Face à ces forces terroristes d'un type nouveau qui font naître certains doutes à l'égard de la rationalité de l'ordre établi, l'ordre mondial actuel se trouve devant un grave défi inédit. Ceux qui maîtrisent la destruction des règles et ceux qui les amendent sont peut-être aussi nécessaires les uns que les autres. Toute abolition des règles suscite nécessairement une réflexion rigoureuse. Lorsqu'un ordre ancien est sur le point de disparaître, des opportunistes sont toujours prêts à suivre les tendances destructrices de cet ordre. Sur ce terrain, les nouveaux terroristes représentent à l'évidence une avant-garde dans la société internationale.

Face à un ennemi qui méprise les règles, il n'y a certainement pas de meilleure tactique pour s'en défendre que de les transgresser aussi. Récemment, pour affronter des ennemis qui vont et viennent sur le terrain de la guerre non militaire, les Américains ont utilisé des missiles de croisière ; le gouvernement de Hong Kong a eu recours aux réserves de devises et aux mesures administratives ; et le gouvernement britannique, enfreignant les règles admises, a autorisé ses services secrets à assassiner « légalement » des chefs d'État étrangers qu'il considérait comme des terroristes. Autant de signes qui témoignent d'une mise à jour des règles et d'une transformation des méthodes de combat. Mais cela révèle également la faiblesse d'une pensée et de moyens uniques. Les Américains auraient décidé d'utiliser la piraterie informatique pour rechercher et bloquer les comptes de Ben Laden dans les banques de tous les pays du monde afin de couper radicalement ses sources de financement. Il s'agit indéniablement d'une percée dans les méthodes de combat, hors du domaine militaire. On doit ajouter, à cet égard, que les terroristes – nouveaux et anciens –, attachés au principe de recourir à tous les moyens possibles, sont les meilleurs maîtres pour les gouvernements.

Le cocktail dans la coupe du grand maître

Le roi Wu* de Zhou il y a trois mille ans, Alexandre le Grand il y a plus de deux mille ans ignoraient sans doute ce qu'est un cocktail. Pourtant, l'un et l'autre s'avérèrent des experts du « cocktail » sur les champs de bataille. Car ils furent habiles à combiner ingénieusement plus de deux éléments du champ de bataille, à les jeter dans la mêlée et à remporter la victoire. « Un plus un » est la plus élémentaire et la plus ancienne des combinaisons. La lance et le bouclier permettent au soldat d'attaquer et de se défendre, d'avancer et de reculer. Deux hommes forment une escouade ; « les soldats aux armes longues servent à la défense, les soldats aux armes courtes servent à tenir une position ». Une paire de soldats qui savent se coordonner forment la plus petite unité tactique [11]. L'association du chevalier Don Quichotte et de son écuyer Sancho Pança signifie que la division des tâches entre la Cavalerie et le Train s'opérait déjà à leur époque et, donc, que leur équipe pouvait entreprendre une campagne lointaine contre des armées

* Litt. : le Guerrier.

malfaisantes, pour les beaux yeux d'une princesse imaginaire. Une association aussi simple recèle toute la magie des transformations infinies des opérations guerrières. Des armes blanches aux armes à feu puis aux armes nucléaires, pour arriver à la combinaison actuelle d'armes dites de haute technologie, cet instrument rituel placé entre les mains divines de la Victoire a toujours été présent tout au long de l'histoire de la guerre, soutenant dans l'ombre le vainqueur de chaque bataille. Lorsque le roi Guerrier [de Zhou] partit en guerre contre le roi Cruel de Shang*, il alignait 300 chars, 3 000 cavaliers de la garde et 45 000 cuirassiers [à pied], soit un nombre largement inférieur aux dizaines de milliers de fantassins de son adversaire. Mais la combinaison appropriée de chars et de fantassins dans cette petite armée avait considérablement augmenté sa puissance offensive. C'est ainsi que la bataille de Muye, telle une stèle inaugurale, marqua le début de la dynastie des Zhou et, 3 120 ans plus tard, reste pour nous le plus ancien exemple de *guerre combinée* qu'on puisse trouver. S'il en fut ainsi en Orient, l'Occident ne fait pas exception à la règle. La raison pour laquelle Alexandre réussit à vaincre Darius à la bataille d'Arbèles, c'est qu'il sut s'adapter aux changements en pleine guerre, en modifiant la configuration de la phalange qui, jusque-là, avait toujours été utilisée pour exercer une poussée linéaire, tant et si bien que l'adversaire fut pris au dépourvu. Sa méthode fut très simple : elle consista seulement à déplacer sa cavalerie en biais vers l'arrière, le long des deux ailes de la phalange, pour former un « grand carré creux », et ce déploiement singulier permit d'allier de la meilleure façon les qualités respectives de mobilité de la cavalerie et de stabilité de l'infanterie. Le résultat fut évidemment qu'Alexandre, dont

* Au XIe siècle avant notre ère.

les forces s'étaient trouvées dans une position désavantageuse, put vider allègrement la coupe de la victoire[12].

Lorsqu'on parcourt toutes les histoires de la guerre en Orient et en Occident, aucune description concernant l'art de la guerre ne mentionne la « combinaison » des forces. Or il semble qu'à toutes les époques les grands maîtres de la guerre aient instinctivement approfondi cette voie. Le roi Gustave de Suède fut un réformateur militaire des plus admirés du début de l'époque des armes à feu. Dans toutes les réformes qu'il entreprit concernant les formations de troupes et la position des armes, il eut recours à la méthode combinatoire. Il comprit très tôt que, dans une formation où les lanciers restaient en arrière et se mélangeaient avec les fusiliers, les premiers offraient une couverture aux seconds dans les intervalles entre deux salves, ce qui permettait de tirer le meilleur parti des avantages de chaque catégorie de soldats. Souvent, il utilisait aussi des unités mixtes composées de chevau-légers, de dragons et de fusiliers qui chargeaient à tour de rôle la ligne des tirailleurs ennemis, abrités par l'épaisse fumée de l'artillerie. Ce roi, qu'on appela par la suite « le premier grand expert de l'artillerie de campagne », comprit mieux encore la fonction et l'emploi de l'artillerie comme fondement des batailles décisives. Il conçut l'artillerie légère comme une combinaison de l'« artillerie de régiment » et de l'infanterie, l'artillerie lourde constituant une unité indépendante ; et le déploiement apparemment séparé de l'artillerie légère et de l'artillerie lourde forma une association parfaitement intégrée sur l'ensemble du champ de bataille. Aussi peut-on vraiment dire qu'à cette époque l'emploi de l'artillerie atteignit un sommet[13].

Néanmoins, tout cela est antérieur à l'apparition du grand spécialiste de l'artillerie que fut Napoléon. Si l'on compare le petit Corse, capable d'aligner plus de vingt mille canons sur un champ de bataille, et Gustave, avec ses deux cents canons, le premier fait figure de géant. De 1793 à 1814, c'est-à-dire pendant vingt ans exactement, aucun chef de guerre ne fut aussi versé dans l'art du canon que Napoléon, aucun autre que lui ne comprit aussi bien ses hommes. Personne ne sut mieux que lui allier la puissance mortelle de l'artillerie et la manœuvrabilité de la cavalerie, la bravoure d'un maréchal Davout et la brutalité d'un maréchal Murat, pour forger une force offensive qui acculait tous les ennemis à la fuite, et faire de l'armée française une machine de guerre avec laquelle aucun pays d'Europe n'osait rivaliser – machine qui d'Austerlitz à Borodino* contribua au mythe de l'invincibilité de Napoléon [14].

Le général Schwarzkopf qui, lors de l'opération « Tempête du désert », réussit le miracle de mener une grande guerre en ne perdant qu'une centaine d'hommes, n'est pas un militaire qu'on peut ranger dans la catégorie des grands maîtres. Il semble seulement avoir bénéficié d'autant de chance que tous les grands maîtres de l'art de la guerre. Cependant, l'important ce ne fut pas la chance ; ce fut que ce chef, qui commandait une grande armée moderne, sut comme ses prédécesseurs, voire mieux qu'eux, mettre l'accent sur la nécessité d'associer les éléments essentiels de la guerre. Car, dans la dernière décennie du XXe siècle, il avait en main un beaucoup plus grand nombre de cartes que ses aînés. Pour lui, dans cette guerre où il lui fallait chasser l'armée irakienne du Koweït, rétablir la ligne d'approvisionnement en pétrole de l'Occident et restaurer l'influence des États-Unis au Moyen-Orient, la clef de la victoire résidait dans son habileté à employer les moyens dont il dis-

* Pour les Français, bataille de la Moskowa, où Napoléon battit les Russes de Koutouzov.

posait – utilisation de l'Alliance, manipulation des médias, blocus économique – ainsi qu'à regrouper le commandement d'une armée alliée composée de forces terrestres, maritimes, aériennes, spatiales et électroniques fournies par une trentaine de pays pour en faire une force de frappe puissante dirigée contre Saddam Hussein. Il y parvint et, chose surprenante, son adversaire ne s'en rendit absolument pas compte. Une armée de plusieurs centaines de milliers d'hommes, plusieurs milliers de chars, plusieurs centaines d'avions, éparpillés sur un front d'une largeur et d'une profondeur de plusieurs centaines de kilomètres, semblables à des fers à béton, du sable et du ciment non malaxés, furent fondamentalement incapables de résister aux attaques foudroyantes du vieux poing à l'américaine, dur comme des structures en béton armé, après qu'eut été opérée une combinaison complète. Sans parler de la question des otages occidentaux, d'abord retenus puis libérés – première puis deuxième erreur – qui fut une réponse lamentable pour tenter de rompre l'isolement politique et le blocus économique.

Jusqu'à présent, qu'il s'agisse des guerres d'il y a 3 000 ans ou de celles de la dernière décennie du XXe siècle, il semble que toutes les victoires aient présenté la même caractéristique, celle d'avoir été remportées par des hommes qui étaient passés maîtres dans l'art de la combinaison des forces.

À l'heure actuelle, du fait de l'augmentation croissante et du perfectionnement ininterrompu des moyens de faire la guerre, en même temps que de la croissance rapide de l'*extension* de la guerre, sa *compréhension** commence aussi à s'approfondir. De nombreux facteurs qui n'étaient jamais apparus dans les guerres du passé sont entrés dans le monde de la guerre grâce à

* L'auteur fait ici appel aux notions d'*extension* et de *compréhension*, au sens de la logique formelle.

toutes sortes de combinaisons. L'addition de chaque élément nouveau a peut-être provoqué une transformation du champ de bataille et du mode de guerre, ainsi qu'une révolution des affaires militaires. Si l'on refait l'historique des armes de guerre, qu'il s'agisse des étriers, de la carabine, du canon chargé par la culasse, de la poudre sans fumée, du téléphone de campagne, de la télégraphie sans fil, du sous-marin, du char (tank), de l'avion, du missile guidé, de la bombe atomique, de l'ordinateur, des armes non létales, ou encore du système des armées organisées en divisions, du système des états-majors, de la « tactique de la meute »[15], du blitzkrieg, du tapis de bombes, des contre-mesures électroniques et de la guerre air-sol, l'apparition de tous ces éléments, combinés aux éléments clés du champ de bataille plus anciens, a créé des avantages hybrides et enrichi à des degrés divers le monde de la guerre actuel.

Or, depuis vingt ans, l'informatique, les virus, Internet, les outils de détournements financiers et autres techniques qui, fondamentalement, ne sont pas des moyens militaires, rendent encore plus difficile de prévoir quelle sera l'issue de la guerre de demain. Mais, à ce jour, pour la grande majorité des soldats ou des officiers, combattre sur le mode de la combinaison d'éléments est souvent un acte inconscient. Par conséquent, les combinaisons s'arrêtent généralement au niveau des armes, des méthodes de déploiement et du champ de bataille ; et les plans de guerre qui sont tracés se limitent le plus souvent au domaine militaire et s'y complaisent. Seuls les génies militaires peuvent, tels des météores, se dresser et enfreindre les règles, franchir les limites et combiner sciemment l'ensemble des moyens disponibles du moment pour interpréter le chef-d'œuvre immémorial qui change la tonalité de la guerre.

Si l'on a pu dire que, dans les guerres du passé, la combinaison n'était que la formule secrète d'une minorité de génies pour remporter la victoire, désormais, la tendance à concevoir la combinaison comme une méthode de combat devient chaque jour plus évidente. En outre, la guerre est en train de s'étendre à un domaine plus vaste et d'une plus grande portée. Tout ce que fournit l'époque de l'intégration technologique ouvre à l'art de la combinaison un espace aux possibilités quasi illimitées. On peut donc affirmer que celui qui saura concocter un cocktail au goût unique pour le banquet de la guerre future est assuré de pouvoir coiffer les lauriers de la victoire.

Utiliser l'addition pour dominer le jeu

Aujourd'hui, toutes les cartes ont été abattues. Nous savons désormais que la guerre ne sera plus ce qu'elle a été. Dans une très grande mesure, la guerre ne sera même plus la guerre mais plutôt une chose que nous n'avons jamais considérée comme guerre, telle qu'un échange de coups sur Internet, une bataille entre mass media, un conflit sur le marché à terme des devises, etc., et qui risque de nous laisser pantois. C'est-à-dire que ni l'ennemi, ni les armes, ni le champ de bataille ne seront ce qu'ils furent. Rien n'est sûr. Seule certitude, l'incertitude. Le jeu a changé. Dans cette situation aux incertitudes multiples, il va nous falloir définir une nouvelle règle du jeu. Cela ne devra pas être une potion unique capable de guérir tous les maux mais un produit hybride qui emprunte à tous les remèdes et qui réunisse tous les avantages, de sorte que le poirier donne des pêches puis des pommes. C'est ce que nous appelons la combinaison. D'ailleurs, c'est une carte que nous avons abattue au grand jour depuis longtemps.

Il y a un autre terme que nous n'avons jamais prononcé : « addition ». L'addition, c'est l'art de la combinaison.

Sur le ring, le boxeur qui du début à la fin du match n'utilise qu'un coup face à son adversaire est à l'évidence un homme incapable d'affronter un adversaire qui combine « direct », « jam », « swing » et « crochet », et de faire pleuvoir sur lui un déluge de coups. Notre propos ne saurait être plus simple : un plus un est supérieur à un. Le problème, c'est que ce principe, si simple qu'il pourrait être compris d'un enfant d'âge préscolaire, est resté étonnamment confus pour beaucoup de responsables de la sécurité nationale et de la guerre. Ces professionnels peuvent plaider leur cause en disant qu'ils sont justement en train d'appliquer la méthode de la boxe contre leur adversaire. Ils n'oublient jamais d'additionner sur le champ de bataille les diverses techniques, tactiques, armes et moyens. Ils peuvent aussi tirer dédaigneusement la conclusion que la combinaison n'est pas vraiment une marchandise très fraîche. On a toujours fait comme ça, d'Alexandre à Napoléon et jusqu'à Schwarzkopf. Ils ne savent pas que le fait de comprendre ou non ce qu'est la combinaison n'est pas la clé du problème. L'élément véritablement essentiel, c'est de savoir combiner quoi avec quoi et, en outre, de savoir comment les combiner. Le dernier point, mais en aucune façon le moins important, est de savoir si l'on a pensé à combiner le champ de bataille et le non-champ de bataille, le guerrier et le non-guerrier, le militaire et le non-militaire, ou, plus concrètement, les avions furtifs, les missiles de croisière et les tueurs de l'Internet, la menace nucléaire, la guerre financière et les attentats terroristes, ou carrément Schwarzkopf + George Soros + Morris Jr* + Ben Laden.

Voilà ce que nous appelons abattre vraiment son jeu.

---

* Célèbre pirate informatique (voir chap. 1).

Mais qu'il s'agisse de la combinaison ou de l'addition, l'une et l'autre ne sont que des coquilles vides. Il n'y a que lorsqu'elles se remplissent d'éléments sanglants ou cruels que les choses deviennent graves et que commence à se répandre une odeur de stupéfaction.

Face à cette conception entièrement nouvelle de la guerre, il n'y a aucun doute que la vision de la guerre à laquelle on s'était habitué va s'en trouver ébranlée. Les modèles de la guerre traditionnelle ainsi que les théories et méthodes qui s'y rattachent vont aussi se retrouver face à un défi. Le résultat de cette épreuve, s'il n'est pas l'effondrement de la tour Tradition, sera le désordre d'un nouveau chantier de construction. Du point de vue des règles, la plupart d'entre nous y verront un effondrement.

À ce stade, c'est comme si nous avions trouvé pourquoi cette révolution des affaires militaires, qui a débuté avec l'entrée en scène de la « haute technologie », a tant tardé à aboutir. Si l'on considère l'histoire de l'humanité et l'histoire de la guerre, on constate qu'il n'y a jamais eu une telle révolution accomplie après une simple révolution technique ou organisationnelle. C'est seulement à la suite d'une révolution de la pensée militaire traduisant l'aboutissement suprême de cette évolution qu'on pourra mettre un point final à ce processus global qu'est la révolution des affaires militaires. Comme par le passé, la question de savoir si la nouvelle révolution des affaires militaires engendrée par la haute technologie pourra aboutir à sa conclusion dépend de la distance qu'elle saura parcourir sur la voie de la révolution de la pensée militaire, à ceci près que, cette fois, elle devra sortir des ornières creusées depuis plusieurs milliers d'années par le char du dieu de la guerre.

Pour y parvenir, elle ne pourra que recourir à l'addition. Mais avant de le faire, elle devra s'affranchir de toutes les entraves politiques, historiques, culturelles et morales, et engager une réflexion approfondie. Sans cela, il n'y aura pas de révolution totale. Sans réflexion militaire approfondie, il ne peut pas y avoir de révolution des affaires militaires totale. Déjà par le passé, Sunzi et Clausewitz s'étaient enfermés dans les limites du domaine militaire ; seul Machiavel sut approcher cet espace de réflexion. Pendant longtemps, *Le Prince* et son auteur furent méprisés par les chevaliers et les souverains, tant Machiavel était en avance sur son temps. Ils ne pouvaient évidemment pas comprendre que franchir toutes les limites et toutes les frontières était justement le préliminaire à une révolution de la pensée, y compris de la pensée militaire. Jusqu'à nos jours, ces hommes qui savent seulement disposer des troupes impressionnantes sur un champ de bataille, qui croient en outre que la guerre c'est tuer, que l'art de la guerre c'est la méthode pour tuer, et pour qui rien d'autre n'est digne de leur intérêt, ces hommes n'ont pas compris non plus.

Les Américains n'ont certes pas été obtus au point de ne pas réagir du tout à cette question. Deux spécialistes du Centre de recherches stratégiques de l'académie militaire de l'armée de terre, qui ont soulevé la question de « la largeur de bande de la nouvelle révolution des affaires militaires », ont en fait été sensibles à ce point. Ils ont mesuré l'écart qui existait entre la pensée militaire de l'armée américaine et les menaces réelles qui pèsent sur la sécurité de l'État. Le retard de la pensée sur la réalité – sans même parler de son dépassement –, ce n'est pas seulement le défaut des militaires américains mais c'est leur trait caractéristique. « Lorsqu'une armée se concentre trop sur les moyens de faire face à un ennemi particulier, elle court le risque d'être attaquée et battue par un autre ennemi, extérieur à son champ de vision. » Les mêmes experts ont exprimé avec justesse leur préoccupation à ce sujet. Ils ont aussi montré que « même si les documents officiels font porter l'accent sur l'armée de terre (on peut entendre par là l'armée américaine tout entière, notent les auteurs), il faut rompre avec les schémas de pensée occidentaux afin d'élargir la représentation des conflits futurs. Mais si l'on se reporte à la plupart des descriptions sur la façon dont les armées numérisées du XXIe siècle feront la guerre, elles semblent se référer à des guerres de blindés contre les pays du pacte de Varsovie, menées avec des moyens techniques nouveaux ». L'armée américaine qui se prépare à la guerre, guidée par ce type de pensée militaire, espère évidemment que l'ennemi viendra se jeter sur ses fusils, comme elle l'avait escompté. Un vœu pieux aussi éloigné de la réalité ne peut déboucher que sur une sorte de perspective : « La grande majorité des projets actuels de développement de l'armée américaine, tels que "L'armée de terre du XXIe siècle"*, etc., se polarisent sur l'affrontement avec un ennemi blindé lourd classique. Et si, au début du siècle prochain, les États-Unis se heurtent à des ennemis dotés d'une technologie peu avancée, des ennemis de catégorie moyenne ou des ennemis de force équivalente à la leur, un problème d'insuffisance de largeur de bande risque de se poser[16] ». Or en fait, alors que le siècle à venir est seulement en vue, les Américains ont déjà rencontré cette difficulté face à des ennemis qui ne se limitent pas aux trois types évoqués ci-dessus. Qu'il s'agisse des attaques par piratage informatique, de l'attentat contre le World Trade Center ou des attentats à la bombe de Ben Laden, tous dépassent grandement la largeur de bande intellectuelle de l'armée américaine. Quelle que soit la manière d'affronter ce type d'ennemi, à l'évidence, la préparation de l'armée américaine reste insuffisante, que ce soit sur le plan psychologique ou sur celui des moyens, surtout en matière de théorie militaire et de l'art de la guerre qui en

* Projet du général Sullivan ; voir chap. IV, p. 131.

découle. Étant donné que, par respect de la tradition, elle n'a jamais envisagé, et a même refusé d'envisager, de choisir des moyens de combat autres que les moyens militaires, elle n'a évidemment pas pu combiner ces moyens pour en créer de nouveaux, ni créer de nouvelles méthodes de combat. En réalité, il suffirait d'entrouvrir les yeux, d'assouplir légèrement son mode de réflexion, pour s'autoriser à employer comme levier les nombreuses techniques et facteurs nouveaux, surgis à notre époque d'intégration technologique, ce qui permettrait de débloquer la roue de la révolution des affaires militaires rouillée par le retard de la pensée. On apprécie ici la profondeur de la vieille maxime : « La pierre d'autres montagnes peut servir à polir notre jade. »

Nous ne pouvons nous refuser de nous montrer un peu plus hardis en battant toutes les cartes que nous avons en main, de procéder à une nouvelle donne et de voir ce qui en sortira.

Imaginons que deux pays développés, totalement informatisés, se fassent la guerre. Selon l'art de la guerre traditionnel, l'agresseur utilisera généralement le modèle « grande profondeur, large front, haute intensité et tridimensionnalité » pour engager la bataille. Les moyens mis en œuvre n'iront pas au-delà de la reconnaissance par satellite, du brouillage électronique, des bombardements aériens de grande ampleur doublés d'attaques précises, des débordements terrestres, des débarquements amphibies, des parachutages derrière les lignes ennemies... Et si le résultat n'est pas la reddition de l'ennemi, ce sera la retraite de sa propre armée. En revanche, avec l'art combinatoire, on obtiendra sans doute un tout autre tableau et un tout autre dénouement. Par exemple : alors que l'ennemi ne s'y attend pas du tout, l'assaillant mobilisera secrètement une masse de capitaux et lancera une attaque surprise contre ses marchés financiers ; après avoir provoqué une crise financière, il opérera une attaque de ses réseaux grâce à des virus implantés à l'avance dans les systèmes informatiques de l'adversaire et à l'intervention d'équipes de pirates informatiques. Il provoquera ainsi l'effondrement total du réseau électrique civil, du réseau de régulation des transports, du réseau de transactions boursières, des réseaux de télécommunications et des réseaux médiatiques, déclenchant une panique sociale, des troubles civils et une crise gouvernementale. Pour finir, « une puissante armée massée aux frontières » augmentera progressivement l'emploi des moyens militaires jusqu'à acculer l'ennemi à signer un traité sous la contrainte. Cette méthode n'atteint certes pas le niveau, cher à Sunzi, consistant à « soumettre l'adversaire sans avoir à combattre », mais on pourrait dire qu'elle consiste à « soumettre l'autre armée en combattant habilement ». Quand on compare ces deux tactiques, la supériorité de l'une par rapport à l'autre saute aux yeux.

militaire	**supramilitaire**	**non militaire**
guerre nucléaire	guerre diplomatique	guerre financière
guerre conventionnelle	guerre de réseau	guerre commerciale
guerre biochimique	guerre du renseignement	guerre des ressources
guerre écologique	guerre psychologique	guerre d'aide économ.
guerre spatiale	guerre technologique	guerre réglementaire
guerre électronique	guerre de contrebande	guerre de sanctions
guerre de partisans	guerre de la drogue	guerre médiatique
guerre terroriste	guerre virtuelle (dissuasion)	guerre idéologique

Il ne s'agit toutefois que d'une idée, mais c'est indéniablement une idée réalisable. Selon cette idée, il nous suffirait d'agiter le kaléidoscope de l'addition pour combiner une variété de tactiques véritablement hallucinante.

N'importe laquelle des tactiques énumérées ci-dessus peut s'additionner et se combiner avec n'importe quelle autre pour créer une tactique entièrement nouvelle[17]. Qu'il soit volontaire ou non, l'art militaire consistant à associer différentes méthodes de combat en les sortant de leur domaine et de leur catégorie a déjà été utilisé par divers pays dans des guerres réelles. Ainsi, l'art de la guerre utilisé par les Américains face à Ben Laden a été une combinaison de guerre terroriste + guerre du renseignement + guerre financière + guerre de réseau + guerre réglementaire. De même, face à la crise de la Fédération yougoslave au Kosovo, les pays de l'OTAN ont utilisé les moyens de la menace armée + guerre diplomatique (alliance) + guerre réglementaire. Auparavant, les Nations unies, sous la houlette des États-Unis, avaient utilisé face à l'Irak un art militaire multiple, fait de guerre conventionnelle + guerre diplomatique + guerre de sanctions + guerre réglementaire + guerre médiatique + guerre psychologique + guerre du renseignement. Nous avons aussi remarqué que le gouvernement de Hong Kong, dans sa guerre pour la protection financière d'août 1998 lancée contre les spéculateurs, avait eu recours aux moyens suivants : guerre financière + guerre réglementaire + guerre psychologique + guerre médiatique. Même si le coût de cette guerre fut élevé, en fin de compte les résultats furent excellents. En outre, la méthode utilisée par Taïwan, qui a consisté à imprimer de grandes quantités de faux billets de banque chinois, pourrait très facilement devenir un moyen de guerre combinant guerre financière + guerre de la contrebande.

D'après ces exemples, on voit le rôle extraordinaire que peut jouer l'art de la guerre par l'addition-combinaison. Si dans le passé, du fait des moyens limités et des conditions techniques, les responsables de la guerre ne pouvaient pas combiner librement tous les facteurs importants aptes à triompher, de nos jours la grande explosion des techniques, dont l'informatique est le fer de lance, nous fournit désormais cette possibilité. Il suffit de le vouloir et en outre de ne pas laisser les intentions subjectives nous écarter des règles objectives ; nous pourrions, selon les besoins, arranger les cartes que nous avons en main de toutes les manières possibles, et même, en fin de compte, remporter la partie.

Toutefois, personne n'est capable de délivrer une ordonnance garantissant la victoire pour toutes les guerres à venir.

Toutes sortes de tactiques sont apparues dans l'histoire des guerres de l'humanité et la plupart sont tombées dans l'oubli au fil du temps. La raison en est que ces tactiques avaient été fixées pour répondre à un objectif précis ; une fois l'objectif disparu, la méthode perd sa raison d'être. Un art militaire vraiment vivant doit être une « coquille vide ». Cette « coquille vide » ne doit compter que sur la réflexion et la raison pour « répondre à tous les changements sans changer elle-même ». Ce que nous appelons la combinaison est justement cette *coquille vide de la pensée militaire*, qui diffère de n'importe laquelle des tactiques fortement ciblées du passé. C'est seulement lorsqu'on a rempli la coquille d'éléments concrets qu'elle peut commencer à avoir une orientation. La clé de la victoire dans une guerre ne tient à rien d'autre ; elle dépend seulement de ce qu'on a mis dans la coquille.

Yue Fei, le stratège chinois de la dynastie des Song, disait à propos de l'art de la guerre : « L'excellence de son emploi tient à l'existence d'une volonté unique. » Bien qu'à première vue cette phrase paraisse obscure, c'est en fait la seule explication précise de l'emploi exact de la méthode combinatoire. C'est seulement lorsqu'on aura compris cela qu'on aboutira à une tactique qui dépasse toutes les autres, aussi nombreuses soient-elles. C'est ce que résume la formule « dix mille méthodes se ramènent à une seule ». C'est même l'aboutissement final de l'art de la guerre. En dehors de la possibilité de dépassement offerte par la méthode combinatoire, en elle-même libre de toute entrave, il est impossible d'imaginer une tactique qui échappe au filet de la combinatoire.

La conclusion est aussi simple que cela, mais elle ne peut certainement pas sortir du cerveau d'un simplet.

NOTES

1. La guerre est le jeu le plus caractéristique mais elle est rarement conforme à la classique théorie des jeux. Car la guerre est par nature une activité irrationnelle de l'homme et quand elle se fonde sur les conjectures de « l'homme rationnel », elle est facilement prise en défaut. Les effets terrifiants des armes nucléaires poussent l'humanité à rechercher progressivement une rationalité perdue depuis longtemps dans des actions extrêmement peu rationnelles. Et le processus de mondialisation conduit l'humanité, qui aspire à la sécurité nationale, à abandonner la « malédiction du prisonnier » et à ne plus tomber dans les « combats de coqs » de type hégémonique des États-Unis et de l'URSS, selon le mode de pensée de « l'homme rationnel ». Le jeu de l'économie, tantôt coopératif, tantôt concurrentiel, commence à imprégner le domaine militaire et à influer sur la guerre de l'époque nouvelle. (Lire Zhang Weiying, *Boyilun yu xinxijingjixue* [Théorie des jeux et économie de l'information], Shanghai sanlian shudian et Shanghai renmin éd., 1996.)

2. À partir du 15 mars 1997, l'armée américaine organisa des manœuvres opérationnelles de haut niveau avec une force d'intervention composée d'une brigade numérisée pendant quatorze jours au Centre national d'entraînement de Fort Irwin, en Californie. Selon les observations du général Reimer, chef d'état-major de l'armée de terre, l'objectif de ce test était de déterminer si dans la pratique la technologie d'une armée du XXIe siècle répondait ou non aux trois questions décisives suivantes : Où suis-je ? Où sont mes compagnons ? Où est l'ennemi ? D'après ce test, les troupes qui avaient été modifiées et utilisaient des armes à techniques numériques opéraient beaucoup plus vite, avaient une plus grande puissance destructrice et une capacité de survie supérieure. On peut lire

un rapport complet sur ces manœuvres dans *Defense News* du 17-23 mars 1997.

3. Le numéro de 1997 de *Strategy Review* insiste à nouveau sur le fait que les tâches et le niveau des capacités militaires de l'armée américaine ont gagné simultanément deux combats régionaux de grande ampleur. Cela marquait en fait la poursuite de la stratégie militaire et de la politique de construction de l'armée de l'époque de la guerre froide. Dans l'article intitulé « Building a Military Revolution-Type United States Army – A Troop Reform Plan Different from the "Four Year Military Examination Report" », James R. Blacker souligne que cette politique « était un projet militaire conçu il y a vingt ans et choisi pour la période qui s'était achevée il y a dix ans ». (*Strategy Review*, été 1997.)

4. Voir le rapport de recherche du Strategic Research Institute du War College de l'armée de terre américaine, *Strategy and the Military Revolution : from Theory to Policy*, section 8.

5. En fait, il s'agissait d'un problème irakien, que Bush était également incapable de résoudre complètement. Saddam était de plus en plus un sujet de préoccupation dont les Américains avaient du mal à se débarrasser.

6. L'opération « Renard du désert » récemment menée par les États-Unis et la Grande-Bretagne est aussi une évidente violation grave de la charte des Nations unies.

7. Le sens originel de *hacker* était neutre et n'avait aucune connotation péjorative. À partir de leur obsession de la technique et de leurs bonnes intentions à l'égard de la société, les premiers pirates informatiques établirent des règles particulières auxquelles adhérèrent plusieurs générations de hackers. Mais sur le réseau d'aujourd'hui, où la dégénérescence morale s'accentue de jour en jour, cette attitude de gentleman n'a plus cours.

8. En 1996, le ministère de la Défense des États-Unis créa un Bureau des systèmes d'information pour renforcer la protection des systèmes d'information militaires. La même année, on annonça aussi la création du President's Committee on the Protection of Key Infrastructure. Cette commission est chargée de protéger les télécommunications et les systèmes financiers, la production d'électricité, l'eau, les pipelines et les transports. Tout cela est destiné à répondre à des menaces réelles. Le FM 100-6 Field Command Information Operations de l'armée américaine a clairement établi que « les menaces qui pèsent sur les infrastructures d'information sont réelles, qu'elles émanent du monde entier, qu'elles se manifestent dans de nombreux domaines techniques et, en outre, que ces menaces sont en train d'augmenter. Elles proviennent d'individus et de groupes et elles recherchent des avantages militaires, politiques, sociaux, culturels, religieux ou individuels et corpora-

tistes. Ces menaces proviennent aussi de fous de l'information » (p. 7 de la traduction chinoise).

9. Le plus ironique de l'affaire, c'est que la société de construction du clan Ben Laden avait bâti les casernes de l'armée américaine en Arabie saoudite.

10. L'aspect le plus troublant du terrorisme financier, ce sont les « fonds volatiles » qui permettent de lancer en quelques jours des attaques contre l'économie d'un pays, les cibles allant des banques centrales aux populations les plus humbles.

11. *Zhongguo lidai zhanzhengshi* [Histoire de la guerre en Chine], Junshi yiwen éd., vol. I, p. 78, chapitre sur la bataille de Muye.

12. J. F. C. Fuller, *Les Batailles décisives du monde occidental,* Berger-Levrault, 1980.

13. T. N. Dupuy, *The Evolution of Weapons and Warfare*, pp. 169-176.

14. Tearly, *Biography of Napoleon.* John Roland Ross, *Biography of Napoleon.*

15. Technique d'attaque des navires marchands à l'aide de sous-marins mise au point par l'amiral Dönitz, commandant de la flotte sous-marine allemande pendant la Seconde Guerre mondiale. La méthode était la suivante : lorsqu'un sous-marin avait repéré un groupe de cargos ennemis, il en avisait les autres sous-marins qui une fois rassemblés fondaient sur leur proie comme une meute de loups.

16. *Strategy and the Military Revolution : from Theory to Policy (op. cit.).*

17. À notre avis, les trois types de guerre décrits ici sont des guerres bien réelles et non des métaphores ou des descriptions. Les guerres de type militaire sont toujours des guerres traditionnelles et classiques qui font appel aux armes. Les divers types de guerre appartenant à la catégorie non militaire n'ont rien d'exceptionnel en tant qu'affrontement, mais en tant que guerres, elles sont une nouveauté. Les guerres supramilitaires se situent entre les deux. Elles comportent certaines méthodes anciennes telles que la guerre psychologique et la guerre du renseignement. Elles en comportent d'autres tout à fait nouvelles comme la guerre des réseaux, la guerre virtuelle, à savoir le virtuel électronique. La méthode par laquelle Mozi mit Gongshu Ban en échec relève partiellement de la guerre virtuelle. Voir *La Stratégie des royaumes combattants*,* « Stratégie protectrice des Song – Comment Gongshu Ban conçut une machine pour permettre à l'État de Chu d'attaquer l'État de Song ».

---

* Ouvrage historique du IIIe siècle avant notre ère portant sur la période du même nom (403-222).

CHAPITRE 6

À la recherche de la règle de la victoire : porter l'épée au flanc de l'adversaire

« Quand je fais de la surprise une règle, l'ennemi s'attend à une surprise ; je l'attaque alors selon la règle. Quand je fais de la règle une surprise, l'ennemi s'attend à une attaque selon la règle ; je l'attaque alors par surprise. »

Li Shimin*

On aura beau discuter de combinaisons à l'infini, il ne faut pas se focaliser là-dessus. Il convient aussi de resserrer l'angle de vue et d'essayer de déceler dans la combinaison un secret plus fondamental. Faute de percer ce secret, opérer cent combinaisons sans en saisir l'essentiel ne servira à rien.

Dans l'histoire de la guerre, on n'a jamais connu une seule victoire remportée en douceur. C'est pourquoi toutes les éditions des *Discours militaires* contiennent des termes techniques tels que « direction de l'attaque principale », « objectif de l'assaut principal », « attaque feinte », « mouvement de feinte »,

* Li Shimin (599-649) : prince de Tang et grand stratège qui devint empereur sous le nom de Taizong et emploiera son règne à unifier la Chine.

« débordement-contournement », permettant de distinguer les actions principales des actions secondaires. Ce qui se cache derrière ces termes techniques ne relève pas seulement de considérations sur le fait qu'« à la guerre toutes les ruses sont permises » ni sur l'emploi rationnel de la force. Se fiant à leur instinct, les généraux célèbres ou les combattants obscurs ayant remporté d'innombrables victoires ont tous constaté l'existence de ce que l'on pourrait appeler les « règles de la victoire » et s'en sont approchés des milliers de fois. Mais jusqu'à ce jour, aucun stratège, aucun sage, n'a osé dire « je les ai trouvées », ni n'a même mené à bien la tâche de leur donner un nom. En fait, elles se cachent dans les réalités militaires successives qu'a connues l'humanité. On pourrait dire que chaque victoire classique a permis de les vérifier. Sauf qu'à chaque fois, les hommes n'ont pas voulu reconnaître ces règles ou oser affirmer qu'ils les avaient vues à l'œuvre, préférant souvent en attribuer les effets à un sort mystérieux. De nombreuses monographies sur l'histoire de la guerre, écrites « après la bataille », fournissent des descriptions tellement absconses qu'au bout du compte on ne parvient pas à en saisir l'essentiel. Or les règles de la victoire existent bel et bien. Elles sont là. Elles accompagnent chacune des guerres de l'humanité comme un être invisible. Le chef vers qui la Victoire pointe sa main d'or est celui qui franchit l'arc de triomphe en foulant aux pieds les vaincus affligés. Cependant, même vainqueur, il n'a jamais vu son vrai visage.

Savoir se conformer en secret à la règle de la section dorée

« Tout est une question de nombres. » C'est en suivant cette voie de réflexion que l'ancien sage Pythagore[1] serait tombé par hasard sur un groupe de chiffres mystérieux : 0,618. Et c'est ainsi qu'il découvrit la règle de la section dorée !

$$(\sqrt{5} - 1)/2 \approx 0{,}618$$

Depuis lors, il y a 2 500 ans, cette formule est considérée par les artistes plasticiens comme la règle d'or de l'esthétique. Comme le démontre l'histoire de l'art de manière convaincante, presque toutes les œuvres réputées être des chefs-d'œuvre, qu'elles aient été réalisées en un tournemain ou avec application, ont des caractéristiques fondamentales proches de ou conformes à cette formule. Depuis longtemps, les hommes s'extasient devant la beauté du Parthénon, enclins à lui attribuer une origine divine. Par une suite de mesures et de calculs, on finit par découvrir que la relation entre les lignes verticales et horizontales de cet édifice correspondait exactement au rapport 1/0,618. Dans son ouvrage *Vers une architecture**, le grand architecte contemporain Le Corbusier partit également de la règle du nombre d'or pour établir son importante théorie de l'« échelle de base de la construction** », qui a profondément influencé les architectes du monde entier[2]. Malheureusement, cette théorie que le Créateur a peut-être utilisée pour révéler à l'humanité une règle applicable à tous les domaines n'est jamais sortie du domaine de la création artistique. À part les Muses, exceptionnellement douées, qui a deviné que cette

* Le Corbusier, *Vers une architecture*, Vincent, Fréal & Cie, Paris, 1958.

** Appelée le « modulor » par Le Corbusier.

règle esthétique valant de l'or pourrait aussi devenir, ou même est déjà, une règle à suivre aussi dans d'autres domaines ? Ce n'est qu'en 1953 que l'Américain J. Kieffer utilisa le nombre d'or pour rechercher des points expérimentaux. Le mathématicien chinois Hua Luogeng tira de cette découverte la « loi du choix optimal », appelée aussi loi de 0,618. Cette méthode fut largement diffusée en Chine pendant un temps. Quoique, à notre connaissance, le mouvement de diffusion du type tactique de la mer humaine ait donné de faibles résultats, il a ouvert des perspectives à l'emploi de la règle du nombre d'or dans des domaines autres qu'artistiques [3].

En réalité, longtemps avant la connaissance de la règle du nombre d'or, les hommes, suivant leur instinct, l'avaient appliquée à maintes reprises dans des domaines pratiques propres, sans exclure évidemment le domaine militaire. Il est très facile de trouver les traces éphémères des pattes de cette bête mystérieuse dans les célèbres campagnes et batailles exceptionnelles de l'histoire de la guerre.

Sans avoir à porter son regard très loin, on pourrait découvrir que les exemples de faits d'armes conformes à cette règle abondent. De l'arc du tranchant du sabre de cavalerie jusqu'à l'apogée de la trajectoire décrite par une balle, un obus ou un missile balistique, de l'altitude et la distance optimales du lâcher de bombe d'un avion en piqué [4] qui se met en mode bombardement jusqu'à la relation entre la longueur de la ligne d'approvisionnement et le tournant de la guerre, l'ombre du nombre 0,618 plane partout.

En parcourant une histoire de la guerre, on sera étonné de s'apercevoir que le nombre 0,618 apparaît par intermittence, serpentant comme un fil d'or dans les guerres du passé et du présent, en Chine comme à l'étranger. À l'époque des Printemps et des

Automnes*, pendant la guerre entre les États de Jin et de Chu, le duc Li de Jin conduisit une armée contre l'État de Zheng et livra une bataille décisive à Yanling contre l'armée de Chu qui était venue porter secours à Zheng. Se rendant à la suggestion de Miao Penghuang, transfuge de Chu, le duc Li attaqua l'armée de gauche des troupes de Chu avec une partie de son armée centrale. Avec l'autre partie, il attaqua l'armée centrale de Chu, et réunit l'armée du haut, l'armée du bas, la nouvelle armée et les troupes de la noblesse pour attaquer l'armée de droite des forces de Chu[5]. Le choix du principal point d'attaque tombait exactement sur le point défini par le nombre d'or. Nous avons parlé plus haut de la bataille d'Arbèles qui opposa Alexandre à Darius[6]. Les Macédoniens choisirent comme point d'attaque la jonction entre l'aile gauche et le centre des troupes perses. Le hasard voulut que cette portion correspondît justement au *point d'or* de l'ensemble de la ligne de front.

Depuis plusieurs centaines d'années, les hommes ont du mal à s'expliquer pourquoi les cavaliers mongols de Gengis Khan réussirent à déferler sur le continent eurasiatique comme un ouragan. Les facteurs comme la sauvagerie, la cruauté et la perfidie des Barbares ainsi que la mobilité de leur cavalerie ne suffisent pas à fournir une explication totalement convaincante. Peut-être y a-t-il une autre raison, plus importante ? Le lecteur s'en doute, la règle du nombre d'or fait une fois de plus merveille. En effet, nous avons découvert que l'ordre de bataille des cavaliers mongols différait énormément du carré traditionnel occidental. La formation en cinq rangs comportait deux cavaliers lourds, cuirassés et caparaçonnés, pour trois cavaliers légers, rapides et mobiles – ce qui est

* Période de la dynastie des Zhou qui s'étend de 722 à 481 avant notre ère.

encore une proportion correspondant au nombre d'or ! Le niveau de compréhension génial de ce penseur à cheval force l'admiration. Il est naturel qu'une grande armée commandée par un chef de cette valeur ait eu une plus grande puissance de choc que les forces européennes qu'elle affrontait.

Il semble qu'en dehors du don inné avec lequel ils appliquèrent la règle du nombre d'or aux arts religieux, les chrétiens d'Europe aient été longs à entrevoir d'autres domaines d'application. À l'époque de la poudre noire, alors que les mousquets remplaçaient progressivement les piques, le chef de guerre hollandais Maurice de Nassau*, qui avait été le premier à transformer le carré traditionnel en mélangeant le même nombre de mousquetaires et de lanciers, n'avait toujours pas pris conscience de ce point. C'est seulement après que le roi Gustave de Suède eut réorganisé le front avec un centre fort et des flancs faibles que l'armée suédoise devint l'armée d'Europe possédant la plus grande puissance de combat. Sa méthode fut la suivante : à la troupe centrale composée à l'origine de 216 lanciers et de 198 mousquetaires, Maurice de Nassau ajouta 96 mousquetaires. Ce changement donna aussitôt la prééminence à l'usage des armes à feu, marquant ainsi la ligne de partage entre le temps des armes blanches et celui des armes à feu. Il va sans dire que la proportion entre 198 + 96 mousquetaires et 216 lanciers nous fait voir à nouveau la facule** de la règle du nombre d'or.

Mais ce n'est pas tout. Voyons un peu comment, à plusieurs reprises, elle s'est « manifestée » avec obstination, comment elle nous a donné des signes clairs, avant que nous reconnaissions qu'elle n'était pas seu-

* Prince d'Orange, stathouder des Provinces-Unies (1567-1625).

** Zone brillante du disque solaire.

lement une règle esthétique. En juin 1812, Napoléon attaque la Russie. En septembre, après la campagne de Borodino où il n'est pas parvenu à écraser les forces vives de l'armée russe, il entre dans Moscou. À ce moment-là, Napoléon n'imagine pas que le génie et la chance l'abandonnent peu à peu et que le sommet et le tournant de sa carrière arrivent simultanément. Un mois plus tard, les troupes françaises se retirent de Moscou sous les bourrasques de neige. Trois mois d'avance victorieuse plus deux mois entre le succès et la chute : par rapport à l'axe du temps, lorsque l'empereur de France contemple la ville de Moscou ravagée par les flammes, il a le pied posé juste sur la ligne tracée par le nombre d'or.

Par un autre mois de juin, cent trente ans plus tard, l'Allemagne nazie lance le plan « Barberousse » contre l'Union soviétique[7]. Durant deux bonnes années, l'armée allemande garde l'offensive, jusqu'au mois d'août 1943 où, avec la fin de l'opération « Citadelle », elle est désormais sur le repli, se montrant incapable de mener contre l'armée soviétique une seule offensive digne du nom de campagne. Peut-être devrions-nous encore considérer cet autre fait comme une coïncidence : la bataille de Stalingrad, que tous les historiens considèrent comme le tournant de la guerre patriotique soviétique, se produit exactement dans le dix-septième mois après l'éclatement de la guerre, c'est-à-dire au mois de novembre 1942, soit au « point d'or » sur l'axe du temps comprenant les vingt-six mois entre l'ascension et le repli de l'armée allemande.

Examinons encore une fois la guerre du Golfe. Avant les hostilités, les spécialistes des affaires militaires avaient prévu que si les pertes infligées par les bombardements aériens aux équipements et aux hommes de la garde républicaine atteignaient ou dépassaient 30 %, elle perdrait l'essentiel de sa capacité offensive. Pour que les pertes subies par l'armée irakienne atteignent cette limite, l'armée américaine ne cessa d'allonger la durée des bombardements. Au moment où le « sabre du désert » sortit de son fourreau, 38 % des 4 280 chars, 32 % des 2 280 véhicules blindés et 47 % des 3 100 pièces d'artillerie de l'armée irakienne présents dans la zone des combats avaient été détruits. La capacité de l'armée irakienne avait alors baissé de 60 % environ. À l'aube du 24 janvier 1991, la lueur mystérieuse du nombre 0,618 recommençait à clignoter au travers de ces données cruelles. Cent heures plus tard, on annonçait la fin des combats terrestres de la « Tempête du désert ».

Ces exemples perdus dans les nuées de l'Histoire paraissent incroyables. Pris isolément, ils semblent tous être le fruit du hasard. Mais le Créateur ne fait jamais rien sans raison. Lorsqu'un trop grand nombre de hasards se traduit par le même phénomène, peut-on continuer tranquillement à les considérer comme des hasards ? Non. On est obligé de reconnaître qu'ils obéissent à une règle.

La grammaire de la victoire – la règle « latéral-frontal »

Dans la grammaire chinoise, il existe une structure de phrase fondamentale. Dans cette structure, la phrase ou le groupe de mots se divisent en deux parties : le mot central et le qualificatif. La relation entre les deux est celle de qualifiant et qualifié, le premier qualifiant le second et déterminant l'orientation et les caractéristiques du second. Pour être plus précis, le premier est l'apparence et le second l'organisme. On détermine généralement la différence entre deux personnes ou deux objets non par leur existence en tant qu'organisme mais par leur apparence et leur aspect. Dans cette perspective, par rapport au mot central, le qualificatif devrait, dans une grande mesure, être considéré comme le centre de la phrase ou du groupe de mots. Par exemple : pomme rouge. Avant d'être qualifié par « rouge », le mot « pomme » ne fait que désigner vaguement cette sorte de fruit et n'a qu'un caractère général, tandis que « rouge » confère à cette pomme une spécificité permettant de déterminer que c'est « celle-ci ». À l'évidence, « rouge » joue un rôle significatif dans ce groupe de mots. Autre exemple : zone économique spéciale. Sans le mot « économique », le groupe de mots « zone spéciale » n'est qu'une notion de division territoriale. Une fois qu'il est qualifié par « économique », il acquiert une appartenance et une orientation particulières, il devient le point d'appui du levier économique utilisé par Deng Xiaoping pour réformer la Chine. Or cette structure est un des modes fondamentaux de la grammaire chinoise, qu'on pourrait appeler la structure de type latéral-frontal.

La présence de cette structure où le côté qualifie la face est si répandue dans la langue chinoise que les gens qui la parlent ne sauraient s'exprimer sans s'en servir. Si en effet il n'y avait dans une phrase que des mots sujets sans qualificatif dominant, cette phrase perdrait sa clarté, à cause de l'absence de facteurs comme le degré, le lieu et le mode, qui permettent de s'en saisir concrètement. Si, par exemple, dans les groupes de mots tels que « brave type », « sale affaire », « grand immeuble », « drapeau rouge » et « course rapide », on supprimait tous les qualificatifs, les mots centraux qui les accompagnent deviendraient des mots neutres sans désignation concrète. Cela nous montre que, dans la structure de type latéral-frontal, le « latéral » occupe par rapport au « frontal » une place déterminante pour la phrase ou le groupe de mots. C'est-à-dire que, dans un certain sens, on peut considérer que la structure latéral-frontal fait du mot central le sujet et de l'adjectif le mot dominant, ou encore que la « face » est le corps du « côté » et que le « côté » est l'âme de la « face ». Une fois établi que le corps est une sorte de prémisse, l'âme prend à l'évidence un sens plus décisif. Cette relation où le sujet est subordonné à l'élément dominant est la base de l'existence de la structure latéral-frontal. En même temps, en tant que mode structurel de système symbolique correspondant au monde objectif, elle semble nous suggérer un élément qui dépasse la régularité du domaine du langage.

Si l'on poursuit dans cette voie, on voit très rapidement que la relation latéral-frontal existe massivement, non seulement dans les groupes de mots comme « brave type », « sale affaire », « grand immeuble » ou « drapeau rouge », mais aussi dans les termes militaires comme [navire] porte-avions, missile de croisière, avion furtif, transport de troupes blindé, canon automobile, bombe de précision, ou encore force de réaction rapide, guerre intégrée air-sol ou opération combinée. Dans le monde extérieur au domaine linguistique, cette relation est aussi omniprésente. C'est là que, dans notre théorie, réside le sens de notre emprunt – il s'agit strictement d'un emprunt et non d'une copie – de la méthode rhétorique présente seulement dans les systèmes de langage humains. Nous n'avons pas l'intention de faire coïncider de force guerre et rhétorique mais seulement d'emprunter le doublet « latéral-frontal » pour expliquer l'élément qui est au cœur de notre théorie, car nous considérons que la relation latéral-frontal est très présente dans le mouvement et le développement de nombreux phénomènes. En outre, dans cette relation, c'est souvent l'aspect « latéral » et non l'aspect « frontal » qui joue le rôle dominant, rôle que nous décrirons pour le moment comme une « modification du frontal par le latéral » – (il ne s'agit pas du sens propre de la structure latéral-frontal en tant que méthode rhétorique mais seulement du sens que nous lui donnons). Par exemple, dans un pays, le peuple est le sujet et le gouvernement l'élément dominant ; dans une armée, les soldats, les sous-officiers et les officiers de rang moyen sont le sujet tandis que le commandant en chef est l'élément dominant ; dans une explosion nucléaire, l'uranium ou le plutonium est le sujet alors que les moyens de bombardement sont l'élément dominant provoquant la réaction en chaîne ; dans une crise financière comme celle qui a affecté l'Asie du Sud-Est, les pays victimes sont le sujet tandis que les spéculateurs financiers sont l'élément dominant qui a causé cette crise. Sans l'élément dominant qu'est le gouvernement, le peuple n'est qu'une masse de grains de sable épars ; sans l'élément dominant qu'est le commandant en chef, les soldats ne sont qu'une troupe désordonnée ; sans moyen de bombardement, l'uranium et le plutonium ne sont que des minéraux ; sans l'activité perturbatrice des spéculateurs financiers, les mécanismes régulateurs des pays victimes leur auraient permis d'éviter une catastrophe financière. Dans ce type de relation, si l'on écarte le facteur d'interaction bidirectionnelle, la réponse à la question de savoir quel est l'élément latéral et quel est l'élément central – qui détermine quoi – tombe sous le sens.

Cette structure de type latéral-frontal est une structure asymétrique et il existe par conséquent une relation de déséquilibre entre les deux éléments. Sur ce point, elle est très semblable à la règle du nombre d'or : les nombres 0,618 et 1 constituent une structure asymétrique et entretiennent entre eux une relation déséquilibrée. Nous sommes donc parfaitement justifiés à les considérer comme une autre manière d'exprimer la formule latéral-frontal. Car dans la structure latéral-frontal, l'important, c'est le latéral et non le frontal. Il en va de même pour la règle du nombre d'or – l'important, c'est 0,618 et non 1. C'est la caractéristique commune aux deux. La règle nous enseigne qu'entre deux faits possédant une caractéristique semblable, il existe nécessairement une règle semblable. Et s'il existe véritablement une règle commune au nombre d'or et à la structure latéral-frontal, elle doit être la suivante : 0,618 = latéral.

Il n'y a peut-être pas de meilleure illustration de cela que l'histoire classique de l'allusion littéraire à la course de chevaux de Tian Ji*[8]. Dans une situation générale d'infériorité, le grand stratège Sun Bin** déploya sa tactique classique, représentative de la sagesse avec laquelle on jouait dans la Chine antique. Il commença par faire courir le plus mauvais cheval de Tian Ji contre le meilleur cheval du roi de Qi. Après avoir inévitablement perdu la course, il utilisa un cheval moyen puis un cheval supérieur de son camp ; et il battit simultanément le mauvais cheval et le cheval moyen de l'adversaire, s'assurant ainsi l'avantage dans les deux parties nécessaires pour remporter la victoire. Cette méthode consistant à recourir à la stratégie « perdre un et gagner deux » – élément dominant – pour remporter toute la partie – élément principal – peut être considérée comme une structure latéral-frontal typique. Et le résultat de deux victoires, pour trois parties, correspond exactement à la proportion 2/3 du nombre d'or. Nous voyons ici la parfaite confluence et l'unité des deux règles : la règle d'or = la *règle latéral-frontal.*

Trouver des règles est à la fois l'aboutissement et le début de l'étude d'une question. Du moment que nous croyons qu'une notion appelée la règle latéral-frontal peut être observée dans le fonctionnement des choses, nous devons aussi croire que cette règle, comme la règle d'or, ne saurait laisser en blanc le seul domaine militaire.

---

* Général de Qi, l'un des Royaumes combattants (voir *l'Art de la guerre* de Sunzi).

** Général de l'époque des Royaumes combattants.

Telle est la réalité.

Prenons la bataille de Changshao entre les États de Qi et de Lu. Les deux armées s'étant retrouvées face à face, l'armée de Qi se montrait très offensive tandis que l'armée de Lu restait imperturbable. Par trois fois, l'armée de Qi battit le tambour et par trois fois fondit sur le front adverse, mais ne réussit pas à ébranler les positions de Lu, ce qui entraîna dans ses rangs une nette baisse de vigueur. L'armée de Lu saisit l'occasion pour contre-attaquer et remporta une victoire totale. Après la bataille, le conseiller Cao Gui révéla au duc Zhuang de Lu les raisons de la défaite de Qi et de la victoire de Lu : l'armée ennemie « était pleine d'énergie au premier roulement de tambour, son énergie avait baissé au deuxième, et au troisième elle était épuisée. L'adversaire était exténué et nous, nous débordions d'énergie ; c'est pourquoi nous l'avons emporté ». Si l'on examine le déroulement de la bataille dans son ensemble, on peut la diviser en cinq phases : premier roulement de tambour de l'armée de Qi, deuxième roulement de tambour de Qi, troisième roulement de tambour de Qi, contre-attaque de Lu et poursuite de Qi par Lu. De la première à la troisième phase, Cao Gui utilisa la tactique consistant à éviter l'attaque de l'ennemi, tant et si bien que l'armée de Qi franchit rapidement le point d'or de sa puissance offensive sans avoir obtenu le moindre résultat, tandis que l'armée de Lu choisit précisément ce point comme moment opportun pour lancer sa contre-attaque, ce qui nous permet de vérifier parfaitement la règle du nombre d'or ($3 : 5 \approx 0{,}618$) sur un champ de bataille d'il y a 2 700 ans[9]. On peut être certain qu'à l'époque, Cao Gui n'a pas pu, avec deux siècles d'avance, avoir connaissance de Pythagore et de sa théorie du nombre d'or. Quand bien même il eût connu cette théorie, il était impossible qu'en plein milieu d'un combat il eût su déterminer avec précision où se trouvait son point 0,618. Mais il trouva d'instinct ce point d'intersection scintillant comme une lueur dorée, car tous les militaires de génie partagent ce don.

Lors de la bataille de Cannes, Hannibal eut exactement la même idée que Cao Gui [10]. Tout comme ce dernier, il connaissait parfaitement le secret de la baisse de la force offensive de l'ennemi. Aussi, contrairement à l'usage, déploya-t-il l'armée gauloise et les fantassins espagnols – ses troupes les plus faibles – au milieu du front, là où il aurait dû disposer ses troupes d'élite, pour encaisser de face l'assaut de l'armée romaine. Lorsque ces troupes finirent par céder, le front se creusa peu à peu en forme de croissant. Qu'il ait résulté d'une volonté d'Hannibal ou qu'il ait été le fruit du hasard, ce croissant se transforma en un énorme tampon où vint s'anéantir la puissance d'attaque de l'armée romaine. Lorsque cette force, diminuée par l'allongement du front, finit par s'épuiser alors qu'elle approchait les limites du front carthaginois, l'armée carthaginoise, dont les forces étaient plus faibles en général mais supérieures en terme de cavalerie, ne laissa pas passer l'occasion de lancer ses deux ailes de cavaliers, qui eurent tôt fait d'encercler l'armée romaine, transformant Cannes en une boucherie où allaient périr 70 000 hommes.

Dans ces deux batailles, qui aboutirent au même succès par des moyens différents, la tactique dominante fut d'esquiver le fer de lance de l'ennemi et de miner son arrogance. On opta pour le modèle opérationnel consistant à éviter les attaques frontales décisives et à choisir l'affaiblissement de la puissance offensive de l'ennemi comme moment idéal pour lancer une contre-attaque. Sur le plan tactique, il apparaît clairement que cette méthode obéissait à la règle d'or et à la règle latéral-frontal.

Si l'on ne voit pas seulement dans ces deux exemples des coïncidences et des phénomènes isolés, on se rendra compte alors que l'histoire de la guerre est émaillée de nombreux autres cas où scintillent les lueurs de la règle d'or et de la règle latéral-frontal.

Cela est peut-être encore plus évident dans les guerres modernes. Au cours de la Seconde Guerre mondiale, l'invasion de la France par l'armée allemande fut, du début à la fin, imprégnée de l'essence des règles dont nous avons parlé. Qu'il s'agisse du passage des chars du rôle d'auxiliaires de l'infanterie à celui d'arme principale, de l'abandon des pratiques de la Première Guerre mondiale au profit de la guerre-éclair comme doctrine militaire majeure, ou du choix de la traversée des Ardennes comme axe principal de l'offensive allemande, qui bouleversa les prévisions non seulement de l'ennemi mais aussi celles des vieux généraux attachés à des conceptions surannées au sein de l'état-major allemand et, aux yeux des hommes de l'époque, tous ces faits parurent contraires à l'orthodoxie, étant à l'évidence marqués par leur orientation « latérale ». Or c'est précisément cette orientation latérale qui provoqua des transformations fondamentales de la pensée militaire dans l'ensemble de l'armée allemande et transforma le rêve du comte von Schlieffen* de « balayer la Manche d'un revers de main » en un cauchemar pour les Britanniques à Dunkerque. Pourtant, personne n'aurait imaginé que ce plan insolite émanait de deux officiers relativement peu gradés : Erich von Manstein [11] et Heinz Guderian.

À propos de cette même guerre, on pourrait aussi citer l'exemple de l'attaque de Pearl Harbor par le Japon, qui est vraiment le reflet de cette opération militaire de tendance nettement « latéral-frontal » que fut l'invasion de la France par l'Allemagne. L'emploi des porte-avions par Isuroko Yamamoto fut le même

* Le maréchal Alfred von Schlieffen (1833-1913) était l'auteur du *plan Schlieffen* prévoyant l'invasion de la France par la Belgique en contournant les forts de l'Est.

que celui des chars par Guderian. Bien que Yamamoto continuât de considérer les navires de guerre comme la force décisive des batailles navales de l'avenir, il montra beaucoup de finesse et de justesse en choisissant les porte-avions et leurs avions embarqués comme arme dominante dans le combat contre la marine américaine. Le plus admirable, c'est qu'au moment de frapper la flotte américaine, il écarta l'idée d'une attaque frontale contre la longue bordure Pacifique du territoire des États-Unis. Simultanément, il prit pleinement en compte le rayon d'action de la flotte, c'est-à-dire la meilleure position accessible par sa force. Dès lors, il choisit comme point d'attaque Hawaii, qui était une position clé pour le contrôle de l'océan Pacifique et dont les Américains refusèrent de croire qu'elle avait été choisie pour cible, malgré les renseignements qui leur étaient parvenus. Il vaut la peine de noter que, pour la première grande bataille qui devait avoir une incidence sur le cours futur de la guerre, ce fervent adepte des batailles décisives sur mer choisit non pas la bataille navale chère à son cœur, mais une attaque-surprise contre Pearl Harbor. Du coup, il porta l'épée au flanc de l'adversaire et remporta une victoire inattendue [12].

À ce point de notre analyse, on doit avoir compris que la règle d'or comme la règle latéral-frontal ne s'entendent pas littéralement dans leur sens étroit ; il est fondamental d'en saisir l'esprit. Un champ de bataille en évolution constante ne laissera jamais assez de temps, ni ne fournira assez d'informations à un chef d'état-major ou à un commandant pour évaluer avec précision où se trouve le point de la section dorée, ni pour résoudre de façon exacte le problème de la proportion latéral-frontal. Même les facteurs clés de ces deux règles que sont le nombre 0,618 et le « latéral » ne sont pas des constantes au sens mathématique. Ils sont les multiples avatars du dieu de la victoire qui ne cessent d'apparaître et de disparaître dans les guerres, sur les champs de bataille et dans les situations de conflit aux formes toujours changeantes.

Parfois, cet esprit se manifeste dans le choix des moyens : ainsi, pendant la guerre du Golfe, Schwarzkopf opta pour les bombardements aériens comme moyen privilégié et attribua un rôle secondaire aux sujets principaux qu'avaient toujours été l'armée de terre et la marine.

Cet esprit se manifeste parfois dans le choix de la tactique : Dönitz remplaça les combats entre navires par des attaques de sous-marins contre les cargos ; cette tactique de « la meute de loups » représenta une bien plus grande menace pour l'Angleterre que les batailles navales.

Il se manifeste parfois dans le choix des armes : c'est ainsi que l'artillerie de Napoléon, les chars de Guderian, les porte-avions de Yamamoto et les munitions de précision utilisées lors de l'opération « Golden Canyon* » furent toutes des armes dominantes capables de modifier l'équilibre de la guerre.

Il se manifeste parfois dans le choix du point d'attaque : à la bataille de Trafalgar [13], Nelson prit comme principal point d'attaque l'arrière et non l'avant de la flotte française, donnant naissance, par une victoire navale, à un empire maritime.

Il se manifeste aussi dans le choix du moment. Lors de la quatrième guerre du Moyen-Orient, Sadate choisit, comme jour J pour le franchissement du canal de Suez par l'armée égyptienne, le 6 octobre, qui tombait au milieu du mois du ramadan. Et il fixa le début de l'attaque l'après-midi, au moment où la lumière du soleil, dirigée d'ouest en est, frappait droit dans les yeux des Israéliens, rayant d'un trait de plume le mythe de l'invincibilité d'Israël [14].

---

* Opération américaine de représailles du 15 avril 1986 contre la Libye après l'attentat commis dans un café de Berlin-Ouest.

Il se manifeste encore dans le déploiement inégal des forces : le plan Schlieffen, plan d'invasion de la France, établi avant la Première Guerre mondiale par le haut commandement allemand, prévoyait la manœuvre hardie de concentrer 59 des 68 divisions disponibles sur l'aile droite pour mener l'offensive principale et d'affecter les 9 divisions restantes à l'aile gauche et au centre, déployées sur toute la longueur du front. C'est ainsi que cet exercice sur plateau de sable jamais réalisé dans la pratique devint le plus célèbre plan de guerre de toute l'histoire.

Il se manifeste parfois, enfin, dans l'emploi d'un stratagème : tel, en 260 avant notre ère, le conflit opposant les États de Qin et de Zhao. Loin de se presser d'attaquer l'ennemi, le roi Zhaoxiang de Qin suivit le conseil de Fan Sui. Il commença par attaquer Shangdang dans l'État de Han pour priver Zhao de son appui ; puis il fit semblant de négocier un accord, si bien que les feudataires cessèrent de soutenir Zhao ; il utilisa alors le stratagème consistant à semer la discorde chez l'ennemi, ce qui amena le roi de Zhao à démettre le général Lian Po de ses fonctions et à nommer à sa place le stratège en chambre Zhao Kuo. Finalement, il infligea une cuisante défaite à l'armée de Zhao à Changping. La raison de la victoire de Qin sur Zhao doit être attribuée au stratagème « latéral » de Fan Cui plutôt qu'à la force « frontale » de l'armée de Qin [15].

Un autre signe mérite notre attention et vaut la peine que nous l'étudiions de près : un nombre croissant de pays portent leurs regards au-delà du domaine militaire pour traiter des questions importantes comme la politique, l'économie et la sécurité nationale. Et ils utilisent d'autres moyens que les moyens militaires pour compléter, enrichir, voire remplacer les moyens militaires permettant d'atteindre des objectifs inaccessibles par la seule force des armes. Il s'agit là de la plus grande « révision du frontal par le latéral » opérée sur la guerre. En même temps, cela annonce aussi la tendance future des guerres à l'intégration de plus en plus fréquente, sur le mode latéral-frontal, de moyens militaires et d'autres moyens.

Les exemples de choix énumérés ci-dessus, quels qu'ils soient, présentent tous une particularité, leur « latéralité ». La règle latéral-frontal, comme la règle d'or, s'oppose à toutes les formes de juxtaposition parallèle, de symétrie équilibrée, de routine, ainsi qu'à l'examen d'un problème sous tous ses aspects, et préconise au contraire de « porter l'épée au flanc de l'adversaire ». C'est seulement en évitant les collisions frontales que l'épée pénétrera comme la lame de Baoding dans les chairs du bœuf – avec une aisance parfaite*. Telle est la grammaire de base de la victoire pour déchiffrer le texte séculaire de la guerre.

Si l'on appelle la règle de la section dorée dans les beaux-arts la *règle de la beauté*, pourquoi ne pas désigner sa réapparition en miroir dans le domaine militaire comme la *règle de la victoire* ?

Le dominant et la totalité – sens principal de la « combinaison de type latéral-frontal »

Parmi les nombreux facteurs internes qui constituent un fait, il y a toujours un facteur qui occupe une position saillante ou dominante. Si la relation entre ce facteur et les autres est harmonieuse, parfaite, elle correspondra d'une manière ou d'une autre à la formule 0,618 : 1. Elle correspondra donc aussi, évidemment, à la règle latéral-frontal. Car ici « l'ensemble des fac-

* Allusion à la parabole de Zhuangzi sur la maîtrise du cuisinier Baoding, capable de découper une carcasse sans le moindre effort et sans même user son couteau, comme s'il y avait eu de l'espace entre les pièces de viande.

teurs » est l'élément principal, alors qu'« un certain facteur » est l'élément dominant, donc l'élément latéral est ici cet élément dominant. Une fois qu'un fait ou un élément possède une finalité déterminée, le latéral et le frontal nouent une relation entre principal et subordonné. Quand deux vaches se battent, le frontal ce sont les vaches, le latéral, ce sont leurs cornes ; quand deux sabres se croisent, le frontal ce sont les sabres, le latéral ce sont leurs pointes et leurs tranchants. Quel est le principal ? Quel est le subordonné ? La réponse coule de source. Et quand le but change, un nouveau facteur dominant remplace l'ancien, en nouant une nouvelle relation latéral-frontal avec l'ensemble des facteurs. Saisir la relation principal-totalité dans un fait ou un élément revient à saisir le sens fondamental de la règle d'or et de la règle latéral-frontal.

À partir de là, on peut rapidement distinguer cinq axes majeurs dans le réseau complexe de la guerre : *armes dominantes* et *armes totales*, *moyens dominants* et *moyens totaux*, *forces dominantes* et *forces totales*, *direction dominante* et *direction totale*, *domaine dominant* et *domaine total*. Ces relations entre « cinq éléments dominants et cinq éléments totaux » résument fondamentalement les relations latéral-frontal qui existent couramment dans la guerre.

Si l'on prend la guerre du Golfe comme exemple, les armes dominantes utilisées par les Alliés dans la « Tempête du désert » furent les avions furtifs, les missiles de croisière et les bombes de précision, l'ensemble des autres armes jouant un rôle subordonné. Les moyens dominants furent les bombardements aériens pendant trente-huit jours consécutifs, les autres moyens jouant un rôle complémentaire. La force dominante fut l'armée de l'air, les autres forces jouant un rôle d'appui. La direction dominante fut de prendre pour cible principale la garde républicaine, l'ensemble des autres objectifs étant subordonnés à ce dernier. Le domaine prédominant fut le domaine militaire, les autres domaines étant représentés par l'appui global de sanctions économiques, de mesures d'isolement diplomatique et d'offensives médiatiques.

Cependant, notre objectif ne se limite pas à expliciter ce niveau de relations. Pour les responsables de la guerre, le plus important n'est pas d'éclairer mais de maîtriser et d'utiliser ces relations. Nous savons que les ressources consacrées à la guerre sont limitées, même pour un pays aussi puissant que les États-Unis. Dans une guerre entrent en ligne de compte en permanence le ratio efficacité/coût selon le principe de « consommation d'énergie minimale » et le souci de faire la plus jolie guerre possible avec les résultats les plus éclatants possibles. Aussi l'affectation et l'utilisation de manière rationnelle et tactique des ressources consacrées à la guerre est-elle une nécessité absolue pour n'importe quel pays. Il convient pour cela de trouver une méthode correcte et donc de savoir, dans une guerre, utiliser la règle latéral-frontal en toute connaissance. En fait, bon nombre de pays l'ont déjà utilisée sans le savoir.

Après la désintégration de l'ex-URSS, la capacité militaire de la Russie n'a cessé de décliner. Non seulement elle a perdu sa position de superpuissance capable de tenir tête à l'armée américaine, mais elle a même du mal à garantir la sécurité actuelle de l'État. Dans ces conditions, bien que le haut commandement russe soit réduit à la passivité, il a ajusté sa future stratégie de manière opportune en faisant de ses armes nucléaires tactiques et même stratégiques des armes dominantes à employer en premier lieu, en cas de guerre engagée contre elle. En outre, la Russie a également remanié globalement la structure de déploiement des armes classiques et nucléaires autour de ce choix. Au contraire de l'armée russe, l'armée américaine, désormais la seule à tenir le haut du pavé avec une puissance incomparable, a fixé comme nouveaux objectifs stratégiques pour les trois armes : « l'avantage global » (armée de terre[16]) ; « de la mer à la terre » (marine) et « l'engagement mondial » (armée de l'air[17]). De plus, elle a choisi à partir de là les équipements numérisés, le nouveau modèle d'embarcation d'assaut amphibie et les avions de combat furtifs à grand rayon d'action comme armes de nouvelle génération, qui ont de grandes chances de remplacer les atouts actuels que sont les chars de la série M-1, les porte-avions et les F-16, et de devenir les armes dominantes de l'arsenal américain.

D'après les réajustements stratégiques opérés respectivement par la Russie et les États-Unis en termes d'armes dominantes, on voit que le choix de ces armes sur la base de leur puissance destructrice est désormais obsolète. Dans l'exercice de ce choix, leur puissance destructrice n'est qu'une des nombreuses performances techniques prises en compte. Les considérations fondamentales en matière de but de la guerre, d'objectif opérationnel et d'environnement sécuritaire sont toutefois plus importantes que la capacité technique. Par conséquent, les armes dominantes doivent être les armes les plus efficaces pour atteindre les objectifs exposés ci-dessus ; ce doivent être en outre des armes permettant les combinaisons organiques avec d'autres armes pour constituer le facteur dominant d'un système d'armes complet. Dans les conditions techniques modernes, les armes dominantes ne sont plus des armes uniques mais une « intégration de systèmes » et elles font en même temps partie de systèmes plus grands[18]. L'émergence d'une grande quantité de technologies nouvelles et le réajustement continuel des buts de la guerre, tout en ouvrant un espace suffisant tant sur le plan spirituel que matériel, a rendu encore plus complexe la relation dominant/subordonné entre les armes dominantes et l'ensemble des autres armes[19].

Des facteurs similaires influencent également l'emploi des moyens de guerre. Dans la guerre, la conception selon laquelle les actions militaires sont automatiquement le moyen prédominant et tous les autres des moyens complémentaires est en train de devenir dépassée. D'ici peu, les Américains découvriront peut-être que, dans la guerre contre des terroristes tels que Ben Laden, les moyens militaires ne sont qu'un des moyens parmi d'autres et que les moyens les plus efficaces de l'anéantir ne sont pas les missiles de croisière mais une guerre d'extermination financière menée sur Internet, associée à ce moyen ou à d'autres.

La complexification des moyens a abouti à une situation au résultat imprévu pour tous les militaires : la « civilisation » de la guerre. De ce fait, ici, la question des forces totales et des forces dominantes, dont nous avons parlé plus haut, comprend aussi, outre la régulation, l'affectation et l'emploi des forces militaires à l'intérieur de l'armée et dans les actions de combat, celle du degré de participation de la population tout entière. Alors que les activités de guerre ou de quasi-guerre menées par des non-professionnels deviennent de plus en plus un facteur affectant la sécurité nationale, la question de savoir quelle sera l'arme dominante de la guerre devient à l'échelle mondiale une question qui n'en était absolument pas une dans le passé. Les événements comme l'attaque des centres informatiques des ministères de la Défense indien et américain par des « pirates du réseau », dont nous avons parlé plus haut à plusieurs reprises, en sont la preuve.

Qu'il s'agisse de pures actions de guerre ou d'actions militaires non guerrières, ou encore d'actions guerrières non militaires, dès lors que ce sont des actions ayant un caractère de combat, la question se pose de savoir comment choisir précisément la principale direction opérationnelle et le principal point d'attaque, c'est-à-dire la question de [savoir déterminer] l'orientation principale en tenant compte de l'orientation totale constituée par l'ensemble de la guerre, des champs de bataille ou des fronts. Il s'agit, semble-t-il, du pire casse-tête pour tous les commandants en chef disposant des meilleures armes, de moyens variés et de forces suffisantes. Cependant, les hommes de la trempe d'Alexandre, d'Hannibal, de Nelson et de Nimitz ainsi que les stratèges de l'Antiquité chinoise comme Sun Wu et Sun Bin se montrèrent des maîtres dans le choix d'une direction de l'attaque principale qui prît l'ennemi au dépourvu. Liddel Hart a fait la même observation. Il a appelé le choix de la direction de l'action la moins prévisible par l'ennemi et offrant la moindre résistance la « stratégie indirecte ». Aujourd'hui, alors que le terrain de la guerre a dépassé les domaines terrestre, maritime, aérien, spatial et électronique pour s'étendre aux domaines de la société, de la politique, de l'économie, de la diplomatie, de la culture et même de la psychologie, l'interaction entre les différents facteurs rend très difficile la prépondérance du domaine militaire en tant que domaine dominant dans toutes les guerres. L'idée que la guerre puisse se dérouler dans des domaines non guerriers est très étrangère à la raison et difficile à admettre mais les événements montrent de plus en plus que telle est la tendance. En fait, dès l'Antiquité, les guerres n'ont jamais été limitées à un domaine unique. Ainsi, la guerre diplomatique à la Lin Xiangru réussissant à « rapporter le jade intact à Zhao* », ou la guerre virtuelle ayant opposé Mozi à Gongshu Ban** sont des exemples caractéristiques de guerre gagnée, ou à laquelle il fut mis fin, hors du domaine militaire. Cette façon de résoudre le problème

* Célèbre victoire diplomatique de Lin Xiangru, ambassadeur du petit État de Zhao, remportée sur le roi du puissant État de Qin.

** Joute oratoire ayant opposé le philosophe Mo Di, dit Mozi, émissaire de l'État de Song, à Gongshu Ban (Lu Ban), émissaire de l'État de Chu, et dont Mozi sortira vainqueur.

de la guerre en sortant de son domaine propre devrait être une source d'inspiration pour les hommes d'aujourd'hui. Car l'époque de l'intégration des techniques hautement développées nous a ouvert un champ beaucoup plus vaste que par le passé pour déployer notre sagesse et nos moyens, tant et si bien que le rêve de remporter des victoires militaires dans des domaines non militaires et de gagner des guerres par des moyens non guerriers est désormais de l'ordre du possible. Si nous voulons nous assurer la victoire dans les guerres à venir, nous devons être tout à fait préparés intellectuellement à cette perspective ; nous devons mener une guerre affectant tous les domaines de la vie dans les pays concernés sans que l'action militaire en soit l'élément dominant. On ignore encore quelles armes, quels moyens et quel personnel seront utilisés dans ces guerres et dans quelle direction et quel domaine ces guerres seront menées.

Un seul point est déjà connu : quel que soit le mode de combat, la victoire appartient toujours à la partie qui applique avec justesse la règle latéral-frontal pour maîtriser le rapport entre « le dominant et le total ».

Une règle et non une formule établie

La guerre est la chose la plus difficile à expliquer et la plus insaisissable qui soit. Elle exige une maîtrise de la technique, mais la technique ne peut remplacer l'esprit et les capacités humaines. Elle exige une sensibilité artistique, mais elle exclut tout romantisme et toute sentimentalité. Elle exige une précision mathématique, mais il arrive que la précision la fasse sombrer dans la répétition mécanique et dans la rigidité. Elle exige l'abstraction de la philosophie, mais le pur débat intellectuel n'est d'aucune aide pour saisir les occasions fugitives au milieu du fer et du feu.

La guerre n'obéit à aucune formule. Nul n'oserait, à propos de la guerre, proférer la sentence : « La moitié du *Lunyu** administre l'empire. » ; nul n'a gagné toutes les guerres avec une tactique unique ; mais cela ne signifie pas que la guerre ne comporte pas de règle. Un petit nombre d'hommes ont inscrit leur nom sur le registre des généraux toujours vainqueurs parce qu'ils ont su déceler et maîtriser les règles de la victoire.

Ces rares noms prouvent l'existence de règles de la victoire, si ce n'est que nul n'en a révélé le mystère. Depuis très longtemps – presque aussi longtemps que l'histoire de la guerre –, les hommes en font un éclair traversant le cerveau de chefs géniaux et très peu ont conscience qu'elles se cachent dans les carnages sanglants causés par le choc des épées et par la canonnade.

En réalité, les règles sont comme le papier de fenêtre** – tout dépend si l'on réussit à le percer.

La règle latéral-frontal est une feuille de papier de ce type. Elle est à la fois simple et compliquée, à la fois instable et stable ; souvent, un doigt chanceux la transperce sans s'en rendre compte, et la porte de la victoire s'ouvre avec fracas. Elle est si simple qu'on peut l'exprimer par un groupe de chiffres ou par une règle de grammaire ; elle est si compliquée que, même en étant féru de mathématiques et de grammaire, on ne réussit pas à l'expliquer. Elle est si mobile que, comme les nuages, on ne réussit pas à en distinguer les contours ; elle est si stable que, comme une ombre, elle accompagne le lever de soleil de chaque victoire.

C'est pourquoi nous considérons la règle latéral-frontal comme un principe et non comme un théorème. Nous avons pleinement conscience de la relativité de

---

* *Lunyu* : *Les Entretiens (ou Analectes)* – un des Quatre Livres recueillis par les disciples de Confucius.

** Papier qui tenait lieu de vitres dans la Chine traditionnelle.

ce principe. Les choses relatives ne peuvent pas s'appliquer mécaniquement et n'exigent pas de mesures précises. Le relatif n'est pas un blanc absolu, il ne craint donc pas l'exception que représente un cygne noir au milieu d'un vol de cygnes blancs[20].

Cependant, même si nos recherches sur l'histoire de la guerre nous permettent d'affirmer que le doublet latéral-frontal est la règle de la victoire, son application correcte est une question qui dépend de la façon dont chaque opérateur concret va savoir trouver l'occasion de s'en saisir. Car dans les guerres, les phénomènes d'« opposition entre deux règles* » ont toujours troublé ceux qui recherchaient la victoire : ceux qui vont à l'encontre des règles sont sûrs d'échouer, mais ceux qui suivent la routine ont peu de chances de l'emporter. « Six fois six, trente-six ; il y a des variantes dans la méthode et une méthode dans les variantes. Le principe d'interaction entre le yin et le yang, c'est là que réside le fonctionnement des phénomènes. Or ce fonctionnement est imprévisible. Qui veut tout prévoir ne parvient donc jamais à ses fins**. » Cette phrase des *Trente-six stratagèmes* révèle le secret de la façon dont les choses fonctionnent. Ce qui veut dire que, quel que soit le nombre d'exemples de guerres prouvant que les causes de la victoire étaient liées au nombre 0,618, le prochain stratège qui prévoira une guerre, une bataille ou un combat en se conformant strictement à la règle de la section dorée goûtera certainement le fruit amer

* Formule empruntée à Kant : contradiction entre deux propositions qui s'excluent en se vérifiant.

** Cette phrase, citée par Zhang Xiaomei dans son livre *Les Trente-six stratagèmes*, est tirée de la « Biographie de Wang Jingze » contenue dans le *Nan Qi shu* [Histoire des Qi du Sud]. Les « Trente-six stratagèmes » est un texte plus ancien, aujourd'hui disparu, qui élaborait un art de la guerre à partir d'une combinatoire de chiffres inspirée du *Yijing* (voir : *Yi King – Le livre des transformations*, version allemande de Richard Wilhelm, traduite et annotée par Étienne Perrot, Librairie de Médicis, Paris, 1973).

de la défaite. Qu'il s'agisse de la règle d'or ou de la règle latéral-frontal, l'important, c'est d'en saisir l'essence et d'en appliquer le principe et non d'utiliser des idées sans les avoir assimilées, ni de les imiter aveuglément d'une manière grotesque. Lors des batailles de Rossbach* et de Lucerne, célèbres dans l'histoire européenne, l'assaillant utilisa dans les deux cas la « formation d'attaque oblique » à la manière d'Alexandre, mais les résultats furent totalement différents. À la bataille de Rossbach, le commandant en chef des forces alliées franco-autrichiennes copia fidèlement le modèle historique. Il fit manœuvrer ses troupes et disposa son front sous les yeux de Frédéric le Grand, prévoyant d'opérer en employant une formation oblique pour attaquer l'aile gauche de l'armée prussienne. Le résultat, c'est que les Prussiens ayant opéré à temps le redéploiement nécessaire le battirent à plate couture. Un an plus tard, à Lucerne, Frédéric rencontra à nouveau l'armée autrichienne, qui était trois fois plus nombreuse que la sienne. Cette fois, c'est lui qui eut recours à la formation d'attaque oblique, mais il s'y prit brillamment et écrasa totalement l'armée autrichienne. Le fait que la même méthode ait pu donner deux résultats différents est lourd de sens[21]. Il nous indique qu'il n'existe pas de tactique universellement correcte et qu'il existe seulement une règle universellement juste. Il nous enseigne aussi qu'une règle juste ne saurait en aucune façon garantir la victoire. Le secret de la victoire réside dans l'utilisation correcte des règles, y compris la règle latéral-frontal. Si l'accent doit être mis sur la modification de l'élément frontal par l'élément latéral, cela ne veut pas dire que ce procédé entraîne la victoire. En fait d'élément latéral, c'est principalement la

---

* Victoire de Frédéric II de Prusse sur les Français commandés par Soubise (1757).

pensée qui doit être « latérale » ; il s'agit en effet d'une latéralité de fond et non de forme. Dans les conditions réelles de la guerre, cela ne veut pas dire qu'il faille à chaque fois choisir le point d'attaque de manière rigide selon le rapport 1/0,618 pour être en conformité avec la règle de la victoire. Dans telle circonstance, la règle de la victoire exigera peut-être d'opérer une percée frontale. Cette fois, c'est le « frontal » qui sera « latéral ». Là réside le caractère artistique de la guerre – caractère que ni les mathématiques[22], ni la philosophie, ni une autre technique scientifique ne peut remplacer. C'est en ce sens que nous osons affirmer que la révolution des techniques militaires ne pourra pas remplacer une révolution de l'art militaire.

Il faut aussi souligner que, s'il est inévitable, par certains aspects, que le doublet latéral-frontal recoupe la méthode « surprise-règle » préconisée par les stratèges de l'Antiquité chinoise, on ne saurait dire quelle coïncide totalement avec elle. Car, pour les anciens stratèges chinois, la surprise et la règle étaient des moyens à utiliser en alternance. C'est ce que Sunzi entendait par : « En règle générale, on use des moyens réguliers au moment de l'engagement ; on recourt aux moyens extraordinaires pour emporter la victoire. (...) Le dispositif stratégique se résume aux deux forces, régulière et extraordinaire, qui engendrent des combinaisons si variées que l'esprit humain est incapable de les embrasser toutes.[23] » Le latéral et le frontal ne sont donc pas des moyens qui s'excluent l'un l'autre mais l'expression d'une règle objective. La différence la plus importante reste celle-ci : si, dans l'histoire de la guerre, les exemples de victoires remportées grâce à l'effet de surprise ont suscité l'émerveillement comme incomparables prouesses, toutes les victoires ne sont pas le fruit de la surprise. Les exemples de victoires remportées en observant la règle ne manquent pas non plus. En revanche, dans ce cas, la règle « latéral-frontal » fonctionne différemment. Si l'on dissèque chaque victoire, qu'elle ait été remportée selon la règle ou par surprise, on y trouve à chaque fois la trace de la règle de la victoire : c'est-à-dire que si l'on n'observe pas la règle « latéral-frontal » dans la « surprise », on l'observe dans le respect de la « règle ».

Quelle que soit la clarté avec laquelle on expose la règle « latéral-frontal » et la règle de la victoire, leur mise en œuvre est toujours floue. Parfois, le flou est la meilleure voie pour accéder à la clarté, car seul le flou permet une appréhension globale. C'est là un exemple de la pensée orientale. Mais curieusement, elle rencontre la sagesse occidentale au point d'or déterminé par le chiffre 0,618. C'est ainsi que la logique, le raisonnement et la précision de l'Occident, d'une part, l'instinct, la perception sensible et le flou de l'Orient, d'autre part, ont créé un point de rencontre entre les sagesses militaires, orientale et occidentale, ayant lui-même engendré ce que nous avons appelé la règle de la victoire. Il brille avec l'éclat de l'or ; il possède à la fois le mystère de l'Orient et la rigueur de l'Occident, comme si les pans relevés des toits du pavillon de la Grande Harmonie* reposaient sur les colonnes du Parthénon, en toute majesté.

NOTES

1. Pythagore, philosophe et mathématicien de la Grèce antique, est l'auteur de l'axiome : « Tout n'est que nombre », c'est-à-dire que tout ce qui existe peut, en dernière analyse, être considéré comme une relation entre des nombres. Même si la théorie de Pythagore mélangeait les éléments rationnels et irrationnels, elle influença profondément le développement de la philosophie grecque et la pensée européenne du Moyen Âge. Copernic reconnut que les notions astronomiques de Pythagore contenaient en germe

* Un des bâtiments de la Cité interdite à Pékin.

ses propres propositions. Galilée fut aussi considéré comme un pythagoricien. Le recours à la section dorée pour démontrer l'existence de relations harmonieuses dans le monde n'est qu'une application pratique de la pensée pythagoricienne. (Voir *Concise Encyclopedia Britannica*, vol. I, p. 715.)

2. Voir Summerson, *Classical Language of Architecture*, p. 90 ; en français : *Le Langage classique de l'architecture*, trad. Béatrice et J.C. Bonne, L'équerre éd., Paris, 1981.

3. Si l'on divise une droite de longueur L en deux de manière que le rapport entre l'une des sections et la longueur totale soit égal au rapport entre l'autre section et celle-ci c'est-à-dire X : L = (L-X) : X, la division correspond à ce qu'on appelle la « section dorée », et le rapport entre les deux sections est approximativement égal à 0,618. De l'époque grecque antique au XIXe siècle, on crut que ce rapport avait une valeur esthétique dans les arts plastiques. Dans la pratique, le plus simple consiste à utiliser des valeurs approximatives telles que les rapports 2/3, 3/5, 5/8 et 8/13 produits sur la base des chiffes 2, 3, 5, 8, 13, 21... (Voir le dictionnaire *Cihai*, 1980, pp. 2057-58.)

4. Le bombardement en piqué est la principale méthode utilisée pour larguer des missiles à courte portée, des fusées et des bombes, guidées ou non. Pendant l'attaque, l'avion vole à basse altitude jusqu'à 40-50 km de sa cible puis il s'élève à 2 000-4 000 m tout en se dirigeant vers sa cible. Lorsqu'il parvient à 5-10 km de la cible, il commence à descendre en piqué et lâche ses projectiles respectivement à 1 300-1 600 m et 600-1000 m de distance avec un angle de 30-50°. Dans les attaques en piqué, la précision destructrice des armes est la plus grande. Voir schéma :

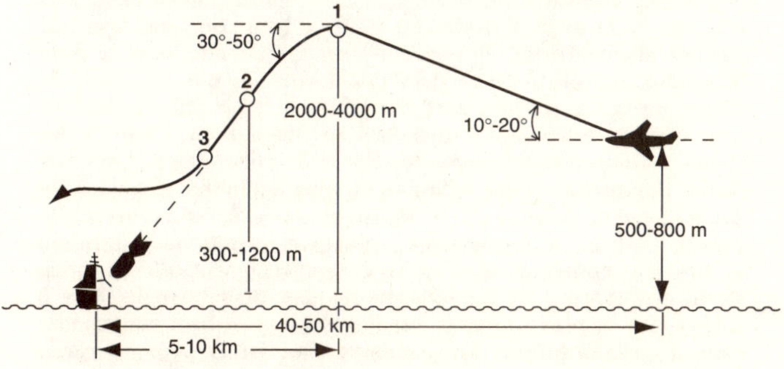

1 – Début de la trajectoire en piqué
2 – Lâcher des projectiles
3 – Sortie de la trajectoire

(Voir la revue russe *Critique des affaires militaires étrangères*, 1992, n° 10.)

5. Voir *Zhongguo lidai zhanzhengshi* [Histoire de la guerre en Chine] (*op. cit.*), vol. I, pp. 257-273, illustrations 1-26 des annexes.

6. Voir Fuller, *A Military History of the Modern World*, vol. 1, p. 117. Ce livre contient une bonne analyse de la bataille d'Arbèles et des illustrations expliquant graphiquement l'évolution de la situation sur le champ de bataille.

7. Marcel Bodot (sous la direction de), *Encyclopédie historique de la Seconde Guerre mondiale,* « La guerre de l'URSS contre l'Allemagne ».

8. *Shiji* [Les Annales historiques], « Biographies de Sunzi et de Wu Qi ».

9. Voir *Zuozhuan* [Un des treize classiques], « Cao Gui lunzhan » [Analyse de la guerre par Cao Gui]. Par la suite, alors qu'il participait à Ke à une rencontre entre les États de Qi et de Lu, Cao Gui menaça le duc Heng de Qi avec un poignard, obligeant l'État de Qi à restituer à Lu les territoires occupés. À la fois courageux et sage, il démontra qu'il était un bon général. (Voir *Shiji*, « Biographies des assassins ».)

10. La bataille de Cannes, qui est la plus célèbre de l'histoire occidentale, est mentionnée dans presque tous les ouvrages sur l'histoire de la guerre. Le livre de l'Américain Bevin Alexander, *How Great Generals Win**, décrit la bataille de Cannes de manière saisissante à l'aide d'illustrations et permet de mieux comprendre la règle « latéral-frontal » dont nous avons parlé.

11. En 1937-1938, Manstein était le premier chef d'état-major adjoint de l'armée allemande. À cause de conflits internes au sein de l'armée, Manstein fut exclu du haut commandement et fut mis à la tête de la XVIIIe division. En 1939, le haut commandement de l'armée allemande mit au point un plan opérationnel pour le front occidental, appelé « Plan opérationnel jaune », qui prévoyait de mener un assaut frontal avec un puissant flanc droit contre les forces franco-britanniques attendues en Belgique et d'utiliser des forces moindres pour couvrir les flancs de cette attaque. À l'évidence, il s'agissait d'une réédition du plan Schlieffen mis au point avant la guerre de 1914-1918. Manstein, alors chef d'état-major du groupe d'armées A, formula son propre plan opérationnel. Il soumit à plusieurs reprises ce plan au haut commandement sous la forme de mémorandums ou d'esquisses de plan opérationnel. Mais à chaque fois le plan fut rejeté par les officiers du haut commandement. Manstein profita d'une réunion avec Hitler pour lui parler

---

* Alexander, Bevin, *How Great Generals Win*, Norton, New York, 1993.

de son plan et convainquit ce dernier de son bien-fondé, Hitler étant ignorant en matière militaire mais ayant une grande capacité de compréhension. Le point central du plan, appelé plan Manstein par Liddell Hart après la guerre, était de lancer une attaque-surprise à travers les Ardennes, et de mener des assauts ciblés sur le flanc gauche à l'aide de forces blindées concentrées. (Voir Manshidanyin [Manstein], *Shiqu de shengli* (La victoire perdue], Institut des sciences militaires de l'Armée populaire de libération, 1980.)

Guderian commandait la XIXe armée blindée et fut le meilleur exécutant du plan Manstein. (Voir Heinz Guderian, *Blitzkrieg* [La guerre éclair].)

12. Après être devenu commandant de la flotte, Yamamoto Isuroko rejeta l'idée de l'état-major de la marine japonaise d'attaquer d'abord les Philippines, considérant qu'il fallait d'abord lancer une attaque-surprise contre la première flotte américaine du Pacifique pour la paralyser. Le 7 décembre 1941, six porte-avions transportant 423 avions, sous le commandement du général Nagumo, attaquèrent Pearl Harbor selon le plan établi par Yamamoto, coulant le croiseur Arizona et trois autres navires américains, et détruisant 188 avions, ce qui affecta gravement la flotte du Pacifique. Voir Liddell Hart, sir Basil H., *Histoire de la Seconde Guerre mondiale*, trad. Jean-Paul Constantin, Fayard, 1973.

13. Avant la bataille de Trafalgar, Nelson confia une « formule secrète » aux officiers qu'il avait sous ses ordres ; elle consistait à modifier la tactique en ligne traditionnelle de la guerre navale et à adopter une formation en deux groupes de vaisseaux. Un groupe attaquerait perpendiculairement la flotte ennemie en son milieu afin de séparer l'arrière du centre de la flotte. Des forces concentrées attaqueraient alors cette portion arrière de la flotte ennemie. Un autre groupe séparerait la portion centrale de l'avant et porterait une attaque concentrée sur le centre. Les navires de l'avant n'auraient alors pas le temps de faire demi-tour pour venir à la rescousse. La bataille de Trafalgar se déroula exactement comme prévu par Nelson. Même si ce dernier fut tué pendant la bataille, la flotte britannique remporta une victoire totale. Voir Ding Chaobi, *Shijie jindai haizhanshi* [Histoire des batailles navales modernes dans le monde], Haiyang éd. 1994, pp. 143-155.

14. Gerhard Kanzermann, *La 4e Guerre du Moyen-Orient* (en allemand) ; John Jink *et al.*, *Middle East Wars*.

15. *Zhongguo lidai zhanzhengshi* [Histoire de la guerre en Chine], *op. cit.*

16. L'« avantage » global était l'objectif stratégique visé par l'armée américaine dans le document *Conception of the Army in 2010*.

17. L'« engagement mondial » était la stratégie de développement de l'armée de l'air du XXIe siècle proposée par cette arme à

la fin de 1997 pour remplacer la doctrine stratégique « global force for global reach » préconisée pour répondre à la situation de l'après-guerre froide. À cet égard, l'accent était mis sur six capacités cruciales : supériorité aérienne et spatiale, allonge mondiale, mobilité mondiale, attaque précise, supériorité de l'information et appui opérationnel souple. Voir *Global Engagement and the Conception of the US Air Force in the 21st Century.*

18. La notion de « système de systèmes » résultait d'une recherche conjointe menée par l'amiral Owens, ancien président adjoint du Joint Chiefs of Staff, et son conseiller de haut rang Black. Owens considérait que la révolution technologique militaire contemporaine n'était plus une révolution concernant les navires de guerre, les avions, les chars et autres plates-formes armées mais qu'il fallait y ajouter d'autres facteurs tels que les systèmes de captage, les systèmes de communication et les systèmes d'armes guidées de précision. L'introduction de ces systèmes doit entraîner une révolution fondamentale de la structure des armées et de leur mode opérationnel. Peut-être que dans l'avenir il n'y aura plus de séparation entre l'armée de terre, la marine et l'armée de l'air mais une séparation entre « force de captage », « force de frappe mobile » et « force d'appui intelligente ». Voir l'interview d'Owens par Chen Bojiang dans les revues *Guofang daxue xuebao* [Bulletin de l'université de la défense nationale], *Xiandai junshi* [Affaires militaires modernes] et *Shijie junshi* [Affaires militaires mondiales].

19. Nous ne partageons pas la vision optimiste de la faction technologique concernant la révolution des affaires militaires. Nous ne pensons pas que la technologie puisse pénétrer le brouillard de la « probabilité » de la guerre, car la probabilité de la guerre ne tient pas aux obstacles physiques ou géographiques mais à l'esprit humain.

20. La règle latéral-frontal n'est pas un théorème du type de l'affirmation telle que « tous les hommes vont mourir » ou « tous les cygnes sont blancs ». C'est plutôt une règle permettant de guider l'homme vers la victoire.

21. Voir Fuller, *Les Batailles décisives du monde occidental, op. cit.* vol. 2 ; *A Concise History of War*, p. 86.

22. Nous ne nions pas ni ne sous-estimons l'analyse mathématique, surtout à l'époque de la diffusion des ordinateurs et dans ce pays qui est le nôtre avec son goût traditionnel pour le flou et son dégoût pour la précision. Dans son *Guoji zhengzhi yu junshi wenti ruogan shulianghua fenxi fangsa* [Diverses méthodes d'analyse quantitative de la politique internationale et des questions militaires], Li Hongzhi cite l'emploi d'une de ces méthodes par Nicolas Schweiter pour analyser la guerre du Vietnam, le conflit sino-soviétique et les guerres arabo-israéliennes. En 1993, Li Hongzhi

et d'autres firent par cette méthode des prévisions exactes sur la guerre de Bosnie-Herzégovine.

23. Citation du chapitre « Puissance stratégique » dans *l'Art de la guerre*, de Sunzi. Le principe « surprise-non-surprise » est une notion importante de l'art de la guerre utilisée par les stratèges de l'Antiquité. Opérer des mouvements imprévus par l'ennemi constitue la méthode de la « surprise » ; affronter l'ennemi de manière visible est la méthode de la « non-surprise ». L'empereur Taizong des Tang maîtrisait « le principe de la surprise-non-surprise ». La bataille de Weiqing en est un bon exemple. Le « Dialogue entre l'empereur Taizong et Li Weigong » rappelle les diverses explications de ce principe par Li Shimin et Li Jing.

CHAPITRE 7

Toutes les méthodes ramenées à une seule : la « combinaison hors limites »

> « *Les guerres actuelles pourraient affecter le prix de l'essence dans les oléoducs, le prix des denrées alimentaires dans les supermarchés et la valeur des actions en Bourse. Elles pourraient aussi rompre l'équilibre écologique, et faire irruption dans nos foyers par l'intermédiaire des écrans de télévision.* »
>
> Alvin TOFFLER

De même qu'acquérir le savoir-faire de la course de fond ne veut pas dire devenir champion de marathon, connaître les règles de la victoire ne signifie en aucune façon que la victoire est « verrouillée ». La découverte des règles de la victoire permet d'approfondir la connaissance des règles de la guerre et d'élever le niveau pratique de l'art militaire. Mais les hommes capables de remporter la victoire ne seront pas forcément plus nombreux sur les champs de bataille du simple fait qu'ils auront su percer le secret des règles de la victoire. La question clef est de savoir s'ils auront su les déchiffrer.

Dans une guerre future, les exigences que les règles de la guerre imposeront au vainqueur risquent d'être extrêmement sévères. Outre la maîtrise totale, comme par le passé, de l'ensemble du savoir-faire nécessaire pour courir après la victoire sur le champ de bataille, ces règles imposeront également des exigences face auxquelles la majorité des militaires seront insuffisamment préparés ou se sentiront désemparés, à savoir : gagner la guerre en faisant la guerre en dehors de la guerre et remporter la victoire sur un champ de bataille autre que le champ de bataille classique.

Dans ce sens spécifique, même des militaires modernes comme Powell, Schwarzkopf, voire Sullivan ou Shalikashvili ne pourront sembler « modernes » ; ils risquent plutôt de passer pour des militaires traditionnels. Car il existe désormais un fossé entre ce que nous appelons les militaires modernes et les militaires traditionnels. Même si ce fossé n'est pas infranchissable, il exige pour être franchi que s'opère un saut radical de la pensée militaire. Or, pour beaucoup de militaires professionnels, ce saut semble impossible à accomplir, même en y consacrant une vie entière. En vérité, la méthode est toute simple : elle consiste à jouer une fois le rôle d'un Machiavel des affaires militaires.

Car l'idée que la fin justifie les moyens reste le plus important héritage spirituel de ce penseur politique italien de la Renaissance[1]. À la fin du Moyen Âge, une telle idée représenta une percée par rapport à la tradition romantico-chevaleresque, d'ailleurs en déclin, de la noblesse d'épée. Utiliser tous les moyens disponibles pour atteindre son but, y compris quand on fait la guerre, ne constitue sans doute pas la source la plus ancienne d'une « pensée hors limite » (le Chinois Han Feizi[2] est antérieur à Machiavel) mais c'est la plus claire.

Le préalable à la différenciation est l'existence de limites. Dans un monde où tous les éléments sont interdépendants, les limites n'ont qu'un sens relatif. Ce que nous entendons par *hors limites* désigne le dépassement de ce qui est désigné, ou ce qui peut être compris, comme limites. Peu importe que ce soit d'ordre matériel, spirituel ou technique ; peu importe aussi qu'on l'appelle « degré », « détermination », « limite », « frontière », « règle », « loi », « plafond », voire « interdit ».

En ce qui concerne la guerre, cela peut désigner les limites entre champ de bataille et non-champ de bataille, armes et non-armes, militaires et non-militaires, étatique et non-étatique ou trans-étatique. Peut-être faut-il aussi y inclure les limites techniques, scientifiques, théoriques, psychologiques, éthiques, de l'ordre de la tradition et des mœurs. En bref, il s'agit de l'ensemble des limites qui cantonnent la guerre dans un domaine spécifique. La notion de dépassement des limites à laquelle nous faisons référence désigne tout d'abord un dépassement idéologique. Ce n'est qu'en second lieu qu'elle désigne, au moment de l'action, le choix des moyens les plus appropriés (y compris les moyens extrêmes), dans la mesure où un dépassement est nécessaire et possible, et non l'utilisation systématique de moyens extrêmes en toutes circonstances. Pour les militaires de l'ère de l'intégration des techniques, la multiplication des facettes de la réalité, la richesse des possibilités d'utilisation des ressources (à savoir l'ensemble des ressources physico-chimiques et non physico-chimiques) est telle que les limites auxquelles ils doivent faire face, mais aussi les moyens leur permettant de franchir ces limites, sont beaucoup plus nombreux qu'ils ne l'étaient à l'époque de Machiavel. Aussi, les exigences qui s'imposent à eux en matière de *pensée hors limites* sont-elles beaucoup plus radicales.

Comme nous le notions plus haut, la combinaison est un cocktail dans la coupe des maîtres de la guerre. Mais, dans les guerres du passé, les combinaisons d'armes, de moyens, d'ordres de bataille ainsi que de stratagèmes consistaient en des combinaisons opérées à l'intérieur des « limites » du domaine militaire. De nos jours, ce type de combinaison au sens étroit est évidemment tout à fait insuffisant. Si l'on veut gagner la guerre d'aujourd'hui ou de demain et tenir la victoire entre ses mains, il est nécessaire de « combiner » l'ensemble des ressources guerrières dont on dispose pour combattre – tout en sachant que cela ne suffit encore pas. Il convient aussi d'opérer cette combinaison en se conformant aux exigences des « règles de la victoire ». Mais cela ne suffit toujours pas, car les règles de la victoire ne garantissent pas que cette dernière tombera dans votre panier comme un fruit mûr. Il faut aussi une main habile pour la cueillir. Or cette main, c'est justement le « dépassement des limites », c'est-à-dire l'art de combiner la guerre débordant de l'ensemble des limites tout en obéissant aux exigences des règles de la victoire. Nous aboutissons ainsi à un concept total, à une dénomination de la guerre entièrement nouvelle : la « guerre combinée hors limites sur le mode latéral-frontal ».

La « combinaison supra-étatique »

Il semble que nous nous trouvions face à un nouveau paradoxe : en théorie, dépasser les limites consiste à ne tolérer aucune restriction et à aller au-delà de tout. Mais, en réalité, le dépassement des limites est un objectif inaccessible. Tout dépassement ne peut s'opérer que dans des limites précises. « Hors limites » ne veut pas dire illimité mais représente seulement un élargissement du « limité », autrement dit le franchissement des limites inhérentes à tel domaine ou à telle direction, la combinaison d'occasions et de moyens dans un plus grand nombre de domaines et de directions afin de réaliser les objectifs fixés.

Telle est la définition que nous donnons à la *guerre combinée hors limites*.

Sur le plan de la méthode opérationnelle, dont les caractéristiques principales sont « dépassement-limites », le principe de cette « guerre combinée hors limites » exige de trouver la solution d'un problème dans un domaine plus vaste que le problème lui-même, tout en mobilisant des moyens plus nombreux que ceux qu'il requiert habituellement. Par exemple, lorsque la sécurité de l'État se trouve menacée, il ne s'agira pas de choisir l'affrontement militaire entre l'État menacé et l'État agresseur, mais d'utiliser un mode de « combinaison supra-étatique » pour résoudre la crise.

Dans l'histoire, l'État a été la forme la plus haute de la notion de sécurité. Pour les Chinois, l'État fut même le grand concept, équivalant à la totalité du monde civilisé*. Aujourd'hui, l'État n'est plus qu'un maillon, grand ou petit, de cette chaîne qu'est la société humaine à l'intérieur du « village mondial ». Les États modernes sont de plus en plus nombreux à subir l'influence d'organisations supranationales, régionales ou mondiales (comme l'Union européenne, l'ASEAN, l'OPEP, l'OCEAP**, le FMI, la Banque mondiale, l'OMC, ainsi que la plus gigantesque d'entre elles, l'ONU). Par ailleurs, un grand nombre d'organisations multinationales et d'organisations non nationales de toutes tailles et de toutes formes (comme les sociétés multinationales, les associations de métiers, les organisations pacifistes et écologistes, le Comité olympique, les organismes religieux, les organisations terroristes, les groupes de pirates informatiques, etc.) dominent de la même façon l'orientation des États. Ces organisations multinationales, non

---

* Autrement dit, l'Empire chinois.

** Organisation pour la coopération économique de la zone Asie-Pacifique.

nationales et supranationales forment toutes un système de pouvoir mondial en pleine expansion[3].

Peut-être n'est-il pas très remarquable que les facteurs énumérés ci-dessus ont ouvert une époque de transformation où la politique de grande puissance est en train de céder le pas devant la politique supranationale. Cette période est principalement une période de transition : de nombreux indices sont en train d'apparaître et de nombreux processus commencent à se développer. L'incertitude sur la question de savoir si c'est la puissance étatique ou la puissance supranationale, multinationale et non nationale qui domine la scène internationale demeure. Par ailleurs, les grandes puissances jouent encore un rôle dominant ; en particulier, la grande puissance totale que sont les États-Unis, les grandes puissances économiques que sont le Japon et l'Allemagne, la grande puissance émergente qu'est la Chine et la grande puissance déclinante qu'est la Russie s'efforcent malgré tout d'exercer leur influence sur la situation générale. En outre, certaines grandes puissances animées de visées à longue échéance commencent à profiter de la puissance d'acteurs transnationaux, multinationaux et non gouvernementaux pour étendre leur propre influence, conscientes que leur seule puissance est insuffisante pour atteindre leurs objectifs. L'Union européenne, qui est en voie de réaliser son unité grâce à l'euro, en est l'exemple le plus récent. Ce processus dynamique ne fléchit pas ; il vient juste de traverser une période de flottement, et il est loin d'être parvenu à son terme. Le fait que son orientation à brève échéance et ses perspectives à longue échéance restent floues est un phénomène normal. Toutefois, certains signes indiquent déjà une tendance, à savoir que la période où la décision finale résultait d'une épreuve de force entre États est en train de s'achever, tandis que le rideau s'ouvre sans bruit sur une période où les questions seront résolues et les objectifs réalisés sur une scène plus large que les États, et par des moyens supra-étatiques[4].

Sur cette base, nous considérons la « combinaison supranationale » comme un des facteurs essentiels de la guerre combinée hors limites.

Dans un monde d'interpénétration entre les domaines de la politique, de l'économie, des idéologies, de la technique et de la culture, où les réseaux, les clones, Hollywood, le cyberespace et la Coupe du monde traversent allègrement les limites territoriales marquées par des bornes frontières, la sécurité et l'assurance de profits au sens strictement national deviennent très difficiles à réaliser. Seul un simple d'esprit comme Saddam Hussein a pu vouloir assouvir ses ambitions en occupant carrément un territoire. Comme l'a démontré la réalité, pareille façon de faire en cette fin du XXe siècle marque à l'évidence un retard sur son temps et conduit obligatoirement à la défaite.

Cherchant elle aussi à garantir sa sécurité nationale et à s'assurer des profits, la grande puissance développée que représentent les États-Unis s'est montrée beaucoup plus avisée que l'Irak. Depuis le jour où ils sont montés sur la scène internationale, les Américains ont, soit par la ruse soit par la force, tiré profit d'autres pays, nul ne sait combien de fois supérieurs à ceux tirés par l'Irak au Koweït. Parmi les raisons expliquant cela, il n'y a pas seulement l'idée que « la force, c'est le droit » et cela ne repose pas non plus sur le viol des règles internationales. Car dans toutes leurs opérations outre-mer, les États-Unis se sont toujours efforcés d'entraîner le plus d'alliés possible afin d'éviter de se retrouver seuls, sans appui. En dehors des situations où ils ont directement eu recours à des actions purement militaires contre des petits pays comme la Grenade et le Panamá, dans la majorité des cas, ils ont employé le mode supranational pour servir leurs intérêts. Face au problème irakien, la méthode employée par les Américains fut une remarquable combinaison supranationale. Tout au long du processus, ils tournèrent les textes de loi à leur avantage, firent jouer toutes sortes de combinaisons diplomatiques et obtinrent l'appui de presque tous les pays des Nations unies pour amener la première organisation internationale à voter une résolution les mandatant pour intervenir militairement en entraînant à leur suite une alliance de plus de trente pays contre l'Irak. Après la guerre, ils réussirent à organiser un blocus économique, qui dure déjà depuis huit ans, et se servirent de l'inspection des armements pour maintenir une pression politico-militaire sur l'Irak, qui plongea durablement le pays dans un état d'isolement politique et d'accablement économique.

Depuis la guerre du Golfe, la tendance à la combinaison supranationale dans les guerres ou les conflits est de plus en plus évidente. Plus le temps passe, plus cette stratégie devient prépondérante et plus elle est utilisée par de nombreux pays. Au cours des dix dernières années, elle est devenue l'arrière-plan des bouleversements de la communauté internationale. L'intégration économique mondiale, l'internationalisation des politiques intérieures, la mise en réseau des ressources informatiques, l'accélération du renouvellement des techniques, la dissimulation des conflits de civilisation et l'accroissement de l'influence des organisations non étatiques ont apporté à la société humaine autant d'avantages que d'inconvénients. C'est la raison pour laquelle les grandes puissances et même certains pays moyens et petits se sont tournés, sans même se concerter, vers les combinaisons supranationales pour résoudre leurs problèmes[5].

Et c'est précisément pour cette raison que les menaces qui pèsent sur les États modernes proviennent surtout de puissances supranationales et non d'un ou deux pays définis. Face à ces menaces, il n'y aura pas de meilleur moyen que le recours à des combinaisons supranationales. En fait, il n'y a rien de nouveau sous le soleil. La combinaison supranationale n'est en aucune manière un continent nouveau. Depuis l'époque des Printemps et des Automnes [722-481 avant J.-C.], des Royaumes combattants [403-221 avant J.-C.] et de la guerre du Péloponnèse [431-404 avant J.-C.], la « ligue et l'alliance* », c'est-à-dire la mise en commun de ses forces, constitue la méthode la plus ancienne et la plus classique d'utilisation de la combinaison supranationale par les stratèges de l'Antiquité en Orient et en Occident[6]. De nos jours, cette méthode n'a rien perdu de son attrait. Jusqu'à la guerre du Golfe, on peut encore dire que la combinaison supranationale à la Schwarzkopf est la version moderne de l'antique « alliance + coalition ». S'il fallait absolument tracer le fossé de générations qui sépare l'Antiquité de notre époque et établir ce qui les distingue, on pourrait dire que, chez les Anciens, il n'existait que des combinaisons d'États et non des combinaisons verticales, horizontales et croisées entre organisations supranationales, multinationales et non nationales[7]. À part certains principes intangibles, l'apparition de ces trois forces que les Anciens n'auraient pu imaginer a provoqué une transformation révolutionnaire de la tactique moderne, tant du point de vue des moyens techniques que de leur emploi. Le tout nouveau modèle conjuguant « État + supranational + multinational + non étatique » va transformer fondamentalement l'aspect et l'issue des guerres et même la nature militaire de la guerre, demeurée inchangée depuis l'Antiquité. Ce mode de résolution des conflits ou de conduite de la guerre, non seulement par la force des États mais aussi par la combinaison des trois forces supra-, multi- et non étatiques, c'est ce que nous dési-

* Allusion à la ligue Nord-Sud (des Royaumes combattants contre les Qin) et à l'alliance Est-Ouest (des six Royaumes Combattants avec les Qin).

gnons par le terme général de *combinaison supranationale*. L'analyse de quelques exemples de réussites permet de prévoir que désormais la combinaison supranationale va devenir l'arme la plus puissante dont disposera un État pour chercher à atteindre ses objectifs de sécurité et servir ses intérêts stratégiques dans un cadre plus grand que cet État lui-même [8].

En tant qu'unique grande puissance de niveau mondial, les États-Unis sont l'État par excellence à pouvoir utiliser la combinaison supranationale comme arme. Ils n'ont jamais laissé échapper une occasion d'agir sur les organisations internationales liées aux intérêts américains, autrement dit ils ont toujours considéré que l'action de toutes les organisations internationales était étroitement liée à leurs intérêts. Qu'il s'agisse d'organisations européennes, américaines, asiatiques ainsi que d'autres organisations régionales ou mondiales, les États-Unis se sont toujours efforcés de les manipuler. Le *Rapport du ministère de la Défense des États-Unis* de 1996 n'en fait pas mystère : « Afin de protéger et de servir les intérêts américains, le gouvernement des États-Unis doit avoir la capacité d'influencer la politique et l'action des autres pays. Cela exige que les États-Unis continuent à intervenir à l'étranger, en particulier dans les zones où les principaux intérêts des États-Unis se trouvent menacés [9]. » Par exemple, à propos de la création de l'Organisation pour la coopération économique de la zone Asie-Pacifique, le Premier ministre australien, Robert Hawke, qui en était l'initiateur, avait d'abord envisagé qu'elle ne réunisse que certains pays d'Asie, l'Australie et la Nouvelle-Zélande. Mais il se heurta aussitôt à une vive opposition du président Bush et l'organisation dut être élargie aux États-Unis et au Canada. À la même époque, afin de réduire l'influence de la coopération économique de la zone Asie-Pacifique, les États-Unis incitèrent fortement une partie des pays asiatiques à signer individuellement des accords avec la zone de libre-échange de l'Amérique du Nord (Alena). Ainsi, en s'introduisant d'un côté et en faisant sortir certains pays de l'autre, on peut dire que les États-Unis pratiquèrent une tactique de combinaison double.

L'attitude et la méthode adoptées par les Américains dans le traitement de la crise financière asiatique ont été un secret étroitement gardé. Quand la tempête éclata, les États-Unis s'opposèrent immédiatement à la proposition japonaise de créer un fonds monétaire asiatique ; ils soutinrent la mise en place d'un plan de sauvetage soumis à conditions par l'intermédiaire du F.M.I., dont ils sont l'un des principaux actionnaires, dans l'intention de forcer les pays asiatiques à accepter la politique de libéralisation économique dont ils étaient les promoteurs. Ainsi, ils posèrent comme condition à l'attribution par le F.M.I. d'un prêt de 55 milliards de dollars à la Corée l'ouverture totale de son marché, offrant aux capitaux américains l'occasion de racheter des entreprises coréennes à des prix dérisoirement bas. Exiger, par ces méthodes de gangster, l'ouverture de marchés ou l'exclusion d'autres pays de ces marchés au profit des pays développés conduits par les États-Unis s'apparente à une forme déguisée d'occupation économique [10]. Si l'on rapproche les pratiques du gouvernement américain, les coups de force financiers menés contre les pays d'Asie par les requins de l'acabit de George Soros, l'augmentation du montant global des fonds communs de placement des Américains qui sont passés en dix ans de 810 milliards à 5 trillions de dollars et qui continuent d'augmenter de 30 milliards par mois [11], l'abaissement par Moody's, Standard & Poor's et Morgan Stanley de la notation du Japon, de Hong Kong et de la Malaisie au moment le plus critique ou le plus délicat pour ces trois pays, la préoccupation d'Alan Greenspan se demandant si la contre-attaque du gouvernement de Hong Kong contre les « fonds agressifs » ne risquait pas de modifier les règles du jeu, l'exception faite à la règle par la Réserve fédérale américaine pour aider la société LTCM* à se sortir du désastre où l'avait conduite la spéculation et, enfin, le fait que le mot « non » qu'on avait entendu proféré à grands cris en Asie pendant un temps et l'expression « siècle de l'Asie » cèdent peu à peu la place au silence, on découvrira à quel point l'ensemble de ces divers phénomènes forment un ingénieux maillage sans la moindre discontinuité [12]. En supposant qu'ils soient combinés sciemment et utilisés pour attaquer une cible longtemps convoitée, ne pourrait-on y voir l'action combinée d'une organisation supranationale + multinationale + non étatique parfaitement réussie ? Bien qu'on ne dispose d'aucune preuve directe que le gouvernement américain et la Réserve fédérale américaine aient ensemble sciemment conçu et utilisé cette arme extrêmement puissante et discrète, d'après les éléments dont on dispose, on peut au moins affirmer que certaines actions ont bénéficié préalablement de leurs encouragements et de leur consentement tacite. Toutefois, la question clé dont nous voulons parler n'est pas de savoir si les Américains l'ont utilisée en connaissance de cause mais si, en tant que super-arme, elle peut fonctionner.

Notre réponse est : assurément.

La « combinaison hors domaines »

Le domaine est une notion dérivée du territoire pour distinguer les zones d'activité de l'humanité. Dans ce sens, le domaine de la guerre est la délimitation du secteur de la guerre se rapportant à la guerre. Comme la *combinaison supranationale*, la *combinaison hors domaines* dont nous parlons est une abréviation. Pour être plus précis, il faudrait y ajouter les mots *action*

* LTCM : Long-Term Capital Management.

guerrière pour exprimer complètement le sens de la notion que nous avons forgée et que nous employons. Préciser ce point vise à circonscrire à la guerre et aux actions connexes la proposition de *combinaison hors ...* sous-tendue par l'idée de dépassement des limites.

La notion de combinaison hors domaines se situe entre la notion de combinaison supranationale dont nous avons déjà parlé et celle de *combinaison hors moyens* que nous exposerons plus loin. Tout comme la position qu'elle occupe dans notre exposé la notion de combinaison hors domaine est un maillon indispensable de la réflexion sur l'idée novatrice de dépassement des limites. De même qu'un avion doit franchir le mur du son pour voler à une vitesse supersonique, de même, ce n'est qu'en franchissant les limites des domaines que les hommes qui s'occupent de la guerre trouveront assez de liberté d'esprit pour réfléchir sur la guerre. Franchir les frontières idéologiques est le préalable au franchissement des frontières de l'action. Sans rupture idéologique, même en réussissant grâce à son intuition à opérer une percée dans l'action, il sera difficile en dernier ressort d'aboutir à un résultat pleinement satisfaisant. Par exemple, la théorie de l'armée américaine de la « guerre omnidimensionnelle » et notre « combinaison hors domaines » visent au même résultat par des voies différentes (l'expression « omni-dimensionnel » équivaut à « dans tous les domaines »), mais comme la notion américaine de « guerre omni-dimensionnelle » s'apparente davantage aux brusques élucubrations de militaires intelligents et n'a pas été construite sur la base d'une réflexion totalement innovante, cette étincelle idéologique qui aurait pu déclencher une révolution des affaires militaires s'est rapidement et, regrettablement, éteinte [13].

L'extension du domaine de la guerre est le résultat nécessaire de l'expansion continuelle du champ des activités humaines et de leur fusion réciproque. La connaissance de ce phénomène a toujours été en retard par rapport au phénomène même. Bien que des hommes d'une clairvoyance exceptionnelle, comme Cao Gui* à une l'époque reculée et Collins** de nos jours, aient montré, chacun à son niveau, les liens restrictifs réciproques des différents domaines de la guerre, jusqu'à présent, la majorité de ceux qui s'interrogent sur la guerre considèrent que tous les domaines non militaires sont des domaines accessoires qui doivent nécessairement répondre aux besoins de la guerre. Cette étroitesse de vue explique pourquoi l'élargissement du champ de bataille et la transformation de l'art militaire restent limités à un domaine. De Koutouzov qui réduit Moscou en cendres et détruit sans regret plus de la moitié du pays, dans le but de renforcer ses défenses et de priver de ressources son ennemi Napoléon, au bombardement massif de Dresde et à la destruction aveugle de Hiroshima et Nagasaki par la bombe atomique pour s'assurer une victoire absolue, en passant par les propositions stratégiques de « représailles massives » et de « destruction mutuelle assurée », aucun exemple n'a dépassé ce modèle.

Le moment est venu de corriger cette tendance erronée. La grande fusion des techniques a fourni un prétexte à l'interpénétration des domaines politique, économique, militaire, culturel, diplomatique et religieux. La tendance à l'unification de tous les domaines devient extrêmement claire, à quoi s'ajoute l'influence de la prise de conscience grandissante de la notion de droits de l'homme sur l'éthique de la guerre ; tout cela fait que l'idée de confiner la guerre au domaine militaire et de mesurer l'intensité d'une guerre au nombre de victimes devient chaque jour plus obsolète. La guerre est en train de sortir des limites du massacre

* Cao Gui : héros de l'époque des Printemps et des Automnes.

** John M. Collins, auteur de *Grand Strategy : Principles and Practices.*

sanglant et montre une tendance à la diminution du nombre de victimes, voire à sa réduction à zéro, associée à une intensité élevée : il s'agit d'un modèle de guerre entièrement nouveau représenté par la guerre informatique, la guerre financière, la guerre commerciale, etc., se déroulant dans un nouvel espace ouvert dans le domaine de la guerre. Dans ce sens, il n'existe plus de domaine qui ne puisse servir à la guerre et il n'existe presque plus de domaines qui ne présentent l'aspect offensif de la guerre.

Le 19 octobre 1987, un navire de la marine américaine attaquait une plate-forme de forage iranienne dans le golfe Persique. Parvenue à la Bourse de New York, la nouvelle provoqua immédiatement le plus terrible krach boursier de l'histoire de Wall Street. Ce stupéfiant « lundi noir » causa une perte comptable de 560 milliards de dollars sur le marché boursier américain, équivalant à la perte nette d'un pays comme la France. Au cours des années qui ont suivi, diverses opérations militaires ont provoqué des catastrophes boursières qui ont elles-mêmes entraîné à plusieurs reprises une panique économique. En 1995-1996, à deux reprises, la Chine continentale annonça qu'elle allait opérer des essais de lancement de missiles et organiser des manœuvres militaires dans le détroit de Taïwan. Au moment où les missiles laissaient leur trace dans le ciel, le marché boursier de Taïwan se mit à plonger, entraînant une réaction en chaîne pareille à une avalanche. Bien que ces deux exemples ne soient absolument pas ce que nous avons appelé des combinaisons hors domaines, en particulier le premier, qui appartient plutôt à la catégorie des actions stupides consistant à se laisser tomber une pierre sur le pied, leur dénouement imprévu incite à se poser la question suivante : si l'on combinait intentionnellement deux domaines ou plus, apparemment sans liens entre eux, afin de les utiliser comme moyens tactiques, le résultat ne serait-il pas encore meilleur ?

Du point de vue de la pensée hors limites, la « combinaison hors domaines » signifie la combinaison des champs de bataille. Comme le domaine militaire, tous les domaines vont peut-être devenir des champs de bataille dominants de la guerre du futur. Et l'un des buts de la « combinaison hors domaines » va consister à étudier et à choisir quel domaine, comme champ de bataille dominant, sera le plus avantageux pour réaliser les objectifs de la guerre. D'après l'expérience de l'affrontement américano-irakien, après quarante-deux jours d'action militaire, le maintien pendant huit ans d'une pression militaire + un blocus économique + un contrôle des armements fut la tactique adoptée contre l'Irak par les États-Unis sous la forme d'une combinaison hors domaines sur un nouveau champ de bataille. Sans même parler des énormes dommages non militaires causés à l'Irak par le blocus économique, les seules attaques opérées contre le potentiel militaire irakien pendant plusieurs années par l'inspection et l'élimination des armes de destruction massive, conduites par la Commission spéciale d'inspection des Nations unies, dirigée par Butler, ont largement dépassé l'ensemble des résultats obtenus par les bombardements aériens effectués pendant la guerre du Golfe.

Ces faits démontrent que la guerre n'est plus une action strictement limitée au domaine militaire et que le déroulement et le dénouement de n'importe quelle guerre peuvent être décidés, ou modifiés, par des facteurs politiques, économiques, diplomatiques, culturels, techniques et autres facteurs non militaires. Face aux conflits militaires et non militaires qui affectent tous les coins de la planète, c'est seulement en brisant les diverses barrières qui emprisonnent nos modèles de pensée, en transformant tous les domaines touchés par la guerre en un jeu de cartes manipulable avec dextérité et en utilisant toutes les ressources guerrières de la combinaison de tactiques hors limites que nous aurons en main tous les atouts de la victoire.

La combinaison hors moyens

Quand deux pays se font la guerre, quand deux armées s'entretuent, est-il nécessaire d'employer des moyens spéciaux pour mener une guerre psychologique à l'encontre des membres de la famille des soldats ennemis installés loin à l'arrière [14] ? Dans le but d'assurer la sécurité financière d'un pays, peut-on recourir à l'assassinat pour contrer des spéculateurs [15] ? Peut-on opérer des « frappes chirurgicales » contre les foyers de trafic de drogue ou de contrebande sans déclaration de guerre ? Pour exercer une influence sur le gouvernement ou le parlement d'un pays étranger, peut-on créer des fonds spéciaux afin de circonvenir des groupes de pression [16] ? Peut-on enfin utiliser la méthode consistant à racheter ou à contrôler le capital de journaux, de chaînes de télévision d'un autre pays pour en faire les outils d'une guerre médiatique contre ce pays [17] ?

Mis à part la légitimité de l'emploi de ces moyens, c'est-à-dire leur conformité aux règles éthiques communément admises, l'autre point commun aux questions posées ci-dessus est le problème de l'emploi de moyens transnationaux et hors domaines, c'est-à-dire ce que nous avons appelé la « combinaison hors moyens ». Pour préciser ce que l'on entend par hors moyens et pourquoi il faut aller au-delà des moyens, on doit commencer par répondre clairement à la question : qu'est-ce qu'un moyen ?

En apparence, cette question n'en est pas une. Tout le monde sait en effet qu'un moyen est la méthode et l'outil nécessaires pour atteindre un objectif. Mais si des paramètres aussi importants qu'un pays ou une armée, aussi partiels qu'un stratagème ou une arme, sont de manière imprécise appelés moyens, la question est alors loin d'être aussi simple.

La relativité des moyens est une question à laquelle on a consacré beaucoup d'efforts.

Elle se manifeste en ce que, à un certain niveau, tel élément peut être un moyen, tandis qu'à un autre niveau, il devient un objectif. En terme d'action supranationale, un pays est un moyen, alors qu'en terme d'action nationale, l'armée ou toute autre force nationale est un moyen et c'est le pays qui est un objectif. Si l'on poursuit ce raisonnement, les moyens de tailles différentes sont comme des boîtes gigognes : un moyen de n'importe quel niveau peut tout à la fois servir à atteindre un objectif plus élevé et être un objectif pour un moyen du niveau immédiatement inférieur.

Sans parler des objectifs, la complexité des moyens vient de ce que n'importe quel objet, considéré sous n'importe quel angle et à n'importe quel niveau, peut être compris comme un moyen.

Du point de vue des domaines, le militaire, la politique, la diplomatie, l'économie, la culture, la religion, la psychologie et les médias peuvent tous être considérés comme des moyens. Si l'on poursuit avec les subdivisions d'un domaine, le domaine militaire par exemple, la tactique et la stratégie, la menace militaire, l'alliance militaire, les manœuvres militaires, le contrôle des armements, l'embargo sur les armes, le blocus armé ainsi que le recours à la force, tous ces éléments sont évidemment des moyens militaires. Quant aux différents moyens que sont l'aide économique, les sanctions commerciales, la médiation diplomatique, l'acculturation, la propagande médiatique, l'établissement et l'usage de règlements internationaux, le recours à des résolutions des Nations unies, etc., tout en constituant des domaines annexes de la politique, de l'économie et de la diplomatie, ils sont de plus en plus des moyens paramilitaires au service des politiciens.

Du point de vue des méthodes, qu'elles soient philosophiques, techniques, mathématiques, scientifiques et artistiques, elles représentent des moyens qui contribuent au bonheur de l'humanité mais qui peuvent aussi être utilisés comme moyens de guerre. Prenons l'exemple de techniques nouvelles comme l'informatique, la technique des matériaux, la technique spatiale, le génie génétique : dès leur apparition, elles élargissent le champ des moyens. Autre exemple, les mathématiques. Parmi les termes techniques que sont la disposition des forces, les chiffres de base [utilisés pour prévoir la consommation] des munitions, le calcul de trajectoire des projectiles, le calcul de probabilité des pertes, le rayon d'action, l'équivalent en tonnes des explosifs, pas un n'échappe, semble-t-il, à l'influence des méthodes mathématiques. Par ailleurs, les méthodes philosophiques, scientifiques et artistiques sont également des moyens efficaces pour soutenir la sagesse militaire ainsi que l'action militaire. C'est aussi la raison pour laquelle on désigne souvent la pensée, la théorie et la pratique militaires sous les termes de philosophie, science et art militaires. Liddell Hart définit d'ailleurs le mot stratégie comme « art d'utiliser des moyens militaires pour atteindre des objectifs politiques ».

Tout cela nous montre que la notion de moyen recouvre des sens multiples, comporte de nombreux niveaux, a des fonctions interdépendantes et n'est donc pas facile à saisir. Ce n'est qu'en élargissant notre connaissance des moyens à partir de notre champ de vision et en admettant le principe qu'il n'existe rien qui ne puisse servir que nous éviterons de nous retrouver dans une situation inextricable et d'être réduits à l'impuissance en ce qui concerne l'emploi des moyens. En 1978, lors de la crise provoquée par la prise d'otages à l'ambassade américaine en Iran, les

États-Unis ne surent d'abord faire usage que de moyens militaires brutaux et c'est seulement après leur échec qu'ils changèrent de méthode. Ils commencèrent par geler les avoirs iraniens à l'étranger puis ils imposèrent un embargo sur les armes. En outre, ils appuyèrent l'Irak dans sa guerre contre l'Iran ; ils ajoutèrent à cela les négociations diplomatiques, intervinrent sur tous les plans et la crise finit par se résoudre[18]. Cela montre que, dans un monde qui n'a jamais été aussi complexe, les types de moyens et leurs domaines d'utilisation connaissent une évolution constante. Cela montre aussi que le meilleur des moyens ne saurait présenter un plus grand avantage que l'emploi conjugué de différents moyens. De ce fait, la combinaison hors moyens devient absolument nécessaire. Hélas ! rares sont les pays qui en sont conscients. Ce sont plutôt les organisations non étatiques mues par des intérêts divers qui s'efforcent d'utiliser des combinaisons de moyens. Ainsi, la mafia russe combine assassinats, enlèvements contre rançon et piraterie informatique des systèmes électroniques des banques pour s'enrichir. Certaines organisations terroristes combinent la pose de bombes, la prise d'otages et les raids sur les réseaux pour atteindre leurs objectifs politiques. Les individus de l'acabit de Soros naviguent dans les eaux troubles des marchés financiers en combinant la spéculation sur les marchés des changes, les marchés boursiers et les marchés à terme. Ils utilisent en outre l'opinion publique pour manifester leur puissance et pour leurrer les « mastodontes » que sont Merrill Lynch, Fidelity et Morgan Stanley[19] afin de s'associer à eux et de constituer sur les marchés des agglomérats gigantesques, capables de mener l'une après l'autre des guerres financières d'une ampleur effarante. Ces divers moyens n'ont pas la moindre nature militaire, même s'ils ont souvent tendance à être violents, mais pour nous qui nous demandons comment utiliser efficacement dans les guerres des moyens militaires et non militaires, leur mode de combinaison ne manque pas d'être une source d'inspiration. Car de nos jours, mesurer l'efficacité d'un type de moyen ne consiste généralement pas à se demander à quelle catégorie il appartient ni s'il respecte certaines normes éthiques, mais à voir s'il est conforme à un principe, c'est-à-dire : le principe de la meilleure façon d'atteindre son objectif. Dès lors qu'il obéit à ce principe, c'est le meilleur moyen. Bien qu'on ne puisse écarter complètement les autres facteurs, la réalisation des objectifs doit être prise comme préalable. C'est-à-dire que ce que la combinaison hors moyens doit dépasser en premier, ce sont justement les normes éthiques ou les principes que recèle ce moyen même. Or cela est beaucoup plus difficile et compliqué que de combiner tel moyen avec tel autre.

C'est seulement après avoir opéré un dépassement des notions existantes que nous pourrons nous débarrasser des tabous et nous engager sur le terrain libre – hors limites – du choix des moyens. Car pour nous, se contenter des moyens existants pour atteindre ses objectifs est insuffisant. Il faut encore trouver la meilleure façon de les atteindre, c'est-à-dire savoir comment utiliser ses moyens avec justesse et efficacité. Autrement dit, savoir comment combiner consciemment différents moyens et en créer de nouveaux pour atteindre son but. Par exemple, imaginons qu'à notre époque d'unification économique une puissance veuille attaquer l'économie d'un autre pays et attaquer simultanément ses moyens de défense. Elle peut tout à fait se passer des moyens à portée de main que sont le blocus économique, les sanctions commerciales ou la menace militaire et l'embargo sur les armes, et pourra se contenter d'ajuster sa propre politique financière en utilisant principalement l'inflation monétaire ou une dévaluation, combinées avec d'autres moyens comme la manipulation de l'opinion et la modification des règles. Cela suffira à créer des turbulences financières et une crise économique dans le pays ou la région-cible, et à affaiblir sa puissance générale, y compris sa puissance militaire. L'exemple de l'Asie du Sud-Est nous montre que la crise financière entraîna un ralentissement de la course aux armements dans la région. On voit donc que cette possibilité existe bel et bien, même si on affirme que cette crise ne fut pas volontairement provoquée par telle grande puissance pour modifier la valeur de sa monnaie. Une grande puissance en voie de mondialisation comme la Chine a déjà la capacité d'ébranler l'économie mondiale simplement en modifiant sa politique économique. Si la Chine s'était montrée égoïste et était revenue sur sa parole en 1998, en dévaluant le yuan, il est certain que cela aurait contribué à mettre de l'huile sur le feu dans l'économie des pays d'Asie et aurait provoqué un cataclysme sur le marché des capitaux dans le monde. Le résultat, c'est que même les États-Unis, premier pays débiteur du monde dont la prospérité économique dépend de l'injection de capitaux étrangers, auraient forcément subi de lourdes pertes économiques. Dans une telle hypothèse, le résultat serait certainement supérieur à celui d'une attaque militaire.

La réalité des échanges d'information et de l'intrication des intérêts accroît sans cesse *l'extension** de la guerre et fournit à n'importe quel pays capable de peser dans la balance la capacité de menacer un autre pays par de nombreux moyens, et pas seulement le moyen militaire. L'utilisation d'un moyen unique sera de moins en moins efficace alors que l'utilisation conjuguée de moyens divers présentera des avantages évidents. Cette situation ouvre grand la porte aux combinaisons hors moyens et à leur usage dans la guerre ou dans les actions paraguerrières.

* Au sens qu'a ce mot en logique formelle.

La « combinaison hors degrés »

Lorsqu'une guerre entre dans l'histoire de la guerre, tel l'acier en fusion qui refroidit progressivement, le processus de la guerre mis en œuvre émerge peu à peu. Des combats anciens de faible ampleur aux campagnes composées de batailles conjuguées, tous azimuts, en passant par les guerres comprenant quelques – voire de nombreuses – campagnes, pour arriver enfin aux grandes guerres, où d'une simple guerre entre deux pays on passe à une guerre continentale ou mondiale, la guerre a évolué en gravissant un à un d'invisibles degrés et évoluera encore. Chaque degré est jonché de soldats blessés gémissants ou réduits à l'état de cadavres, jonché aussi des canons dressés des vainqueurs et des fusils abandonnés des vaincus, jonché enfin de nombreux plans, projets et stratagèmes, stupides ou sages. Si nous feuilletions l'histoire de la guerre en commençant par la dernière page, nous découvririons que le processus complet est une accumulation et que tous les dénouements sont le résultat d'accumulations successives. La victoire est le résultat d'une accumulation, ainsi que la défaite. Si l'on compare ces deux termes de la guerre, la route qui conduit à l'un ou l'autre de ces dénouements est unique. Seule différence à observer : les degrés gravis ont-ils conduit à s'élever ou à tomber ? Or c'est souvent lorsqu'on pose le pied sur la dernière marche que se produisent les bonds et les changements brusques.

Il semble que ce soit une règle.

Or les règles doivent être respectées. S'affranchir des règles ou les enfreindre exige de la prudence.

Le problème, c'est que nous nous interrogeons justement sur le moyen d'enfreindre cette règle. Nous ne pensons pas que toutes les guerres doivent progresser graduellement jusqu'à ce que l'accumulation débouche sur « le moment » décisif. Nous pensons que « le moment » peut être créé. Quant à la méthode qui permet toujours de créer ce moment sans attendre d'avoir accumulé et d'en faire un outil sûr, c'est ce que nous allons tenter d'établir.

Nous savons qu'un combat ne constitue pas une guerre, de même qu'un soldat ne forme pas une armée, mais ce n'est pas de cela que voulons parler. La question que nous nous posons est : comment utiliser une méthode qui rompe avec tous les degrés et les conjugue à volonté ? Par exemple : comment combiner et faire correspondre directement un combat ou une action d'ordre tactique avec une guerre ou une action d'ordre stratégique ? De même que nous coordonnons volontairement les mouvements de nos membres, de notre torse et de notre tête, nous transformerions la guerre en une sorte de dragon dont nous pourrions combiner à loisir les différentes parties articulées, et les faire bouger librement dans n'importe quelle direction.

Cette méthode, c'est ce que nous appelons la *combinaison hors degrés*. Le degré est aussi une sorte de limite analogue aux frontières d'un pays, d'un territoire et d'un moyen, frontières qu'il faut dépasser lorsqu'on mène réellement une guerre combinée hors limites.

Herman Kahn a divisé le seuil préliminaire à une guerre nucléaire en un certain nombre de degrés, ou stades. Ces stades existent aussi dans les autres formes de guerre. Mais si l'on suit véritablement la ligne de pensée de Kahn, on s'aperçoit que le partage en quarante-quatre degrés est trop précis et d'un emploi malaisé[20]. En outre, son analyse de l'essence des degrés de la guerre manque de pénétration, du fait de trop insister sur l'idée de diviser la guerre en stades selon son intensité. À notre avis, si l'on part des deux aspects que sont l'ampleur de la guerre et la puissance de la technique militaire qui lui correspond, la division en degrés peut être énormément simplifiée, c'est-à-dire ramenée à quatre degrés. Sur ce point, notre opinion est en gros identique à celle de certains analystes militaires ; seule la formulation diffère. Concrètement, cette division est la suivante :

grande guerre – politique guerrière
guerre – stratégie
campagne – art opérationnel
combat – tactique

Premier degré : « grande guerre – politique guerrière ». En terme d'ampleur, il s'agit d'une action guerrière, militaire et non-militaire, dont la limite supérieure est le supranational et la limite inférieure le pays. La technique militaire qui lui correspond est ce que nous appelons la « politique guerrière », c'est-à-dire ce que Collins désigne par la « grande stratégie ». Cette technique militaire concerne principalement la stratégie politique de la guerre.

Deuxième degré : « guerre – stratégie ». Les actions militaires de niveau national comprennent les actions guerrières non militaires de ce degré. La technique guerrière correspondante est la « stratégie », c'est-à-dire la stratégie militaire ou la stratégie guerrière d'un pays.

Troisième degré : « campagne – art opérationnel ». Par son ampleur, il est inférieur à la guerre, mais il est supérieur aux actions de combat. Il n'y a jamais eu de désignation de la méthode de combat qui corresponde à ce degré ; souvent, on utilise la notion de campagne, ce qui crée évidemment un risque de confusion entre l'ampleur du combat et la méthode utilisée pour le mener. C'est pourquoi nous avons choisi d'utiliser l'expression *art opérationnel* pour désigner la méthode. Ce degré opérationnel se situant en dessous de la stratégie et au-dessus de la tactique, cela exigerait que nous en élaborions le sens.

Quatrième degré : « combat – tactique ». Il s'agit de l'action opérationnelle de base à laquelle répond la méthode opérationnelle que nous appelons *tactique*.

Au premier abord, on voit qu'à chaque niveau d'ampleur opérationnelle correspond une méthode opérationnelle. Pour les militaires traditionnels, la grande leçon de leur vie a peut-être été de s'entraîner à maîtriser ces méthodes opérationnelles, et à le faire bien, quel que soit le niveau où elles se situaient.

Mais, pour les militaires du XXIe siècle, se limiter à un entraînement selon ces méthodes opérationnelles correspondant à des degrés fixes est évidemment très insuffisant. Pour gagner des guerres, ils doivent apprendre à renverser l'ordre des degrés et à combiner tous les facteurs, des actions supranationales aux combats concrets. Il ne s'agit pas d'une tâche impossible. C'est très simple, à dire vrai. En tant que méthode visant à conjuguer librement politique guerrière, stratégie, art opérationnel et tactique, le principe de la combinaison hors degrés n'est qu'une question d'échange de rôles. Par exemple, utiliser le moyen stratégique d'une certaine action non militaire pour l'associer à une tâche de combat, ou encore utiliser un certain moyen tactique pour atteindre un objectif de l'ordre de la politique guerrière. Si l'on en juge par la tendance actuelle de la guerre, un signe est de plus en plus net : ce n'est pas toujours par le moyen de tel niveau qu'on peut résoudre un problème de ce même niveau. Peu importe qu'on utilise un marteau-pilon pour écraser une mouche ou une plume pour affronter un mammouth, ce qui compte c'est l'habileté avec laquelle on les manie.

Ben Laden se servit d'un simple moyen de niveau tactique représenté par deux véhicules chargés d'explosifs pour menacer les intérêts nationaux des États-Unis au niveau stratégique. Quant aux Américains, ils ne réussirent à atteindre l'objectif de garantir leur propre sécurité qu'en menant contre lui une action de représailles de niveau tactique. Autre exemple : contrairement aux guerres du passé, où le plus petit élément de combat était la combinaison « homme-machine » et dont le rôle ne dépassait généralement pas l'échelle du combat, la combinaison « homme-machine » de la guerre hors limites offre de multiples capacités offensives de niveaux allant de la tactique à la politique de guerre. Un pirate informatique + un modem peuvent causer des pertes à peine inférieures à celles d'une guerre. Et comme il présente la largeur de spectre et le caractère secret du combat hors degrés, ce type de combat individuel peut facilement donner des résultats d'ordre stratégique et même de l'ordre de la politique de guerre.

Tels sont les points essentiels de la combinaison hors degrés.

Entre une guerre à caractère dominant national et supranational et une guerre non militaire, il n'y a pas de frontières qui ne puissent être franchies, il n'y a pas de moyens qui ne puissent être utilisés pour combattre et il n'y a pas de domaines ni de moyens qui ne puissent être combinés. L'adaptation des actes de guerre au courant de la mondialisation se manifeste dans le préfixe « supra », qui introduit une notion d'omnipotentialité. Ce préfixe traduit bien l'idée exprimée plus haut selon laquelle toutes les méthodes se ramènent à une seule.

On soulignera donc à nouveau que, dans la guerre hors limites, c'est la réflexion qui prime sur la méthode, laquelle vient en second.

NOTES

1. Bertrand Russell dit à propos de Machiavel : « Les gens sont toujours choqués par lui et, parfois, il est en effet choquant. Mais s'ils se débarrassaient de leur hypocrisie, comme il l'a fait, bon nombre d'entre eux penseraient la même chose que lui. (...) [D'après Machiavel], si un but est jugé bon, on doit absolument choisir les moyens nécessaires pour l'atteindre. La question des

moyens peut être résolue par une approche purement scientifique sans se soucier de savoir si l'objectif est bon ou mauvais. » Voir *Le Prince*.

2. Né à l'époque des Royaumes combattants [475-221], Han Feizi fut le plus grand produit de l'école des Légistes. La phrase « La cible que visent le discours et l'action ce sont les résultats » n'a pas d'autre objectif ou limite. (Voir Hou Wailu *et al.*, *Zhongguo sixiang tongshi* [Histoire générale de la pensée chinoise], Renmin chubanshe éd., 1957, p. 616.)

3. Dans son livre *Les Nouveaux Pouvoirs : savoir, richesse et violence à la veille du XXIe siècle, op. cit.*, Alvin Toffler évoque ces « nouveaux types d'organisations mondiales » : « Nous sommes témoins d'un déplacement du pouvoir extrêmement significatif, des pays isolés ou des blocs à des lutteurs mondiaux. » Par « lutteurs mondiaux », il entend les entités non étatiques, grandes ou petites, qui vont de la Communauté européenne aux sociétés transnationales. D'après des statistiques du Rapport sur les investissements de l'année 1997 publié par les Nations Unies, il existe 44 000 sociétés mères transnationales et 280 000 filiales étrangères et entreprises annexes dans le monde. Ces sociétés transnationales contrôlent 1/3 de la production mondiale, dominent 70 % des investissements directs à l'étranger, 2/3 du commerce mondial et plus de 70 % des brevets et autres transferts de technologie. (Cité par le quotidien *Guangming* du 27 décembre 1998, 3e éd., dans un article intitulé « *Jingji quanqiuhua de liangzhongxing* » [La dualité de la mondialisation de l'économie], signé Li Dalun.)

4. Selon Brzezinski, un certain nombre de groupes de pays apparaîtra au XXIe siècle tels que le groupe d'Amérique du Nord, le groupe européen, le groupe d'Asie orientale, le groupe musulman et le groupe d'Europe de l'Est. La lutte entre ces groupes dominera les conflits futurs. (Voir *Out of Control : Global Turmoil on the Eve of the Twenty-first Century*). L'utilité des Nations unies ne va cesser de croître, tendance qui apparaît déjà aujourd'hui. (Voir *Zouxiang 21 shiji de lianheguo* [Les Nations unies en marche vers le XXIe siècle], Shijie zhishi éd.

5. Par exemple, l'ASEAN, l'OUA et autres sont déjà ou sont en train de devenir des organisations supra-étatiques, capables d'accomplir des tâches régionales, qu'on ne peut plus ignorer.

6. L'« alliance Nord-Sud » (l'union de six États contre Qin) et l'« alliance Est-Ouest » (l'union de Qin avec un ou plusieurs États contre un autre État) pendant la période des Royaumes combattants sont des exemples célèbres d'alliances entre États (*Zhanguoce zhushi* [Commentaires sur le *Zhanguoce*], Zhonghua shuju éd., 1990, p. 4).

7. Les organisations supra-étatiques contemporaines ne sont pas seulement des organisations constituées d'organisations étatiques.

Elles comprennent aussi des organisations constituées d'organisations étatiques, d'organisations transnationales et même d'organisations non étatiques. Lors de la crise financière du Sud-Est asiatique, on a pu observer une coopération tacite entre des pays, le FMI ainsi que des fonds agressifs.

8. Dans son nouvel ouvrage, *Le Grand Échiquier : l'Amérique et le reste du monde* (trad. M. Bessière et M. Herpe-Voslinsky, Bayard, Paris, 1997), Brzezinski prescrit comme nouvelle recette pour la sécurité mondiale la création d'un « système de sécurité eurasiatique ». Le noyau de ce système serait constitué par les États-Unis, l'Europe, la Chine, le Japon, la Russie et l'Inde. Sans préjuger des résultats qu'elle pourrait donner, cette solution ouvre au moins une perspective analogue à la nôtre, à savoir résoudre les problèmes de sécurité nationale dans un cadre plus vaste. Carl Doe estime que « les organisations internationales sont souvent considérées comme la meilleure voie permettant à l'humanité de sortir de l'époque des États-nations ». La tâche principale de l'intégration est de « maintenir la paix ». (Voir *Guoji guanxi fenxi* [Analyse des relations internationales], Shijie zhishi éd., p. 332.)

9. *Annual Report of the Secretary of Defense,* année fiscale 1996.

10. Dans un article intitulé « Discussion sur la nouvelle résistance de l'Asie face à l'étranger » de la revue japonaise *Bungei shunju* [Annales littéraires et artistiques], d'août 1998, Shintaro Ishiwara estime que différentes mesures adoptées par les États-Unis révèlent l'existence d'un complot stratégique contre l'Asie. Si les opinions de ce « Monsieur Non » [il est le coauteur d'un livre nationaliste intitulé *Le Japon qui peut dire non*] peuvent paraître outrancières, elles ne sont pas isolées. (Voir *Cankao xiaoxi* [Nouvelles de référence], 15-16 août 1998.)

11. Voir *Cankao xiaoxi* du 29 septembre 1998, p. 11, reproduisant un article de la revue *Fortune*.

12. Le nombre d'observateurs qui partagent les vues de Shintaro Ishiwara est loin d'être négligeable. L'observateur économique Constantin Sorotchine a exprimé une opinion voisine dans un article intitulé « Quel rôle a joué le CIS dans la crise financière de l'Asie du Sud-Est ? », publié le 16 juillet 1998 dans la revue russe *Forum*.

13. Dans l'armée de terre américaine d'aujourd'hui, l'« omnidimensionnalité » est un concept limité au domaine militaire. Ainsi, dans le principe de « protection omnidimensionnelle » du *Projet d'armée conjointe pour 2010*, il s'agit principalement de renforcer la protection de l'information dans l'armée américaine. Selon l'opinion du général J. E. Wilson de l'état-major chargé du matériel de l'armée de terre américaine, une « armée de terre du futur » capable de se déplacer dans le monde entier est une « armée omnidimen-

sionnelle ». On voit que pour l'armée de terre, l'idée d'« omnidimensionnalité » n'est qu'un vocable vidé de sa substance. (Voir *Joint Forces Quarterly*, été 1996.)

14. Le ministère de la Défense américain a renforcé son contrôle des sites militaires sur Internet afin d'empêcher les puissances hostiles d'utiliser à des fins malveillantes les adresses personnelles, numéros de sécurité sociale et de cartes de crédit de son personnel.

15. Puisque le gouvernement britannique a autorisé ses agents secrets à assassiner les dirigeants de pays considérés comme terroristes, si certains pays considéraient les spéculateurs financiers qui lancent des attaques destructrices contre leurs économies comme des criminels de guerre ou des terroristes, trouverait-on convenable que ces pays agissent de la même manière contre ces spéculateurs ?

16. Les parlements des pays démocratiques ne peuvent échapper aux manœuvres d'encerclement menées par les groupes de pression. Ainsi, les organisations juives américaines et la Rifle Association constituent des groupes de pression connus. En fait, il existait en Chine des pratiques analogues dès l'Antiquité. Ainsi, lors de l'affrontement entre les États de Chu et de Han à la fin du règne des Qin [209-202 avant notre ère], Liu Bang donna une forte somme d'argent à Chen Ping pour qu'il abatte Xiang Yu en dehors du champ de bataille.

17. Un article a révélé que George Soros contrôle la scène politique albanaise par le biais de la presse.

18. Voir Carl Doe, *Analysis of International Relations*.

19. Barton Biggs, analyste de la stratégie mondiale chez Morgan Stanley, est considéré comme le stratège en investissements le plus puissant du monde, car il est président d'une société au capital de 30 milliards de dollars, dont il détient 15 % des actions. Avant la tempête financière qui a affecté la Thaïlande et Hong Kong, lui et sa société prirent des mesures qui donnèrent des indications aux spéculateurs. (Voir Song Yuhua et Xu Yilin, « *Dangdai guoji ziben yundong guilü chutan* » [Exploration préliminaire des règles des mouvements de capitaux internationaux contemporains], *Zhongguo shehui kexue* [Sciences sociales chinoises], n° 6, 1998.)

20. À propos de *De l'escalade, métaphores et scénarios*, de Herman Kahn, Calmann-Lévy, 1966, voir Carl Doe, *op. cit.* L'armée américaine distingue généralement trois niveaux de combat : stratégique, de campagne et tactique. (Voir « Basic Aerospace Doctrine of the United States Air Force », *US Air Force Manual AFM 1-1*, 1992.)

CHAPITRE 8

Principes essentiels

« Les principes constituent un code de déontologie, mais ils n'ont pas une valeur d'absolu. »

George KENNAN

Dans l'histoire de la guerre, parmi les hommes qui arguèrent de principes pour définir la manière de combattre, on doit d'abord citer Sunzi. Les principes qui furent les siens, comme « qui se connaît soi-même et connaît l'adversaire ne perdra aucune bataille », « frapper l'ennemi là où il ne s'y attend pas et le prendre par surprise », « éviter le plein et attaquer le vide », etc., sont encore des actes de foi pour les stratèges contemporains. Et, deux mille quatre cents ans plus tard, en Occident, Napoléon faisait part de son désir devant les élèves de la célèbre école militaire de Saint-Cyr d'écrire un ouvrage destiné à tous les soldats qui énonce précisément les principes de la guerre. Malheureusement, alors qu'il volait de victoire en victoire, il n'en avait pas le temps et, vaincu, il n'était plus dans la disposition d'esprit requise. En tant que chef qui avait remporté près de cent victoires dans sa vie, il dut en éprouver un certain regret. Mais dès lors qu'un homme qui a connu la gloire de son vivant a su accumuler les victoires, ses descendants savent toujours extraire la quintessence de son héritage et résumer la voie par laquelle il a obtenu la victoire. Cent ans plus tard, un général britannique, J. F. C. Fuller, tira des guerres menées par cet ennemi séculaire, qui après sa mort éveillait encore la crainte chez les Anglais, cinq principes de commandement applicables aux guerres modernes [1]. Tous les principes régissant la guerre moderne en Occident en découlent. Les auteurs de règlements militaires et les théoriciens militaires de bon nombre de pays énoncèrent successivement tel ou tel principe sur la guerre, mais qui ne différèrent guère des principes établis en premier lieu par Fuller [2]. Cela s'explique par le fait que depuis les guerres de Napoléon jusqu'aux guerres précédant la guerre du Golfe, en dehors de l'augmentation continue de sa puissance meurtrière et destructive, rien n'a permis de parler d'un changement fondamental de la nature de la guerre.

Les choses ont changé, soit pendant, soit après la guerre du Golfe. L'introduction et l'usage d'armes guidées de précision, d'armes non meurtrières et d'armes non militaires ont détourné la guerre de sa tendance forcenée à accroître ses capacités meurtrières et destructrices, et amorcé le premier changement d'orientation de l'Histoire. Cette nouvelle orientation risque de déconcerter les militaires professionnels et ouvre la voie sur laquelle s'engagera la guerre au siècle prochain.

Aucun principe n'échappe à la critique, et à plus forte raison les principes sur la guerre. Qu'ils soient le fruit des cogitations d'un penseur militaire ou qu'ils émanent d'un règlement militaire, c'est dans tous les cas un produit forgé dans la guerre et battu cent fois sur l'enclume du combat. Sans les guerres de l'époque des Printemps et des Automnes, Sunzi n'aurait pas énoncé ses principes sur la guerre ; sans les guerres napoléoniennes, Fuller n'aurait pas non plus énoncé les siens ; de même que sans les guerres militaires, paramilitaires et non militaires, petites et grandes, survenues à l'échelle de la planète depuis la guerre du Golfe, le concept d'« opération omnidimensionnelle » formulé par les Américains et notre concept de *guerre combinée hors limites* n'auraient pas été énoncés, sans parler évidemment des principes opérationnels apparus simultanément.

Si nous regrettons vivement que la théorie des « opérations omnidimensionnelles » ait été abandonnée en route, nous sommes résolus à ce que la guerre combinée hors limites n'en reste pas au niveau de la théorie mais accède au rang de méthode opérationnelle applicable dans la réalité. Même si l'idée d'aller « au-delà des limites » que nous préconisons vise fondamentalement à les dépasser toutes, il est une contrainte à observer absolument, qui est celle d'obéir aux principes essentiels dans les actions de combat – mis à part les circonstances exceptionnelles où ces principes doivent être eux-mêmes enfreints.

Lorsque des considérations sur les règles de la guerre débouchent sur une méthode opérationnelle au point de devenir une méthode, un principe va naître de ce mouvement. Même si, avant d'avoir été soumis à l'épreuve de la réalité, il est difficile d'affirmer que cette méthode opérationnelle et ce principe ouvriront la voie à la prochaine victoire. Le fait d'affirmer un principe est assurément le processus théorique indispensable à l'élaboration d'une méthode opérationnelle. *Hic Rhodus, hic salta.*

Voyons maintenant ce que les principes ci-après pourraient apporter à la guerre combinée hors limites.

Omnidirectionnalité – Synchronie – Objectifs limités – Moyens illimités – Déséquilibre – Consommation minimale – Coordination omnidimensionnelle – Contrôle du processus entier.

Omnidirectionnalité – Observation, conception et emploi combiné de tous les facteurs corrélés sur 360°.

L'omnidirectionnalité est le point de départ de l'idéologie de la guerre hors limites. En tant que principe général pour la conduite de la guerre, l'exigence de base qui s'impose est de considérer tous les facteurs liés à la guerre en question. On doit donc avoir une vision sans zones aveugles, une conception sans obstacles et une orientation sans angles morts, en observant le champ de bataille réel ou potentiel, en établissant les plans et en utilisant les moyens, en combinant toutes les ressources guerrières utilisables.

Pour la guerre hors limites, la distinction entre champ de bataille et non-champ de bataille n'existe pas. Les espaces naturels que sont la terre, la mer, l'air et l'espace sont des champs de bataille ; les espaces sociaux que sont les domaines militaire, politique, économique, culturel et psychologique sont des champs de bataille ; et l'espace technique qui relie ces deux grands espaces est plus encore le champ de bataille où l'affrontement entre les forces antagoniques est le plus acharné [3]. La guerre peut être militaire, paramilitaire ou non militaire ; elle peut recourir à la violence et peut aussi être non violente ; elle peut être un affrontement entre militaires professionnels ainsi qu'un affrontement entre les forces émergentes principalement constituées de civils ou de spécialistes. Ces caractéristiques marquent la ligne de partage entre la guerre hors limites et la guerre traditionnelle, et elles tracent la ligne de départ des nouvelles formes de guerre.

En tant que principe à très fort caractère pragmatique, l'« omnidirectionnalité » s'applique à tous les niveaux de la guerre combinée hors limites. Au niveau suprême de la politique de guerre, elle désigne l'emploi combiné de la puissance de combat globale d'un pays jusqu'à la puissance de combat supranationale dans le cadre d'une confrontation intercontinentale ou mondiale. Au plan stratégique, elle désigne l'emploi combiné, dans la guerre, des ressources nationales liées aux objectifs militaires. Au plan opérationnel, elle désigne l'emploi combiné d'une armée ou d'un ensemble de la taille d'une armée pour atteindre des objectifs de campagne sur un champ de bataille défini face à différents types de moyens ; au niveau tactique, elle désigne l'emploi combiné d'unités ou d'éléments de même taille pour accomplir des missions déterminées dans les combats face à différents types d'armements ou de méthodes de combat. En outre, on ne doit pas oublier que les différentes combinaisons énumérées ci-dessus doivent aussi comprendre les combinaisons croisées entre niveaux.

Pour finir, on doit préciser que, dans chaque guerre, le cadre opérationnel ne s'étend pas forcément à tous les espaces et domaines, mais l'examen « omnidirectionnel » et la maîtrise de la situation de combat est le premier principe de la guerre combinée hors limites.

Synchronie – Mener des actions dans la même période de temps dans des espaces différents.

Les moyens techniques dont dispose la guerre moderne, surtout grâce à la diffusion de l'informatique, l'apparition des techniques de guerre à distance, l'augmentation de la capacité de transformation du champ de bataille, le regroupement de champs de bataille étendus, éparpillés et de natures très diverses, ainsi que l'introduction de la parité des forces militaires et non militaires de toutes sortes ont entraîné un fort raccourcissement du processus de la guerre. De nombreux objectifs qui étaient autrefois réalisés par étapes, au moyen de campagnes et de combats successifs, peuvent être de nos jours atteints rapidement, dès qu'ont été posés comme conditions l'accès simultané, l'exécution simultanée et l'achèvement simultané. Désormais, l'accent porte plutôt sur la *synchronie* des opérations que sur leur *phasage*[4].

Grâce à une planification préalable minutieuse, les facteurs de la guerre répartis dans différents espaces et domaines entourent les objectifs de la guerre et, dans une période de temps déterminée, procèdent à une attaque combinée, en concentrant les forces disséminées et en les coordonnant en secret, afin d'obtenir effet de surprise, furtivité et efficacité. Une action synchronisée sur toute la profondeur du front ne sera peut-être qu'une brève opération hors limites, mais elle suffira à décider du sort d'une guerre. La « synchronie » dont nous parlons ici n'est pas la « simultanéité » à la seconde près, mais désigne la « même phase de temps ». Dans ce sens, la guerre hors limites mérite le nom de *guerre convenue dans le temps*.

Selon cette norme, la capacité d'action de l'armée américaine dans le domaine militaire est celle qui se rapproche le plus de ce niveau. D'après les équipements et les techniques possédés par l'armée américaine, un système de campagne informatique peut fournir en une minute à 1 200 avions des données sur 4 000 objectifs, à quoi il faut ajouter l'utilisation massive de systèmes d'armes d'attaque à longue distance. Tout cela a conduit à la proposition de la notion opérationnelle d'« attaque simultanée sur toute la profondeur ». Les Américains ont commencé à abandonner les vieux schémas de la guerre consistant, au plan spatial, à pousser progressivement de la périphérie vers la profondeur et, au plan temporel, à recourir aux actions séquentielles. Mais, selon certains documents publics dévoilés par les milieux militaires, à ce jour, la réflexion sur ce thème reste limitée au domaine des actions militaires et n'a pas réussi à s'étendre aux champs de bataille hors domaine militaire.

Objectifs limités – Guides d'action fixés dans l'espace accessible avec les moyens disponibles.

Les objectifs limités désignent ceux qui correspondent aux moyens disponibles. Par conséquent, le principe permettant de fixer des objectifs limités est que les objectifs soient toujours inférieurs aux moyens.

Lorsqu'on fixe des objectifs, on doit considérer pleinement la capacité de les réaliser et ne pas chercher à atteindre des objectifs qui n'aient pas été délimités. Seule la limitation permet qu'une action soit précise, réalisable et opérable. En même temps, une fois qu'un objectif a été atteint, on doit pouvoir conserver la flexibilité permettant d'enchaîner sur l'objectif suivant[5]. Lorsqu'on fixe un objectif, on doit se garder d'un optimisme excessif, rechercher consciemment un objectif limité, écarter tout objectif inaccessible, c'est-à-dire faire en sorte que l'objectif choisi soit raisonnable. Car tout objectif réalisable est limité. Quelle qu'en soit la raison, choisir un objectif qui sorte du cadre permis par les moyens ne peut qu'aboutir à une conclusion désastreuse.

L'erreur commise par MacArthur lors de la guerre de Corée est l'exemple le plus typique de l'élargissement d'un objectif limité. Par la suite, les erreurs analogues commises par les États-Unis au Vietnam et par l'URSS en Afghanistan prouvent que, quelle que soit l'armée, quelle que soit l'action, quand l'objectif dépasse les moyens, la défaite est inévitable.

Or les politiciens et militaires contemporains sont loin d'avoir tous compris cela. Le *Rapport du ministère de la Défense des États-Unis de 1996* cite cette phrase prononcée par le président Clinton : « En tant que pays le plus puissant du monde, nous avons l'obligation de diriger et de prendre des mesures lorsque nos intérêts et nos valeurs sont menacés. » Au moment où ces paroles étaient prononcées, il est évident que même Clinton n'était pas conscient de ce que les intérêts et les valeurs sont deux objectifs stratégiques d'ordre différent. Si les premiers sont un objectif que les Américains peuvent maintenir grâce à leur action, les secondes ne sont pas un objectif que leurs capacités leur permettent d'atteindre et qu'ils devraient poursuivre en dehors du territoire des États-Unis. À mesure que leur influence grandit, l'idéologie de « premiers du monde » qui correspond à leur « isolationnisme » nourrit la tendance des États-Unis à se donner des objectifs illimités. Une société au capital limité qui néanmoins se charge de responsabilités illimitées ne peut aboutir à autre chose qu'à la faillite.

Moyens illimités – La tendance à l'emploi illimité de moyens, mais limités à la satisfaction d'objectifs limités.

Les moyens illimités visent des objectifs limités. En les qualifiant d'« illimités », nous désignons une tendance à élargir continuellement le cadre du choix des moyens et non l'utilisation immodérée de moyens et encore moins l'emploi « absolutiste » de moyens, ni l'emploi de moyens absolus. L'usage de moyens illimités pour atteindre des objectifs limités représente la frontière ultime.

Les moyens sont inséparables des objectifs. L'absence de limites dans le choix des moyens conduit à s'affranchir des limites pour atteindre un objectif déterminé. Cela ne veut pas dire que les moyens peuvent être choisis librement sans tenir compte des limites fixées par les objectifs. L'arme atomique en tant que moyen capable de détruire l'humanité fut considérée comme l'arme absolue. C'est justement parce qu'elle enfreignait le principe selon lequel un moyen doit servir son objectif qu'elle fut mise de côté. L'emploi de moyens illimités ne peut qu'obéir à la phrase de Confucius : « À loisir mais sans enfreindre les règles. » Or ces « règles », ce sont les objectifs. L'idéologie hors limites a élargi « à loisir » le cadre du choix et le mode d'utilisation des moyens. Toutefois, cela ne veut pas dire élargir les objectifs « à loisir » mais seulement utiliser des moyens au-delà des limites et des frontières afin de réaliser des objectifs limités. À l'inverse, un général intelligent ne saurait limiter ses moyens du fait que ses objectifs sont limités car, à un moment critique, cela le mènerait à l'échec alors que la victoire est à portée de main. Ce qui signifie la recherche du « limité » au moyen de l'« illimité ».

Au cours de la guerre de Sécession, Sherman, lorsqu'il fonçait sur Savannah, ne cherchait pas à combattre mais à incendier et à piller. Il s'agissait de recourir au moyen consistant à détruire l'économie des arrières de l'armée sudiste afin de miner la capacité de résistance de la population et des troupes, et permettre ainsi d'atteindre l'objectif guerrier de l'armée nordiste. Nous avons là un exemple d'utilisation réussie de moyens illimités pour atteindre un objectif limité. À l'inverse, lors de la 4e guerre du Moyen-Orient [la guerre de Kippour, en 1973], l'objectif fixé aux officiers de l'avant par le haut commandement de l'armée égyptienne était d'occuper la presqu'île du Sinaï. Le plan opérationnel correspondant était de tenir le Sinaï, après avoir enfoncé les défenses de la ligne Bar Lev. Le but était d'atteindre un objectif limité à l'aide de moyens limités. Le résultat fut que les Égyptiens laissèrent échapper une victoire qu'ils tenaient déjà entre leurs mains [6].

Déséquilibre – Rechercher les points nodaux de l'action en suivant une direction opposée à la symétrie équilibrée.

En tant que principe, le « déséquilibre » est un point d'appui important de la règle latéral-frontal dans la théorie de la guerre hors limites. L'essentiel consiste à suivre l'idée inverse de la symétrie équilibrée pour mener des actions opérationnelles. De la répartition et de l'emploi des forces au choix de la direction de l'offensive principale et du centre de gravité de l'attaque en passant par la disposition des armes, on doit se poser la question de l'effet des facteurs déséquilibrés et de l'utilisation du déséquilibre comme moyen d'atteindre ses objectifs.

Que ce soit en tant qu'idée ou en tant que principe de direction des opérations, le déséquilibre peut se manifester dans tous les aspects de la guerre. À condition de maîtriser et d'utiliser correctement le principe de déséquilibre, on réussit toujours à trouver et à exploiter les points faibles de l'ennemi. Lorsque des pays pauvres, de faible puissance militaire, ainsi que des entités guerrières non étatiques résistent à des puissances supérieures, comme la Tchétchénie à la Russie, la Somalie aux États-Unis, l'Irlande du Nord à la Grande-Bretagne et les partisans du djihad islamique à l'Occident tout entier, il n'est pas d'exemple où ces combattants n'emploient la tactique du déséquilibre asymétrique, de « la souris qui joue avec le chat ». La sagesse leur commande de refuser systématiquement le face-à-face brutal avec les armées des grandes puissances et d'utiliser au contraire, pour leur tenir tête, les diverses formes de combat que sont la guérilla (principalement urbaine)[7], la guerre terroriste, la guerre sainte, la guerre prolongée et la guerre des réseaux. Ils choisissent le plus souvent comme direction de leurs attaques des domaines et des fronts auxquels l'adversaire ne s'attend pas, et le centre de gravité des attaques est toujours choisi en des points susceptibles de provoquer une immense commotion psychologique chez l'adversaire. Cette méthode, qui consiste à utiliser des moyens basés sur le déséquilibre pour affirmer sa puissance, donne souvent d'excellents résultats et amène l'adversaire, dont la force principale est constituée d'armées régulières et de moyens réguliers, à ressembler à un éléphant dans un magasin de porcelaine, à ne plus savoir à quel saint se vouer et à se retrouver complètement désemparé.

Outre l'efficacité manifestée dans son emploi, le déséquilibre est en soi une règle des phénomènes que laisse deviner la règle d'or. Parmi toutes les règles, le déséquilibre est la seule règle qui encourage les hommes à enfreindre les principes pour les utiliser, et c'est aussi le remède souverain pour soigner cette maladie chronique de la pensée qu'est la routine.

Consommation minimale – Utiliser ses ressources guerrières à la limite inférieure suffisante pour atteindre son objectif.

Le « principe de consommation minimale » signifie que :

1. la rationalité prime sur l'épargne[8] ;
2. le mode opérationnel détermine l'ampleur de la consommation[9] ;
3. l'on doit « multiplier » (les moyens) pour « diminuer » (la consommation).

La rationalité réside dans deux commandements : fixer raisonnablement les objectifs et utiliser raisonnablement ses ressources. Outre la détermination d'objectifs à la mesure de ses moyens, la définition d'objectifs raisonnables exige aussi de réduire les charges imposées par eux afin de les rendre aussi simples et précis que possible. Utiliser raisonnablement ses ressources signifie évidemment trouver la méthode la plus appropriée pour atteindre ses objectifs et non pas exiger unilatéralement de les épargner. L'épargne – c'est-à-dire l'emploi de ses ressources au minimum – n'a de sens que si elle répond au préalable qu'est la réalisation des objectifs.

La manière d'appliquer un principe essentiel est plus importante que la connaissance approfondie qu'on en a. L'emploi ou non de ses ressources guerrières au minimum pour réaliser ses objectifs dépend du choix du mode opérationnel. Que la bataille de Verdun ait été qualifiée de boucherie par tous les historiens de la guerre s'explique par le choix des deux protagonistes de mener une guerre d'usure insensée. En revanche, la raison pour laquelle les Allemands, après avoir franchi la ligne Maginot, balayèrent l'armée alliée franco-britannique est qu'ils surent mener une guerre éclair combinant dans un temps minimal itinéraire optimal et armes les plus puissantes. On voit donc que la recherche d'un mode opérationnel permettant d'employer raisonnablement ses ressources de guerre est la clé de la « consommation minimale ».

Face à la multiplication et à la complexification actuelles inédites des objectifs et des moyens de les atteindre, opérer dans un domaine unique et utiliser un moyen unique sont la marque évidente d'un parfait irréalisme. La méthode qui permet de sortir de cette impasse consiste à utiliser « beaucoup » pour atteindre « peu », c'est-à-dire : faire en sorte que les avantages de plusieurs ressources de guerre existant dans plusieurs domaines se complètent et se conjuguent en un mode opérationnel entièrement nouveau permettant de consommer le minimum tout en réalisant ses objectifs.

Coordination multidimensionnelle – Coordonner toutes les forces mobilisables dans les domaines militaire et non militaire couverts par un objectif.

« Multidimensionnel » est ici une autre façon de parler de la multiplicité des domaines et des forces, et n'a rien à voir avec le sens qu'a le mot dimension en mathématiques ou en physique. La *coordination multidimensionnelle* désigne ainsi la coopération entre des domaines et des forces différents mis en œuvre pour atteindre un objectif. En apparence, ces deux mots n'expriment rien de nouveau ; on trouve des expressions analogues dans certaines éditions de nombreux règlements opérationnels, périmées ou toutes récentes. La seule différence, très importante, avec ce que décrivent tous ces ouvrages, c'est l'introduction directe et non plus indirecte de facteurs non militaires et non guerriers dans le domaine de la guerre. Autrement dit, lorsque n'importe quel domaine devient un champ de bataille et n'importe quelle force est employée pour faire la guerre, on a plutôt tendance à concevoir la coordination multidimensionnelle comme la coordination entre la dimension militaire et les autres dimensions, guidée par la recherche d'un objectif précis, et à ne plus penser que dans toutes les guerres, c'est l'action militaire qui prédomine nécessairement. Le fait que face à la guerre toutes les dimensions sont à égalité va devenir la formule permettant de traiter le sujet des guerres futures[10].

La notion de coordination multidimensionnelle ne peut apparaître que par rapport à un objectif précis. Sans objectif, il ne peut exister de coordination multidimensionnelle. Et l'ampleur de l'objectif décide également de l'amplitude et de la profondeur de la coordination entre les différentes dimensions. Par exemple, si l'objectif fixé est de gagner une guerre au niveau de la politique guerrière d'un pays, les domaines et les forces qu'il faudra coordonner concerneront peut-être le pays entier, voire une entité supranationale. On peut en conclure que toute action militaire ou non militaire, quels que soient la profondeur et le nombre des domaines et des forces qu'elle concerne, nécessite absolument la coordination entre les différentes dimensions. Cependant, cela ne signifie pas du tout que plus nombreux seront les moyens utilisés pour mener à bien chaque action, mieux ce sera, mais que c'est la nécessité qui fixe la limite. L'emploi excessif ou insuffisant de chaque dimension ne peut que faire osciller l'action entre enflure et dessèchement, et, finalement, compromettre la réalisation de l'objectif même. Ici, la vieille sagesse orientale qui veut que « l'excès ne vaut pas mieux que le manque » nous aide à bien comprendre et appliquer ce principe.

En outre, il est urgent que nous élargissions notre champ de vision concernant les forces mobilisables, en particulier les forces non militaires. À part diriger l'attention comme par le passé sur les forces conventionnelles, matérielles, nous devrions porter une attention spéciale à l'emploi des « ressources stratégiques » intangibles comme les facteurs géographiques, le rôle historique, les traditions culturelles, le sentiment d'identité ethnique ainsi que le contrôle et l'utilisation de l'influence des organisations internationales, etc. [11]. Mais cela ne suffit toujours pas. Nous devons aussi mener une action hors limites à l'égard de l'emploi de ce principe et transformer les coordinations multidimensionnelles ayant le plus de chance de s'opérer en cas courants d'exercices en plan et susciter des combinaisons entrecroisant dans l'espace les différents degrés, de la politique de guerre à la tactique.

Ajustement et contrôle du processus complet – Tout au long du processus de la guerre – début, déroulement et achèvement –, recueillir des informations, ajuster l'action et contrôler la situation, sans interruption.

La guerre est un processus dynamique plein d'éléments aléatoires et de créativité. Toute idée de vouloir faire entrer une guerre dans un cadre préétabli friserait l'absurdité ou la naïveté. Il est donc nécessaire de disposer d'un retour de l'information et d'opérer les révisions nécessaires « dans le temps où elle se déroule » afin de toujours conserver l'initiative [12]. C'est ce que nous appelons « ajustement et contrôle du processus complet ».

Avec l'introduction du principe de synchronie, ce « processus complet » ne peut être compris comme un processus prolongé. Du fait de l'existence de moyens de haute technologie, ce processus ne durera peut-être que le temps d'un clin d'œil. Comme nous l'indiquions plus haut, le temps d'un combat suffit à conclure une guerre. Ainsi, le processus complet d'une guerre va peut-être devenir très court et, en même temps, augmenter considérablement la difficulté d'opérer ajustements et contrôles.

De nos jours, l'informatique ayant soudé le monde en un grand réseau, les facteurs qui interviennent dans la guerre[13] sont beaucoup plus nombreux que par le passé. L'intrication des différents facteurs et leur influence sur la guerre sont si étroites que la perte d'un seul de ces maillons risque d'avoir le même effet que celle de ce clou de fer à cheval qui avait entraîné la perte de la bataille tout entière[14]. Par conséquent, face à la modernisation de la guerre, prête à exploser comme un ballon de baudruche sous l'effet du développement de nouvelles technologies, de nouveaux moyens et de nouveaux domaines, « l'ajustement-contrôle du processus complet » devient de plus en plus un art et non une technique. Cet art exige de recourir plus à l'intuition qu'à la déduction mathématique pour maîtriser les changements spectaculaires de situation sur le champ de bataille ; il exige que les transformations ne se limitent pas à l'ajustement des forces armées, à la modification du mode de déploiement et au renouvellement des armements, mais qu'il porte surtout sur l'ensemble des règles de la guerre entraînant le déplacement du champ de bataille vers les domaines non militaires. Le résultat sera que nous nous retrouverons sur un champ de bataille inconnu, pour mener une guerre inconnue contre un ennemi inconnu. Et c'est grâce à un « ajustement-contrôle » de ce processus inconnu que nous pourrons remporter une victoire elle-même inconnue.

La guerre combinée hors limites est précisément la guerre menée par cette méthode inconnue et totalement nouvelle.

*

Tous les principes énoncés ci-dessus s'appliquent à n'importe quel type de guerre combinée hors limites.

L'adoption de ces principes ne garantit certes pas la victoire, mais les enfreindre conduit à la défaite.

Pour gagner une guerre, les principes ont toujours été une la condition nécessaire mais non pas la condition suffisante.

Il n'y a pas de principe garantissant la victoire, il n'y a que des principes nécessaires. Cela doit rester gravé dans notre mémoire.

NOTES

1. Les cinq principes des guerres napoléoniennes résumés par Fuller sont : l'attaque, la manœuvre, la surprise, la concentration et la protection. En outre, Fuller a tiré des conceptions de Clausewitz sept principes analogues à ceux des guerres napoléoniennes : maintien de l'objectif, sécurité de l'action, mobilité, réduction des capacités offensives de l'ennemi, conservation de ses forces, concentration des forces et surprise. Ces principes sont devenus la base des principes militaires modernes. (Voir Fuller, J. F. C., *La Conduite de la guerre de 1789 à nos jours : étude des répercussions de la Révolution française, de la révolution industrielle et de la révolution russe sur la guerre et la conduite de la guerre,* Payot, 1990.)

2. Par exemple, les neuf grands principes militaires de l'armée américaine : objectif, offensive, concentration, économie de forces, mobilité, sécurité, surprise, simplicité et unité. Ils sont très semblables aux principes des guerres napoléoniennes.

3. Le champ de bataille de la guerre hors limites n'est pas le même que par le passé. Il comprend tous les espaces naturels, l'espace social et l'espace en pleine croissance de la technologie, tel l'espace nanométrique. Désormais, ces différents espaces s'interpénètrent. Ainsi, l'espace extraterrestre peut être considéré comme un espace naturel et aussi comme un espace technologique, car son processus de militarisation est inséparable des percées technologiques. De même, l'interpénétration de la technique et de la société est de plus en plus visible, dont l'exemple le plus caractéristique est l'effet de l'informatisation sur la société. On voit donc que le champ de bataille est partout et qu'il ne peut être envisagé que d'une manière « omnidimensionnelle ».

4. En terme d'espace, les guerres du passé se développaient selon un processus allant des zones frontières vers la profondeur et, en terme de temps, elles étaient divisées en phases. En terme

d'espace, la guerre hors limites va droit au cœur du sujet et, en terme de temps, elle obéit au principe de « synchronie ». Elle présente généralement la particularité de ne plus être divisée en phases.

5. Il n'y a pas d'exemple plus caractéristique que les quatre principes de l'armée américaine contenus dans le *Joint Vision 2010* – « mobilité, précision de l'attaque, protection omnidimensionnelle et logistique concentrée » –, qui sont tous des nouveaux principes destinés à la guerre militaire.

6. Fixer des objectifs limités ne concerne pas le fait de savoir si l'on est contraint subjectivement mais de savoir si l'on dépasse les limites imposées en matière de moyens. Les moyens sont la « limite » indépassable quand on fixe les objectifs.

7. Voir Bevin Alexander, *How Great Generals Win*, *op. cit*,. pp. 101-125.

8. Avant la 4e guerre du Moyen-Orient, le « plan Badr » de l'Égypte fut divisé en deux étapes. La première consistait à franchir en force le canal de Suez, enfoncer la ligne Bar Lev et prendre le contrôle d'une bande de 15-20 km de large sur la rive orientale du canal. La deuxième prévoyait de s'emparer d'une ligne allant de la passe de Mitla à la passe de Gildi et à la passe de Khatmiya, d'assurer la sécurité de la rive orientale du canal puis, selon la situation, progresser en profondeur. Dans la réalité, dès que les Égyptiens eurent franchi le canal, ils se retrouvèrent sur la défensive. Il fallut cinq jours pour qu'ils passent à nouveau à l'offensive, ce qui donna aux Israéliens le temps de se ressaisir.

9. Le célèbre spécialiste du développement de la société capitaliste, Fernand Braudel, attachait une grande importance à la « fonction organisatrice » des grandes villes dans le monde capitaliste. Aussi grand soit ce monde, ses points cruciaux ne sont autres que les grands centres urbains comme New York, Londres, Bruxelles et peut-être Hong Kong. Il suffirait que simultanément ils soient soumis à des attaques ou deviennent la proie de guérillas pour que le monde entier sombre dans le chaos. (F. Braudel, *La Dynamique du capitalisme*, Arthaud, Paris, 1985.)

10. Tous les principes militaires connus dans l'histoire comportent la notion d' « économie des moyens », ce qui désigne la nécessité dans une guerre de contrôler la consommation en hommes et en ressources. Dans la guerre hors limites, seul « l'usage raisonné » constitue une exacte économie de moyens.

11. La guerre hors limites laisse une grande marge de manœuvre dans le choix des formes de combat. Il y a évidemment une grande différence entre le coût d'une guerre militaire conventionnelle et une guerre où les finances jouent le rôle principal. Par conséquent, le coût d'une guerre future dépendra surtout de la forme de guerre qui sera choisie.

12. Pour obtenir l'égalité entre les dimensions, il faudra prin-

cipalement dépasser le concept du « primat du militaire ». Dans les guerres du futur, les moyens militaires ne seront qu'un choix parmi d'autres.

13. À cet égard, la Chine est richement dotée par la nature. Une tradition culturelle ancienne, une idéologie pacifique, l'absence d'invasion dans son histoire, la forte puissance économique des Chinois ainsi qu'un siège au Conseil permanent des Nations unies sont autant de « ressources stratégiques » importantes.

14. Dans la guerre moderne, les facteurs fortuits risquent d'influer sur l'issue des combats, comme ils le faisaient dans l'Antiquité, par exemple un fusible qui grille à un moment crucial dans l'ordinateur d'un centre de commandement. (Il s'agit d'une hypothèse tout à fait plausible. Ce fut la cause d'une attaque erronée d'un F-16 dans le Golfe. Elle se produisit parce que le circuit électrique des appareils d'identification ami-ennemi embarqués sur les hélicoptères *Blackhawk* avaient tendance à chauffer et que les pilotes les coupaient de temps en temps pour qu'ils refroidissent.) C'est peut-être la version moderne de l'histoire du cheval qui avait perdu un fer. Pour cette raison, « la régulation et le contrôle de tout le processus » sont une nécessité.

CONCLUSION

> *« L'informatisation et la mondialisation (...) ont produit plusieurs milliers d'entreprises multinationales et des dizaines de milliers d'organisations internationales et intergouvernementales. »*
>
> E. Laszlo

> *« L'humanité progresse, et ne croit plus que la guerre soit une éventuelle cour d'appel. »*
>
> Bloch

À l'heure où l'idéal millénaire de l'humanité d'un « monde comme une grande famille » est devenu le slogan publicitaire d'IBM, la « mondialisation » n'est plus une prédiction de futurologues. Entre le crépuscule du XXe siècle et l'aube du XXIe siècle, lentement s'ouvre une nouvelle époque. Mue par la grande tendance à l'intégration technique que matérialise la pléthore d'étiquettes informatives, agitée par deux courants océaniques chaud et froid créés par le choc et la fusion de civilisations, troublée par une succession ininterrompue de guerres locales, par des crises financières en chaîne pareilles à un château de cartes, et par le trou dans la couche d'ozone au-dessus du pôle Sud, cette époque semble à tous, y compris les prophètes et les devins, aussi inconnue qu'imprévue.

L'intégration mondiale est totale et profonde. Face à ses effets correctifs impitoyables, les situations d'autorité et de souveraineté des États et les *barrières d'intérêt* devront subir des transformations, voire être abattues. L'« État-nation » – notion moderne née du traité de Westphalie [1] en 1648 – n'est plus l'unique représentant exerçant sa suprématie sur les organisations sociales, politiques, économiques et culturelles. L'émergence d'un grand nombre d'organisations supranationales, transnationales et non nationales, ainsi que les contradictions inhérentes aux relations entre pays soumettent l'autorité nationale, l'intérêt national et la volonté nationale à un défi inconnu dans l'histoire [2].

Lors de la naissance des premiers États-nations, la plupart d'entre eux connurent des guerres de fer et de sang qui jouèrent le rôle d'accoucheuses. De même, lors de la transition des États-nations vers la mondialisation, la collision entre des énormes blocs d'intérêt semble inévitable. La différence, c'est qu'aujourd'hui pour défaire le « nœud gordien » [3], il n'y a pas que l'épée. Par conséquent, nous ne sommes plus obligés de faire comme nos ancêtres qui ne connaissaient comme dernier recours que la force des armes. N'importe quel moyen, politique, économique, diplomatique, est assez puissant pour suppléer aux moyens militaires. Mais l'humanité n'a aucune raison d'être soulagée, car nous n'avons rien fait d'autre que remplacer autant que possible la guerre sanglante par la guerre non sanglante [4]. Le résultat, c'est que, tout en réduisant l'espace du champ de bataille au sens étroit, nous avons transformé le monde entier en un champ de bataille au sens large. Sur ce champ de bataille, nous continuons à nous battre, à nous piller et à nous massacrer comme par le passé. Les armes sont plus modernes, les moyens plus sophistiqués. Il y a seulement un peu moins de sang, mais tout autant de brutalité. Face à cette réalité, le rêve de paix de l'humanité reste aussi incertain et lointain qu'auparavant. On ne peut penser, même en étant optimiste, que la guerre, sanglante ou non, ait des chances de disparaître brusquement dans un avenir prévisible. Les événements qui doivent se produire finissant toujours par se produire, ce que nous devons et pouvons faire, c'est nous demander comment obtenir la victoire.

Face à une guerre au sens large, menée sur un champ de bataille sans frontières, il est désormais impossible d'assurer la sécurité d'un État et de garantir des intérêts nationaux de cet ordre en comptant seulement sur une armée et des armes militaires. À l'évidence, la guerre sort du domaine des armées et des affaires militaires et devient l'affaire des politiciens, des scientifiques et même des banquiers. La manière de mener la guerre n'est plus une question qui concerne seulement les militaires. Dès le début du [XXe] siècle, Georges Clemenceau déclarait : « La guerre est une affaire trop sérieuse pour être confiée aux militaires. » L'histoire des cent dernières années nous a toutefois montré que confier la guerre aux seuls politiciens n'était pas non plus la solution idéale du problème[5]. Les hommes se sont tournés vers la technique dans l'espoir que son développement fournirait une soupape de sécurité contre la guerre. Mais il est désespérant de constater que ce siècle arrive presque à son terme, que la technique a fait des progrès considérables et que la guerre reste un mustang indompté. Les hommes attendent encore des miracles d'une révolution dans les affaires militaires ; ils espèrent que les armes de haute technologie et les armes non meurtrières permettront de réduire le nombre de victimes chez les civils et les militaires en diminuant la cruauté de la guerre. Cependant, une révolution des affaires militaires a eu lieu. Cette révolution et d'autres sont intervenues dans le courant des dix dernières années de ce siècle ; le monde n'est plus ce qu'il était et la guerre reste aussi brutale qu'avant. La seule chose qui a changé, c'est que cette brutalité s'est élargie à cause de la variété des modes d'affrontement qui opposent les armées ; pour exemple, la catastrophe aérienne de Lockerbie, les deux attentats de Nairobi et de Dar es-Salaam, sans oublier la crise financière du Sud-Est asiatique. Et l'on n'aura pas de mal à comprendre ce qu'est cette nouvelle brutalité.

C'est la mondialisation. C'est la guerre à l'heure de la mondialisation. Même si ce n'en est qu'un aspect, il est frappant. Quand les militaires, à la croisée des siècles, s'y trouvent confrontés, chacun d'entre eux peut se demander : « Que pouvons-nous encore faire ? » Si l'on considère des individus tels que Morris Jr, Ben Laden ou George Soros comme les soldats des guerres de demain, tout le monde ne peut-il pas se considérer comme soldat ? Si l'on considère Powell, Schwarzkopf, Dayan et Sharon comme des politiciens en uniforme, tout le monde ne peut-il pas se considérer comme politicien ? Tel est l'embarras où se trouvent plongés les militaires à l'ère de la mondialisation et de la mondialisation de la guerre.

Puisque la frontière qui sépare les militaires des non-militaires est abolie et que, du fait de la tendance à la mondialisation, le fossé qui sépare la guerre de la non-guerre est presque comblé, tous les problèmes se trouvent liés et imbriqués.

Il s'agit maintenant de trouver une clé. Cette clé doit pouvoir ouvrir tous les verrous, dès lors que ces verrous sont accrochés au portail de la guerre. Et la taille de cette clé doit s'adapter à tous les degrés, de la politique de guerre à la tactique, en passant par la stratégie et l'art opérationnel. Enfin, cette clé doit être adaptée à la main des politiciens, des généraux et des simples soldats.

À part la *guerre hors limites*, nous ne réussissons pas à concevoir de clé mieux adaptée.

NOTES

1. Terme général désignant les traités européens signés en 1648, qui mettaient un terme à la guerre de Trente Ans et dont les grands bénéficiaires furent la France, la Suède, les Provinces-Unies et la Suisse, au détriment de l'empire des Habsbourg. On le considère aussi comme la base des traités qui marquèrent l'éclatement du Saint Empire romain germanique en 1806.

2. La position de l'État comme entité ultime est remise en cause par plusieurs facteurs. Le plus représentatif et le plus inquiétant de tous est la remise en question du monopole de la force armée. Selon *Nations and Nationalism,* l'État est la seule entité qui puisse recourir à la force légalement. Selon une enquête d'opinion réalisée en 1997 aux États-Unis par la revue *Newsweek* sur la question de savoir « d'où viendrait une menace contre la sécurité au XXIe siècle », 32 % des personnes interrogées répondirent qu'elle viendrait du terrorisme, 26 % du crime international et des trafiquants de drogue et 15 % de la haine raciale, les États-nations venant seulement en quatrième position. Dans une petite brochure affichée sur Internet par l'armée américaine mais non publiée (TRADOC PAMPHLET 525-5 : FORCE XXI OPERATIONS), les forces non étatiques sont identifiées comme « ennemis futurs », les « menaces non étatiques contre la sécurité, utilisant des techniques modernes leur donnant des possibilités analogues à celles des États-nations, sont de plus en plus visibles, et posent un défi pour l'environnement traditionnel représenté par les États-nations. Elles peuvent être divisées en trois catégories correspondant au cadre de leur action : 1. sous-étatique. Les menaces sous-étatiques comprennent les conflits politiques, raciaux, religieux, culturels et ethniques qui remettent en cause de l'intérieur le caractère réglementaire et l'autorité des États-nations ; 2. non étatique. Les menaces non étatiques n'ont aucun rapport avec les États auxquels elles appartiennent. Ces entités ne font pas partie des États-nations et n'aspirent pas à accéder à cette position. Ces menaces sont constituées par le crime organisé à caractère régional, la piraterie et les activités terroristes ; 3. supra-étatique. Les menaces supra-étatiques dépassent les frontières des États-nations et s'exercent à une échelle interrégionale, voire mondiale. Elles comprennent les mouvements religieux, les organisations criminelles internationales ainsi que les organisations non officielles contribuant à la prolifération des armes dans le monde. (Voir Wang Xiaodong, *Xinxishidai de shijieditu*

[Carte du monde à l'ère de l'information], Zhongguo renmin daxue éd., 1997, pp. 44-46.) L'armée américaine ne considère pas comme des menaces les sociétés transnationales engrangeant des profits monopolistiques. Outre leur profond attachement à la liberté économique, cela tient au fait qu'ils limitent les menaces au domaine militaire. Or les sociétés multinationales comme Microsoft et Standard Oil-Exxon, dont la richesse rivalise avec celle des États, pourraient constituer une menace réelle pour l'autorité des États, voire exercer une grande influence sur les affaires internationales.

3. Selon la légende, en 334, au début de sa campagne contre les Perses, Alexandre se serait rendu à Gordion (capitale de la Phrygie) où il aurait tranché avec son épée le *nœud gordien*, qui attachait le joug au timon du char de Gordias, dédié à Zeus. Un oracle avait promis l'empire de l'Asie à celui qui dénouerait ce lien très compliqué.

4. Dans les guerres futures, les hostilités de type guerre financière, où un pays est subjugué sans qu'une goutte de sang ait été versée, vont se multiplier. Qu'on imagine un instant les effets désastreux qu'auraient subis les économies de Hong Kong et même de la Chine si la bataille d'août 1998 destinée à protéger les finances de Hong Kong avait échoué ? Or cette situation n'a rien d'impossible. Si le marché financier russe ne s'était pas effondré, menaçant les spéculateurs financiers de front et sur leurs arrières, il est difficile d'imaginer ce qui aurait pu se produire.

5. Qu'il s'agisse de Hitler, de Mussolini, de Truman, de Johnson ou de Saddam Hussein, aucun d'entre eux n'a réussi à maîtriser la guerre. Cette remarque vaut même pour Clemenceau.

LISTE DES NÉOLOGISMES

Introduction à la première partie

barbarie technique
effet de ramification
époque de la synthèse des techniques et de la mondialisation
fusion générale de la technique
guerre hors limites

Chapitre 1

fossé des générations d'armes
nouveau concept d'arme
piège high-tech
vision des armes au sens large
arme faiblement meurtrière
arme lourdement meurtrière
arme suprameurtrière
arme hyperdestructrice
arme adoucie
arme meurtrière précise
arme non meurtrière
guerre adoucie

Chapitre 2

espace conventionnel
fossé des générations de militaires
combattant non professionnel
guerre non militaire
état de guerre
guerre au sens large
terroriste financier
guerre de fonds monétaire
guerre de l'aide économique
guerre du droit international

Chapitre 3

union libre
combinaison transnationale
armée de terre volante
guerre terrestre volante
partage du coût de la guerre à parts égales

Chapitre 4

barrières des armes
ligne Maginot électronique
zéro victime
guerre fastueuse

Introduction à la seconde partie

indice de sécurité nationale
vision pan-domaines
vision sécuritaire étendue
méthode opérationnelle étendue

Chapitre 5

jeu guerrier
guerre de concept nouveau
forces non étatiques

bandits du réseau
tyrans du réseau
terrorisme financier
guerre combinée
coquille vide de la pensée militaire

Chapitre 6

règle de la victoire
règle de la beauté
point d'or
règle latéral-frontal
combinaison de type latéral-frontal
armes dominantes
armes totales
moyens dominants
moyens totaux
forces dominantes
forces totales
direction dominante
direction totale
domaine dominant
domaine total

Chapitre 7

hors limites
pensée hors limites
combinaison hors limites
combinaison transnationale
guerre combinée hors limites
combinaison hors domaines
combinaison hors moyens
combinaison hors degrés
tactique
art opérationnel

Chapitre 8

synchronie
guerre convenue dans le temps
coordination multidimensionnelle

Conclusion

jeu guerrier
guerre de concept nouveau
forces non-étatiques
bandits du réseau
tyrans du réseaux
terrorisme financier
guerre combinée
coquille vide de la pensée militaire

POSTFACE

L'idée de ce livre nous est venue en 1996, lors des manœuvres militaires qui mobilisèrent l'attention mondiale.

Alors que nous participions à ces manœuvres, Xiangsui et moi-même nous sommes rencontrés dans une petite ville du Fujian du nom de Zhao'an. À cette époque, la situation dans la région côtière du sud-est de la Chine était chaque jour plus tendue. De part et d'autre du détroit de Taïwan planait la menace d'une guerre. Comme pour grossir encore l'affaire, une escadre de la flotte américaine constituée notamment de deux porte-avions était même venue croiser dans les parages. Durant une période, on pensa que de graves événements s'annonçaient ; brusquement, la situation militaire se tendit davantage et chacun de nous fut soudain saisi de ce sentiment subit où « face à la situation, la stratégie saute aux yeux* ». C'est alors que nous décidâmes d'écrire ce livre afin de recueillir nos observations et nos réflexions sur les questions militaires qui se posent depuis plusieurs dizaines d'années, et surtout depuis dix ans.

Trois ans ont passé ; en supposant que nous le vou-

* Vers du poème « Zaofa » (Départ à l'aube], de Zong Ze, général des Song (960-1127) qui s'illustra en combattant les Jin.

lions, il serait impossible de dénombrer les coups de téléphone, les courriers échangés et les nuits blanches passées pour la rédaction de ce livre. La seule preuve de ce labeur est le mince ouvrage que le lecteur a entre les mains.

Même s'il est le produit d'un travail consciencieux et acharné – la pensée, filant comme un météore, finit par se retrouver figée sur le papier en caractères durs comme la pierre –, les lecteurs (nous y compris) y découvriront certainement de nombreuses erreurs et lacunes. Qu'ils veuillent bien nous en excuser. Il ne s'agit pas pour nous de quêter l'indulgence des lecteurs, mais plutôt de recueillir toutes les remarques qui pourraient permettre d'améliorer une éventuelle réédition.

Au moment où ce livre paraît, nous tenons à exprimer notre gratitude envers Cheng Butao et Huang Guorong, respectivement directeur et directeur adjoint des Éditions littéraires et artistiques de l'Armée de libération, qui nous ont soutenus sans faiblir, et ont permis que l'ouvrage paraisse en un court délai. Nos remerciements vont aussi à Xiang Xiaomi, directrice de la Rédaction n° 1 qui, comme par le passé pour nos quatre précédents livres, a établi le manuscrit avec un soin minutieux et qui, en outre, nous a fait nombre de suggestions précieuses, ce dont nous lui sommes infiniment reconnaissants.

Enfin, nous remercions aussi nos familles qui ont consenti beaucoup de sacrifices pour permettre à ce livre de voir le jour ; les mots nous manquent pour leur dire toute notre gratitude.

Manuscrit achevé à Gongzhu fen et Baizhi fang,
(deux quartiers de) Pékin, 2 mars-8 décembre 1998

Postface du 1er février 1999

Table

PREMIÈRE PARTIE

De la nouvelle forme de guerre

SECONDE PARTIE

Du nouvel art de la guerre

Rivages poche /Petite Bibliothèque
Collection dirigée par Lidia Breda

L'Art de ne croire en rien (n° 392)	
Sefer Yesirah ou Le livre de la Création (n° 387)	
Giorgio Agamben	*Stanze* (n° 257) *Moyens sans fins* (n° 380) *Ce qui reste d'Auschwitz* (n° 390) *L'Ombre de l'amour* (n° 434) *Le Temps qui reste* (n° 466)
Günther Anders	*Nous, fils d'Eichmann* (n° 426)
Apulée	*Le Démon de Socrate* (n° 110)
Hannah Arendt	*Considérations morales* (n° 181) *Le Concept d'amour chez Augustin* (n° 288) *Qu'est-ce que la philosophie de l'existence ?* (n° 400)
L'Arétin	*Sonnets luxurieux* (n° 192)
Aristote	*L'Homme de génie et la Mélancolie* (n° 39) *Rhétorique-Des passions* (n° 40) *Éthique à Eudème* (n° 129) *La Vérité des songes* (n° 162)
W. H. Auden	*Shorts* (n° 407) *Horae Canonicae* (n° 523)
Marc Augé	*L'Impossible Voyage* (n° 214) *Les Formes de l'oubli* (n° 333)
Augustin	*La Vie heureuse* (n° 261) *Le Bonheur conjugal* (n° 347)
Francis Bacon	*Sur le prolongement de la vie et les moyens de mourir* (n° 401)
Barbey d'Aurevilly	*Du dandysme et de George Brummell* (n° 233)
Bruce Benderson	*Pour un nouvel art dégénéré* (n° 259) *Sexe et solitude* (n° 335)
Walter Benjamin	*Je déballe ma bibliothèque* (n° 320)
Léon Bloy	*Exégèse des lieux communs* (n° 501)
Boèce	*Consolation de la Philosophie* (n° 58)
Marie Bonaparte	*Topsy, les raisons d'un amour* (n° 456)

Bossuet	*Sermon sur les anges gardiens* (n° 516)
Georg Büchner	*Lenz* (n° 244)
Buffon	*Discours sur la nature des animaux* (n° 424)
Casanova	*Mon apprentissage à Paris* (n° 252)
Michel Cassé	*Théories du ciel* (n° 504)
Anne Cauquelin	*Petit traité du jardin ordinaire* (n° 499)
Patrizia Cavalli	*Toujours ouvert théâtre* (n° 379)
Claude Chabrol - François Guérif	
	Comment faire un film (n° 462)
Catherine Chalier	*De l'intranquillité de l'âme* (n° 495)
Mme du Châtelet	*Discours sur le bonheur* (n° 221)
Malek Chebel	*Du désir* (n° 414)
Chesterfield	*Lettres à son fils* (n° 99)
Christine de Suède	*Maximes* (n° 200)
Claude Crébillon	*Lettres de la Marquise de M****
	*au Comte de R**** (n° 322)
Tullia d'Aragona	*De l'infinité d'amour* (n° 210)
Charles Darwin	*L'Expression des émotions*
	chez l'homme et les animaux (n° 351)
Mme du Deffand	*Lettres à Voltaire* (n° 139)
Erri De Luca	*Un nuage comme tapis* (n° 176)
	Rez-de-chaussée (n° 191)
	Alzaia (n° 382)
	Première heure (n° 441)
Alfred Döblin	*Sur la musique* (n° 386)
John Donne	*Méditations en temps de crise* (n° 365)
Dostoïevski	*Carnets* (n° 511)
Maître Eckhart	*Du détachement* (n° 143)
	Conseils spirituels (n° 408)
	La Divine Consolation (n° 449)
	Sermons allemands (n° 512)
Umberto Eco - Cardinal Martini	
	Croire en quoi ? (n° 238)
Einstein / Freud	*Pourquoi la guerre ?* (n° 488)

R. W. Emerson	*La Confiance en soi* (n° 302)
Épictète	*Manuel* (n° 132)
Euripide - Sénèque	*Médée* (n° 211)
M. Fernandez	*Tout n'est pas veille lorsqu'on a les yeux ouverts* (n° 465)
Ennio Flaiano	*Journal des erreurs* (n° 275)
Charles Fourier	*Des harmonies polygames en amour* (n° 417)
Anatole France	*Le procurateur de Judée* (n° 496)
S. Freud - S. Zweig	*Correspondance* (n° 166)
H. G. Gadamer	*L'Héritage de l'Europe* (n° 429)
Francis Galton	*Petit manuel de survie* (n° 467)
Goethe	*Maximes et réflexions* (n° 343)
W. Gombrowicz	*Cours de philosophie en six heures un quart* (n° 171)
Baltasar Gracián	*L'Art de la prudence* (n° 116)
Heinrich Heine	*Idées. Le Livre de Le Grand* (n° 437)
Hésiode	*Théogonie- La naissance des dieux* (n° 83)
Hippocrate	*Sur le rire et la folie* (n° 49)
	Airs, eaux, lieux (n° 174)
H. von Hofmannsthal	*Lettre de Lord Chandos* (n° 312)
	Chemins et rencontres (n° 396)
	Lettres à Rilke (1902-1925) (n° 459)
	Les mots ne sont pas de ce monde (n° 494)
F. Hölderlin	*Poèmes* (1806-1843) (n° 352)
	Hymnes (n° 482)
Horace	*Vivre à la campagne* (n° 344)
Jahiz	*Éphèbes et courtisanes* (n° 231)
Jean	*Apocalypse* (n° 165)
	Évangile (n° 321)
Jean Chrysostome	*De l'incompréhensibilité de Dieu* (n° 317)
Jean Paul	*Être là dans l'existence* (n° 239)
Hans Jonas	*Le Concept de Dieu après Auschwitz* (n° 123)
	Le Droit de mourir (n° 196)
	Pour une éthique du futur (n° 235)
	Évolution et liberté (n° 486)

D. Noguez	*Les Plaisirs de la vie* (n° 353) *Comment rater complètement sa vie en onze leçons* (n° 438)
Kakuzo Okakura	*Le Livre du thé* (n° 481)
Ortega y Gasset	*Le Spectateur* (n° 80) *Études sur l'amour* (n° 452)
Ovide	*Amours* (n° 202)
Martin Palmer	*Le Taoïsme* (n° 222)
Pascal	*Pensées sur la politique* (n° 75) *L'Art de persuader* (n° 330)
Fernando Pessoa	*Fragments d'un voyage immobile* (n° 42) *Lettres à la fiancée* (n° 43)
Pétrarque	*Mon secret* (n° 52) *La Vie solitaire* (n° 266) *Contre la bonne et la mauvaise fortune* (n° 360)
Enea Silvio Piccolomini (Pape Pie II)	*Lettre à Mahomet II* (n° 393)
Platon	*Le Banquet* (n° 493)
Plutarque	*Comment tirer profit de ses ennemis* (n° 103) *Comment écouter* (n° 150) *La Sérénité intérieure* (n° 336) *Manger la chair* (n° 395)
Karl R. Popper	*Des sources de la connaissance et de l'ignorance* (n° 241)
Félix Ravaisson	*De l'habitude* (n° 208)
Jacques-Antoine de Révéroni Saint-Cyr	*Pauliska* ou *La Perversité moderne* (n° 361)
R. M. Rilke	*Journal de Westerwede et de Paris,* 1902 (n° 409) *Lettres de Paris* (n° 514)
Lalla Romano	*J'ai rêvé de l'Hôpital* (n° 272)
Rosvita	*Résurrection de Drusiane et de Calimaque* (n° 378)
J.-J. Rousseau	*Émile et Sophie* (n° 127)
R. Sánchez Ferlosio	*Nous aurons encore de mauvais moments* (n° 287)
Pierre Sansot	*Du bon usage de la lenteur* (n° 313) *Chemins aux vents* (n° 388)
Sappho	*Poèmes* (n° 478)

Fernando Savater	*Pour l'éducation* (n° 314)
K. G. Schelle	*L'Art de se promener* (n° 187)
Arthur Schnitzler	*Lettres aux amis* (n° 45)
	Relations et solitudes (n° 51)
	La Transparence impossible (n° 68)
G. Scholem	*Benjamin et son ange* (n° 158)
Schopenhauer	*Douleurs du monde* (n° 57)
	Essai sur le libre arbitre (n° 66)
	Contre la philosophie universitaire (n° 113)
C. M. Schulz	*La vie est un rêve, Charlie Brown* (n° 368)
	Lucy psychiatre (n° 369)
	Courage, Charlie Brown (n° 402)
	Il est temps de changer, Charlie Brown (n° 403)
	Il était une fois, Charlie Brown (n° 430)
	On va y arriver, Charlie Brown (n° 431)
	Peanuts (n° 446)
	C'est la vie, Charlie Brown (n° 471)
	Sauve qui peut, Charlie Brown (n° 472)
	Il ne faut pas faire ça, Charlie Brown (n° 484)
	Par une nuit noire et orageuse
	Te voilà, Charlie Brown (n° 505)
	Les amours des Peanuts (n° 506)
	As-Tu jamais pensé que Tu pouvais avoir tort ? (n° 524)
	Envole-toi, Charlie Brown (n° 525)
Sénèque	*De la tranquillité de l'âme* (n° 48)
	De la brièveté de la vie (n° 53)
	Consolations (n° 60)
	Le Temps à soi (n° 457)
	De la clémence (n° 490)
Angelus Silesius	*Le Voyageur chérubinique* (n° 464)
Georg Simmel	*Philosophie de l'amour* (n° 55)
	La Tragédie de la culture (n° 86)
	Michel-Ange et Rodin (n° 180)
Peter Sloterdijk	*Dans le même bateau* (n° 420)
Natsumé Sôseki	*Mon individualisme* (n° 450)
Mme de Staël	*De l'influence des passions* (n° 299)
Stendhal	*Du rire* (n° 513)
Stoïciens (Les)	*Passions et vertus* (n° 445)

Leo Strauss	*Nihilisme et politique* (n° 460)
Sunzi – Sun Bin	*L'Art de la guerre* (n° 458)
Heinrich Suso	*Tel un aigle* (n° 487)
Italo Svevo	*Dernières cigarettes* (n° 311)
Jonathan Swift	*La Bataille des livres et autres essais* (n° 419)
Jacob Taubes	*En divergent accord* (n° 425)
Thérèse d'Avila	*Le Château intérieur* (n° 248)
Chantal Thomas	*Comment supporter sa liberté* (n° 297)
	Sade, la dissertation et l'orgie (n° 384)
	Souffrir (n° 522)
F. de Towarnicki	*Martin Heidegger* (n° 385)
Shmuel Trigano	*Le Temps de l'exil* (n° 515)
M. Tsvétaïéva	*Après la Russie* (n° 89)
Raoul Vaneigem	*Pour l'abolition de la société marchande-pour une société vivante* (n° 480)
Otto Weininger	*Livre de poche* et *Lettres à un ami* (n° 489)
J. Van de Wetering	*Un éclair d'éternité* (n° 278)
	Le Miroir vide (n° 310)
	L'Après-zen (n° 421)
Oscar Wilde	*La Vérité des masques* (n° 346)
Xénophon	*L'Économique* (n° 145)
J.-G. Ymbert	*L'Art de faire des dettes* (n° 193)
Yogīndu	*Lumière de l'Absolu* (n° 281)
Federico Zeri	*Renaissance et pseudo-Renaissance* (n° 356)
	Le Mythe visuel de l'Italie (n° 357)
Stefan Zweig / Arthur Schnitzler	*Correspondance* (n° 348)

Imprimé à Barcelone par:
BLACK PRINT
en janvier 2019

Imprimé en Espagne